16	3	2	13
5	10	11	8
9	6	7	12
4	15	14	1

Evaldo Cabral de Mello

UM IMENSO PORTUGAL
História e historiografia

editora ■34

EDITORA 34

Editora 34 Ltda.
Rua Hungria, 592 Jardim Europa CEP 01455-000
São Paulo - SP Brasil Tel/Fax (11) 3811-6777 www.editora34.com.br

Copyright © Editora 34 Ltda., 2002
Um imenso Portugal © Evaldo Cabral de Mello, 2002
A fotocópia de qualquer folha deste livro é ilegal e configura uma
apropriação indevida dos direitos intelectuais e patrimoniais do autor.

Edição conforme o Acordo Ortográfico da Língua Portuguesa.

Imagem da capa:
Mapa do Brasil por Giambattista Ramusio, 1557

Imagem da 4ª capa:
Detalhe do mapa Praefecturae de Paraiba et Rio Grande, *de Georg Marcgraf, 1665*

Capa, projeto gráfico e editoração eletrônica:
Franciosi & Malta Produção Gráfica

Revisão:
Cide Piquet

1ª Edição - 2002, 2ª Edição - 2004, 3ª Edição - 2022

Catalogação na Fonte do Departamento Nacional do Livro
(Fundação Biblioteca Nacional, RJ, Brasil)

Mello, Evaldo Cabral de
M217i   Um imenso Portugal: história
e historiografia / Evaldo Cabral de Mello. —
São Paulo: Editora 34, 2022 (3ª Edição).
288 p.

ISBN 978-85-7326-256-8

1. História. 2. História - Brasil.
I. Título.

CDD - 981

Índice

Apresentação 7

1. À maneira de prólogo ou elogio do ostracismo 9
2. Fabricando a nação 13
3. Um imenso Portugal (1) 20
4. Antevisões imperiais (2) 29
5. O Império frustrado (3) 37
6. A última encarnação do Reino Unido (4) 43
7. Entregando o Brasil 50
8. Uma Nova Lusitânia (1) 55
9. Persistência dos modelos reinóis (2) 64
10. Nas fronteiras do paladar (3) 74
11. Questão de cronologia 82
12. Um dos outros nomes do Brasil 89
13. Um enigma iconográfico 96
14. Como manipular a Inquisição 102
15. Republicanismo no Brasil holandês 118
16. O mito de Veneza no Brasil 125
17. Revolução em família 130
18. O mimetismo revolucionário 137
19. A cabotagem no Nordeste oriental (1) 144
20. Aparição da sumaca (2) 151
21. A vitória da barcaça (3) 162
22. O sinal verde d'El Rei 177
23. *Minha formação* (1) 185

24. Um livro elitista? (2) 192
25. Reler *O abolicionismo* (3) 199
26. O ovo de Colombo gilbertiano (1) 205
27. A história social da presença britânica no Brasil (2) 211
28. O século mais agreste 218
29. Collingwood e o ofício do historiador 224
30. O preconceito sociológico em história 230
31. Historiadores no confessionário 238
32. Entre a história da civilização e a filosofia da história 249
33. A polêmica do Novo Mundo 256
34. A interiorização da metrópole 262
35. O homem barroco português 268
36. À espera da redenção nacional 273

Índice onomástico 277
Referências dos artigos 285
Sobre o autor 287

Apresentação

Os textos recolhidos neste volume referem-se seja a temas de história brasileira e pernambucana, seja a questões de historiografia e de conhecimento histórico. Ligeiramente revistos agora, eles datam dos últimos sete anos, com exceção das páginas intituladas "Como manipular a Inquisição", publicadas em 1992 na *Novos Estudos Cebrap*; e, na sua grande maioria, apareceram no caderno *Mais!*, da *Folha de S. Paulo*, a quem o autor deseja agradecer a acolhida dispensada. Outros artigos surgiram como prefácios, ou no *Jornal de Resenhas* daquele periódico ou na revista *Continente Multicultural*, do Recife, ou ainda como colaboração em obras coletivas. Em alguns casos, os títulos com que ora são impressos foram modificados pelo autor. Os números entre parênteses ao lado dos títulos indicam haver unidade temática entre os artigos. Um agradecimento especial é devido a Cide Piquet, que não só reviu competentemente as provas como sugeriu modificações estilísticas que melhoraram substancialmente *Um imenso Portugal*, expressão, escusado aduzir, pirateada ao "Fado Tropical", de Chico Buarque de Holanda e Ruy Guerra.

1.

À maneira de prólogo
ou elogio do ostracismo

Em Florença, em 1512, o retorno dos Médici ao poder enterrou o regime republicano restaurado vinte anos antes na esteira da pregação integrista de Savonarola e da invasão francesa da Itália. Do dia para a noite, Niccolò Machiavelli, o secretário da Segunda Chancelaria florentina, caiu no ostracismo. Em vez de ocupar-se das questões de Estado, para as quais se considerava especialmente vocacionado, ei-lo reduzido a sobreviver mediante a gestão de San Casciano, pequena propriedade rural herdada do pai, a cerca de 30 quilômetros da cidade. Que fazia por ali? De manhãzinha, capturava pássaros e ocupava-se com providências práticas, como a de supervisionar a derrubada de um bosque, cuja madeira vendia, tagarelando com os lenhadores e barganhando com os compradores. À sombra de uma fonte ou sentado no viveiro, relia Dante, Petrarca ou Ovídio. O almoço tinha a frugalidade do de um camponês do Mediterrâneo: apenas os alimentos que lhe fornecia o sítio ou que lhe permitiam os rendimentos modestos. À tarde, encanalhava-se no albergue da estrada, ouvindo as novidades trazidas pelos passantes ou jogando com gente do povo, entre disputas e palavrões. Esgotado ao longo do dia o que reputava a malignidade da sua sorte, vingava-se à noite, quando vestido com apuro entregava-se à leitura dos historiadores clássicos, sobretudo Tito Lívio e Políbio, junto a quem "nutro-me do alimento que é verdadeiramente o meu e para o qual nasci". "E durante quatro longas horas, não sinto mais o tédio, esqueço minha miséria, já não temo a pobreza nem me deixo intimidar pela morte." Em resumo: o estudo das ações dos grandes homens do passado tornara-se a compensação da sua inatividade forçada.

Restavam-lhe quinze anos de vida, prazo que será mais que suficiente para escrever as grandes obras que lhe assegurarão no Ocidente a influência indizivelmente superior à que poderia haver jamais exercido, caso os Médici o houvessem chamado de volta à Signoria. Maquiavel não suspeitava, contudo, da fortuna a que seu pensamento estava fadado; e se o formula, será, em grande parte, no fito de conseguir sua reabilitação política. Tudo o que obteve, porém, foi a designação de historiador oficial, que lhe permitirá redigir as *Histórias florentinas*, espécie de laboratório para testar a teoria política que havia formulado no *Príncipe* e nos *Comentários*; e duas ou três missões diplomáticas anódinas a cidades vizinhas. Estas foram, aliás, o quanto bastou para comprometê-lo aos olhos dos antigos correligionários republicanos quando o equilíbrio político da Itália foi novamente posto à prova pela vitória espanhola de Pavia (1525) e pelo saque de Roma (1527). Restaurada provisoriamente a república florentina, ninguém se lembrará dele. A piada banal é inevitável: na sua atividade política, Maquiavel não foi nada maquiavélico.

Sua biografia contrafatual pode supor duas inflexões alternativas no seu destino. Pela primeira, os Médici não teriam retomado o poder em 1512 e ele teria prosseguido sua carreira de alto funcionário do regime republicano. Pela segunda, os Médici o teriam empregado a seu serviço, como haviam feito, por exemplo, com um colega, Francesco Vettori, em cuja amizade Maquiavel depositou a esperança da reabilitação. O problema consiste em que, em nenhuma dessas hipóteses, nosso autor teria conhecido a autêntica celebridade, seja como homem de ação, seja como eminência parda, à maneira do frei Joseph, agente de Richelieu. O contemporâneo e conterrâneo de Maquiavel, Francesco Guicciardini, também associado à história da teoria da razão de Estado, teve uma carreira diplomática bem-sucedida mas nela nada realizou de notável, tornando-se lembrado pela *História da Itália*, que recebeu a honra insigne de ser traduzida para o castelhano, já no século XVII, por Felipe IV. Quanto a Vettori, triunfador do curto prazo, ficou conhecido precisamente por ser destinatário de cartas de Maquiavel. A situação da Itália, dividida contra si mesma, mero objeto na luta das grandes potências, que eram a Espanha e a França, não se prestava ao programa político a que o ostracizado de San Casciano teria ambicionado servir, o fim da influência estrangeira na península graças à ação de um homem providencial, da têmpera de um César Borgia ou de um Fernando o Católico, e de quem ele, Maquiavel, fosse o guru. Pois originalmente o maquiavelismo, ao menos o maquiavelismo de Maquiavel, não deveria ser apenas o instrumento para chegar ao poder ou nele manter-se mas também para colocá-lo ao dispor de um *grand design*.

A conclusão melancólica se impõe: caso tivesse sido chamado pelos Médici, sua obra não teria sido escrita ou teria ficado pela metade, sem que ele tivesse sequer o consolo patriótico de ver a Itália livre da dominação estrangeira. Seus livros só serão publicados após seu falecimento; e a unidade italiana levará mais de trezentos anos para ser realizada. Ele seria certamente o primeiro surpreendido ao saber da própria imortalidade e de que ela lhe viera de onde menos esperava, isto é, dos escritos dos seus serões estudiosos de San Casciano. Como tantos homens de reflexão tentados pela ação política, Maquiavel correu o risco deste acontecimento verdadeiramente trágico na existência de um indivíduo de inteligência superior, a infidelidade à própria vocação, a qual imprime a tudo que faz o estigma da inautenticidade. Ação e reflexão são atividades que exigem, cada uma separadamente, qualidades que mutuamente se repelem. São bem raros os que possuem ambas; mesmo nestes casos, haverá que, mais cedo ou mais tarde, melhor mais cedo do que mais tarde, optar pelo exercício exclusivo de uma delas sob pena de não se realizar em nenhuma.

A biografia do secretário florentino é um caso-limite do fenômeno que se repete todos os dias, do homem de talento disposto a vender a alma ao Diabo e preparado para sacrificar a formulação das suas ideias, por mais inteligentes que lhe pareçam, à satisfação passageira de haver impingido ao príncipe de plantão ao menos uma parte delas. Na história luso-brasileira, temos o exemplo do padre Antônio Vieira, eminência parda de D. João IV, a excogitar silogismos irrefutáveis para justificar a entrega do Nordeste aos holandeses. E, contudo, como era ele encarado na corte do Bragança? Da maneira pela qual todo homem de reflexão é visto nos círculos políticos que frequenta, isto é, sob suspeita. Não é outro o sentido do que referiu seu contemporâneo, o conde da Ericeira. Após reconhecer que o jesuíta fora "o maior pregador do seu tempo", o historiador aduz a sentença condenatória: "como o seu juízo era superior e não igual aos negócios [públicos], muitas vezes se lhe desvaneceram por querer tratá-los mais sutilmente do que os compreendiam os príncipes e ministros, com quem comunicou muitos de grande importância". Por inteligência, não por delicadeza como Rimbaud, Vieira perdeu sua vida. Escusado assinalar que ele leu, e não gostou, a afirmação de Ericeira, a quem dirigiu uma longa missiva, depoimento de grande importância para a história da Restauração portuguesa, a que acrescentou, contudo, algumas lorotas destinadas a deixá-lo bem perante a posteridade.

2.

Fabricando a nação

O nacionalismo brasileiro não precedeu, sucedeu, a criação do Estado nacional. O Brasil não se tornou independente porque fosse nacionalista mas fez-se nacionalista por haver-se tornado independente. Não havia sentimento nacionalista na América portuguesa em 1822; o que havia era ressentimento antilusitano, este mesmo limitado às camadas médias e populares das grandes cidades costeiras: Rio, Salvador, o Recife. O brasileiro dos estratos superiores percebia-se como o súdito de um Estado que não pretendia encarnar uma nação inexistente mas o velho sonho luso-brasileiro de um "grande Império" na América, projeto que já se esboça nos primeiros cronistas e que D. João VI viera declaradamente estabelecer. Àquela altura, os nacionalistas não éramos nós mas os portugueses de Portugal que, dentro e fora das Cortes de Lisboa, clamavam contra o que lhes parecia a escandalosa inversão de papéis pela qual o Brasil transformara-se no centro da monarquia lusitana, relegando a metrópole à posição de colônia. Destarte, o Império não foi o produto de uma aspiração nacional preexistente e cruelmente reprimida por uma potência estrangeira, como acontecia, por exemplo, na Grécia (lord Byron não teria dado a vida pela nossa independência), mas o desfecho de um somatório de circunstâncias, como a impossibilidade de se fazer aceitar, tanto pelo Brasil quanto pela Inglaterra, a abolição da liberdade de comércio concedida em 1808; a luta pelo poder entre o regente D. Pedro e os "vintistas", vale dizer, os constitucionalistas portugueses, conflito de complexas implicações dinásticas; e os interesses da burocracia régia, que, civil ou militar, graduada ou subalterna, fabricava no Rio de Janeiro, desde a chegada do Bragança, seu pequeno paraíso tropical, enquanto não chegava o dia de se transportar para "a solidão do planalto central", mais propícia à sua mandância.

Se o Brasil surgiu para a vida autônoma sob o signo de uma aspiração avançada, a liberdade de comércio, esta foi utilizada com vistas a obter o apoio da população a um movimento, a Independência, retrógrado na sua inspiração original, pois encarnou uma contrarrevolução de altos funcionários públicos contra a demolição, pelo constitucionalismo lusitano, do aparelho de Estado instalado por D. João VI. Maria Odila da Silva Dias, a quem se devem algumas das melhores páginas sobre as origens da Independência, chama a atenção para o que afirmava Armitage, que redigiu sua história do Brasil pouco tempo decorrido dos acontecimentos. O inglês observava ironicamente que "todos os indivíduos expoliados dos seus empregos pela extinção dos tribunais [i.e., das repartições públicas] converteram-se em patriotas exaltados; e como se tivessem sido transformados por um agente sobrenatural, aqueles mesmos que haviam, durante a maior parte da sua vida, serpejado entre os mais baixos escravos do poder, ergueram-se como ativos e estrênuos defensores da Independência".

O berço da nação brasileira foi assim uma dádiva do funcionalismo público; e os malsinados senhores rurais, contra quem tanto se aferra nossa historiografia politicamente correta, só virão embalá-lo muito tempo depois. Como toda escolha entre opções com seus prós e seus contras, o dilema da Independência teve algo de pungente. Por um lado, as Cortes de Lisboa nos ofereciam um regime político representativo, sob uma monarquia constitucional, muito embora deixassem claro que cobrariam o preço não da restauração pura e simples do monopólio comercial, que era impossível ressuscitar de todo, mas de um sistema, para nós onerosamente preferencial, em benefício do comércio e da navegação portugueses no Brasil, cobrança que, aliás, a Inglaterra tinha os meios de evitar. Por outro lado, a independência com D. Pedro garantir-nos-ia a liberdade de comércio mas apresentaria a fatura de um regime autoritário e centralista baseado no centro-sul, como logo se percebeu, por exemplo em Pernambuco, onde a agudeza do dilema foi especialmente sentida por obra e graça da Revolução de 1817. É ele que explica as reservas com que se deparou ali, desde o início, o projeto independentista formulado por José Bonifácio, reservas cuja procedência ver-se-á confirmada pela dissolução da Constituinte em 1823.

Já sabemos qual foi a escolha imposta ao Brasil. Hoje, contudo, tendemos a esquecer que, mesmo após o estabelecimento do Estado brasileiro, o sentimento nacional continuou por muito tempo aquela "florzinha tenra" da metáfora que já serviu para definir a democracia entre nós. É claro que a Coroa de D. Pedro II a aguou e a fertilizou com assiduidade, como atestam suas iniciativas no plano cultural, inclusive no historiográfico. Graças inclusive ao segundo imperador, fomos desde então um país de intelectuários, de literatos empregados pelo Estado e de funcionários públicos com veleidades intelectuais. Daí que as primeiras manifestações do nacionalismo ao longo de Oitocentos nos pareçam postiças. No plano econômico, quase todo o período monárquico coincidiu com a hegemonia da concepção livre-cambista sustentada pela riqueza e pelo poder naval da Grã-Bretanha, embora entre os políticos do Império, como entre os de hoje, na prática a teoria muitas vezes fosse outra. Quando, malgrado os arreganhos ingleses, aprovou-se a tarifa Alves Branco, o que se almejava não era proteger a infância de uma indústria inexistente, apenas conseguir dinheiro para que o Estado rematasse sua obra de centralização.

O Romantismo, que na Europa fora componente essencial do nacionalismo, em especial nos países que haviam emergido para a existência autônoma no decurso da centúria ou que haviam realizado sua unificação após séculos de divisão, o Romantismo, dizia, pariu entre nós o indianismo, que foi uma expressão mofina da ambição de construir o que virá posteriormente a ser designado por "identidade nacional". Malgrado o *Juca-Pirama* e o *Guarani*, as classes dirigentes sentiam-se muito pouco nacionais. Nos anos oitenta do século XIX, um dos estadistas do Império, Martinho Campos, mineiro, fazendeiro de café e liberal que chegou a primeiro-ministro, declarava em pleno recinto do Parlamento que os brasileiros éramos "os portugueses da América", da mesma maneira pela qual ao tempo da Independência chamávamos os americanos de "ingleses da América". Como tantos outros representantes dos grupos privilegiados, o barão do Rio Branco, nosso brasileiríssimo Juca Paranhos, sempre às voltas com os velhos mapas e com a boa mesa, falava com sotaque lusitano. Quanto aos escravos e às camadas pobres da população livre do interior, não sabiam muito bem o que era isto de ser brasileiro, como o camponês bretão tampouco entendia o que era ser francês, ou o galego, o que era ser espanhol.

Para que o nacionalismo, como a cerveja do anúncio de televisão, se viesse a impor como paixão nacional, era indispensável que o país substituísse o trabalho escravo pelo livre e a monarquia pela república. Não é seguramente um acaso se o personagem da ficção brasileira que melhor encarnou nosso nacionalismo em botão, o velho Policarpo Quaresma, fosse florianista convicto, o "florianismo" havendo constituído nosso arremedo do jacobinismo, quando este há muito morrera na Europa. Só com o fim da escravidão criamos a oportunidade real de constituir um povo, fundamento da nação. Ao americanizar o sistema político e ao introduzir a política dos governadores, a República tornou-se tolerante para com as práticas políticas do secular autoritarismo interiorano, ao contrário do Império, que professava, ao menos da boca para fora, horror por elas. O que explica que datem dos primeiros decênios do século XX os doutrinários que se escandalizavam com a defasagem entre o sistema político e as condições nacionais e que bradavam por instituições adaptadas a elas, vale dizer, pelo que posteriormente será conhecido por "democracia relativa". O Estado Novo e o regime militar de 64 são os autênticos herdeiros do programa que consistiu em jogar para o alto as conquistas, por modestas que fossem, do regime representativo do tempo de D. Pedro II, em nome de uma política nacional que era bem mais autoritária do que fora o exercício do poder moderador.

A carência de sentimento nacional até praticamente o século XX não significa, porém, que um arraigado sentimento local fosse desconhecido por estas bandas, como não o é em qualquer outra parte do mundo, sentimento que, ademais, podia tranquilamente conviver com estruturas políticas imperiais, como o patriotismo urbano do tempo do Império romano. O equívoco reside em enxergá-lo como uma forma de nacionalismo ou em afirmar-se, mediante leitura anacrônica, havermos sido sempre nacionalistas, quase desde a carta de Pero Vaz de Caminha. Basta ler os textos de finais de Quinhentos para constatar a existência desse sentimento local, que se exprime não só sob a forma de comparações entre o Brasil e Portugal vantajosas para a colônia, sobretudo no tocante aos recursos naturais, mas também sob a forma, aparentemente paradoxal, do lusitanismo que impregnaria a vida material da América portuguesa, fazendo dela um "outro Portugal". Esses textos incorporaram até mesmo, como no caso da *História do Brasil* de frei Vicente do Salvador (1627), a inspiração autarquizante do mito indígena da "ilha Brasil". Ao frade franciscano deve-se, com efeito, nosso primeiro programa de substituição de importações, quando sugeriu que os colonos se descartassem até mesmo da tríade canônica da mesa portuguesa e mediterrânea, substituindo o trigo pela farinha de mandioca, o azeite de oliva pelo de dendê ou de coco, e o vinho pela cachaça.

Se durante a revolução republicana de 1817, o padre João Ribeiro surpreendeu um viajante francês com a sugestão de que se brindasse o acontecimento não com vinho do Porto mas com aguardente de cana, há alguns anos tivemos um ministro da Cultura que queria impor o consumo da broa de milho em detrimento até mesmo do pão de queijo. O exemplo ingênuo nem por isso é menos revelador do viço dessa aspiração autárquica. Por outro lado, o nacionalismo brasileiro ainda não se deu conta da dívida em que se acha para com o espírito de exclusão do antigo monopólio colonial português, ao menos no tocante à sua *forma mentis*, na medida em que sua mágica se esgota em fazer culminar a reserva de mercado mediante a eliminação da metrópole. No fundo, nosso nacionalista deste final de milênio continua a pensar que o país pode crescer, empregar mais e redistribuir o bolo, tudo isto idilicamente à margem do que acontece no mundo, como se pudéssemos assim alcançar aquela "terra sem mal" que buscavam os tupis-guaranis, às vésperas da descoberta do Brasil, nas suas intermináveis andanças do sul para o norte.

Ao longo de Seiscentos e de Setecentos, tampouco poderia haver nacionalismo, emoção eminentemente oitocentista na Europa; e no Brasil, como em geral no Terceiro Mundo, própria do século XX. Em contrapartida houve nativismos, assim mesmo no plural, os quais definidos embora pelos dicionários de maneira restritiva, como a mera aversão ao estrangeiro e ao português em particular, na realidade foram muito mais do que isto. Eles representaram uma forma de patriotismo local, tão comum quanto o dos antigos gregos, o qual, nas suas formas anódinas, podia até ser tolerado pelas autoridades coloniais, embora esporadicamente alcançasse, como no Nordeste dos dias da Independência e dos começos do Primeiro Reinado, um grau inusitado de virulência. Entretanto, não se falava ali em "nação" mas em "pátria" e em "patriotas", conceito que embora tivesse recebido na França revolucionária conotação nacional, ainda continha na Europa do Antigo Regime, inclusive nos seus prolongamentos americanos, o significado inofensivo do apego à terra ou ao lugar em que se nasceu. (Àquela altura, o dicionarista Morais Silva ainda se referia ao Rio de Janeiro como "minha pátria", embora a houvesse deixado rapazote para ir estudar em Coimbra e, de regresso, se houvesse fixado em Pernambuco.) Em todo o caso, a "pátria" dos revolucionários de 1817 ainda não era o Brasil, o que não redunda em desdouro do seu sacrifício. Era visível para eles que a presença do monarca no Rio atava o centro-sul à sorte das instituições monárquicas, ao menos no curto e no médio prazos, caso a república vencesse no norte.

Esses nativismos de Seiscentos e de Setecentos foram a expressão do ensimesmamento da América portuguesa, consequente à expansão territorial e ao povoamento de boa parte do território. Um dos mais surrados lugares-comuns da historiografia brasileira, ainda usado em discursos de Sete de Setembro, enxerga no levante de Pernambuco contra o domínio holandês os pródromos da consciência nacional brasileira. É pouco provável, pois na medida em que a restauração do domínio lusitano no Nordeste constituiu uma manifestação da consciência coletiva, torna-se impossível separar quimicamente o que já era sentimento local da ganga do que ainda era sentimento português. O movimento foi antes uma reação da consciência portuguesa dos colonos do Nordeste, consciência envolta ainda num casulo religioso e dinástico e reavivada entre nós pela recente Restauração da independência do Reino relativamente a Castela e pela dominação estrangeira e herética dos Países Baixos. A realidade é que os luso-brasileiros do Nordeste encararam invariavelmente suas relações com os neerlandeses em termos de radical incompatibilidade que hoje diríamos cultural. Só definitivamente expulso o invasor, é que o episódio passará a ser interpretado em termos nativistas e, depois, nacionalistas.

A precocidade dos nativismos, de um lado, e a tardança do nacionalismo, de outro, observam-se igualmente na origem dos nossos gentílicos. As populações locais começaram a ter apelativos muito tempo antes de que se consagrasse uma designação para os habitantes da América portuguesa. Em finais de Quinhentos, já havia "paulistas" ou "sampaulistas"; e nos começos de Seiscentos, "pernambucanos". Enquanto isto, ao longo de Setecentos, "brasileiro" era apenas o indivíduo que vivia de cortar o pau-brasil nas matas e de transportá-lo para os portos. Por sua vez, o adjetivo "brasílico" tinha sabor erudito. Quando a Independência se desenhou no horizonte, os brasileiros éramos designados "portugueses da América" para distinguir dos "portugueses da Europa". Àquela altura, Hipólito José da Costa excogitava, no seu exílio inglês, o termo adequado com que batizar os cidadãos do país que se ia criar. "Brasiliano" havia sido tradicionalmente o termo dado aos índios e como tal resultava excludente de quem não tivesse sangue ameríndio. Quanto a "brasileiro", parecia-lhe inapropriado devido ao sufixo que denota a profissão, não a origem. Daí que optasse por "brasiliense", o qual adotou no título da sua gazeta londrina. O termo não vingou; o hino da Independência consagrava a "brava gente brasileira". A suspeita teria de ser submetida à prova dos textos do século XVIII, mas é plausível que a expressão "brasileiro", usada entre nós para designar quem se dedicava a fazer a madeira, fosse empregada em Portugal aos naturais do Brasil com intenção pejorativa, da mesma maneira que nós utilizávamos o vocábulo "marinheiro", igualmente denotativo de uma profissão, para o imigrante lusitano. Não seria, aliás, a única vez em que um povo importa sua denominação. Embora "España" seja palavra imemorial, de origem talvez púnica, "espanhol" foi de começo o vocábulo com que na Provença medieval eram denominados os habitantes da península que se estendia ali adiante, ao sul dos Pirineus.

Os nativismos brasileiros comportaram, é certo, um teor protonacionalista, do mesmo modo pelo qual na Europa o nacionalismo foi precedido por formas frustas de sentimento nacional desde o fim da Idade Média. O que importa assinalar, porém, é que tais nativismos podiam também, e foi o que ocorreu ao tempo da Independência, ser manipulados em sentido antagônico ao nacionalismo, que se viu assim na necessidade de digeri-los para poder eliminá-los. Para voltarmos à região onde o nativismo foi o mais intenso no decurso da história brasileira, isto é, o Nordeste, foi ali também onde se ofereceu a mais cerrada resistência à criação do Estado brasileiro, embora o Rio Grande do Sul, que não era tão nativista assim, não ficasse atrás neste particular. Ao passo que o nativismo respondia a uma experiência espontânea das gentes, a criação de um Estado nacional parecia algo artificioso, o *grand design* de altos funcionários da Coroa ou o enigma político escondido no autoritarismo e no dinasticismo do regente D. Pedro. Quanto ao Rio de Janeiro, era encarado como o disfarce grosseiro da antiga dominação portuguesa. Por sua vez, o Estado Novo considerou-se obrigado a promover a ridícula cerimônia da queima das bandeiras estaduais, no objetivo de exorcizar os restos de sentimento local que a seu ver comprometiam a unidade nacional, embora estas bandeiras, exceto em dois ou três casos, fossem meras improvisações estadualistas da República Velha.

3.

Um imenso Portugal (1)

O Brasil fez-se Império antes de se fazer nação. No contexto internacional da época, nosso processo de Independência foi algo aberrante não apenas devido ao regime monárquico que adotou, como não se cansará de frisar a propaganda republicana de finais do Segundo Reinado, mas também devido à forma imperial que tomou o Estado brasileiro numa conjuntura que já se anunciava nitidamente desfavorável às construções imperiais e eminentemente marcada pelo triunfo da ideia nacional na Grécia, depois na Bélgica, na Espanha, que se levantara em 1808 contra o império napoleônico, no próprio Portugal das Cortes de Lisboa, que, no momento azado, não hesitou em sacrificar o Brasil aos seus objetivos estritamente nacionais. Uma das questões curiosamente negligenciadas pela nossa historiografia é precisamente a de por que o Brasil adquiriu sua independência sob a forma de Império e não de Reino, como seria de esperar do fato, entre outros, de que desde 1816 D. João VI o promovera a esta condição. A opção pelo título imperial não correspondeu meramente, ao contrário do que se pretendeu, à tentativa de popularizar o monarca mediante sua identificação ao Imperador do Divino nem ao desejo do príncipe regente de emular seu concunhado, o ex-imperador dos franceses. É possível que tais considerações tenham entrado em linha de conta mas a verdade é que a ideia de Império era uma velha aspiração que remonta aos cronistas do século XVI e que, no decurso do XVIII, tomara relevo na imaginação de alguns homens de Estado lusitanos.

Registra o barão do Rio Branco, sempre muito seguro nos detalhes, que na noite do 7 de setembro de 1822, comparecendo D. Pedro ao teatro da cidade de São Paulo, onde já se sabia o que se passara à tardinha nas margens do Ipiranga, fora entusiasticamente acolhido ao grito de "Viva o primeiro rei brasileiro", ao passo que certa poesia recitada em seu louvor na mesma ocasião saudava-o como "primeiro imperador". Aduz Rio Branco que, contudo, "só no Rio de Janeiro, em sessão de 14 de setembro, do Grande Oriente, ficou definitivamente adotado o título de Imperador, por proposta do brigadeiro Domingos Alves Branco Muniz Barreto", de acordo, aliás, com "uma proclamação anônima, convidando o povo a aclamar D. Pedro 'Imperador Constitucional'", a qual circulara na Corte em outubro do ano anterior. Destarte, já a divergência vocabular alinhara-se sobre o antagonismo entre o grupo de José Bonifácio e os liberais de Gonçalves Ledo. Em finais de agosto, quando o regente partira para São Paulo, uma reunião do Grande Oriente não conseguira chegar a consenso, só o fazendo a 14 de setembro, na presença do príncipe, o qual, havendo retornado ao Rio, assumira o grão-mestrado da Ordem. A resistência de Gonçalves Ledo e amigos à fórmula imperial originava-se provavelmente não só na sua conotação autoritária, que a experiência napoleônica viera acentuar, como na sua identificação com a retórica de Império luso-brasileiro, que fora a predominante durante o reinado brasileiro de D. João VI, capaz, por conseguinte, de denotar a preservação de algum tipo de vínculo entre Portugal e o Brasil. E é mais que provável, reciprocamente, que a preferência de José Bonifácio resultasse da sobrevivência da velha concepção que, de luso-brasileira, ele agora fará exclusivamente nacional.

Sob este aspecto, o episódio do descobrimento já oferece manifestação muito ao gosto dos apreciadores de alegorias históricas. Referem tanto Pero Vaz quanto o piloto anônimo que, confrontados pela realidade da terra nova, os membros da expedição cabralina foram assaltados pela dúvida sobre sua conformação física: seria continente ou seria ilha? Pero Vaz julgou mais seguro datar sua missiva a El Rei "da vossa ilha de Vera Cruz", mas o piloto anônimo inclinava-se à opinião de tratar-se de terra firme, devido a "seu tamanho". Jaime Cortesão lembrou a este respeito que a própria designação dada por Cabral, Terra de Vera Cruz, associa-se antes "à expressão terra firme, com que era de uso designar os continentes, do que a uma ilha, no significado atual". E, com efeito, a Independência se fará sob a égide do que devia ser, isto é, da concepção do Brasil como terra firme, continente ou Império, sobre o Brasil como já era, vale dizer, ilha, arquipélago ou Reino, vale dizer, os

Brasis da descrição plural usada então em língua inglesa. Seria prematuro atribuir vontade de construção imperial ao descobridor ou a seu séquito, embora, na célebre frase "querendo-a [a terra] aproveitar-se, dar-se-á nela tudo", deva-se ao escrivão da armada a primeira afirmação da vocação autárquica da terra recém-descoberta, vocação que será reputada um dos principais atributos do Império.

No século XVI, a noção de império, como a supremacia do Sacro Império Romano-Germânico sobre toda a cristandade, vinha sendo desde a Idade Média tardia erodida pelos Estados nacionais, que haviam adotado como barreira a tais pretensões o princípio do *rex imperator in regno suo*, que fazia de cada monarca o imperador do seu reino, ou seja, o detentor integral da soberania interna e externa. Portugal não fugira à regra, valendo-se inclusive, como outros reinos da península, do argumento de que ela fora reconquistada aos mouros sem apoio ou ajuda do Império. Esse processo culminou na adoção por D. Sebastião do título de Majestade, privativo até então do imperador, adoção já realizada pelos demais monarcas europeus. (Os antecessores de D. Sebastião se haviam restringido ao de Alteza.) Por outro lado, desde o reinado do seu bisavô, D. Manuel o Venturoso, viera-se impondo uma acepção de império que se compaginava com a expansão marítima na África, na Ásia e na América, fabricando inclusive o simbolismo da romã e da esfera armilar, a qual originalmente concedida a D. Manuel quando ainda duque de Beja, só posteriormente adquiriria a conotação imperial, passando a ser encarada como a prefiguração do papel mundial do monarca.

Como adverte Martim de Albuquerque, a quem se deve exame detido do assunto, esta diferente concepção de império nada tinha a ver com o sentido primitivo da palavra, que denotara na Roma antiga o mando, a fonte última do poder, noção que, em seguida, fora utilizada para designar a extensão territorial sobre a qual se exercia a soberania da urbe. Ela ligava-se antes à acepção que, como indicou Anthony Pagden, dera-se a partir de Tácito ao império romano definido como "imenso corpo imperial", ou seja, como uma unidade estabelecida sobre diferentes Estados preexistentes, que podiam inclusive estar espacialmente separados, como os que os europeus virão conquistar na Ásia, no México ou no Peru; ou, caso de figura oposto, sobre um território virgem de estrutura estatal desenvolvida, como ocorrerá no restante das Américas. Como assinala Martim de Albuquerque, era neste último sentido de "largos domínios" que "os poetas e cronistas de Quinhentos usam continuamente a palavra 'império'"; e, pode-se aduzir, fazem-no também nossos cronistas do primeiro século de colonização.

Estas veleidades imperiais não ultrapassaram o plano retórico, de vez que o pensamento jurídico e político no Portugal do período não teorizou o Império ultramarino, se é que jamais o fez. O *De justo imperio Lusitanorum asiatico*, por exemplo, escrito por frei Serafim de Freitas em 1625, visava assentá-lo em bases que pudessem escapar à impugnação por Hugo Grócio da doutrina do *mare clausum*, que constituía, como se sabe, a justificação ibérica do monopólio colonial. Como conclui o leitor da erudita obra de Luís Reis Torgal, no século XVII, os teóricos da Restauração não se preocuparão com o tema, absorvidos que estavam na justificação da recém-conquistada independência do Reino frente à Espanha. Ironicamente, se a noção de império permaneceu viva no Portugal de Seiscentos, isto deveu-se não aos doutos mas ao baixo clero intelectual do sebastianismo, que lhe conferiu conotações religiosas e místicas, que combinavam a lenda do milagre de Ourique, que é propriamente um mito fundador da nacionalidade, como o designou Ana Isabel Buescu, com a expansão colonial, com o milenarismo do Quinto Império e com o messianismo das trovas do Bandarra.

Resulta curioso, porém, que o sebastianismo oficial, quer na sua versão ortodoxa, quer na versão recriada pelos ideólogos da Restauração no fito de fazer D. João IV, e depois seus filhos, o verdadeiro Encoberto das profecias bandarristas, concedesse escassa atenção ao Brasil. O império da parenética restauradora, exaustivamente analisada por João Francisco Marques, não é apenas o império ultramarino, é o próprio Quinto Império, uma entidade de escopo universal, espiritualmente confiada por Deus a São Pedro no Calvário, e temporalmente a D. Afonso Henriques, no campo de Ourique. Um império que, ademais, não está num presente cruel mas num futuro promissor em que ele surgiria, à raiz do triunfo lusitano sobre o turco, como o sucessor dos impérios assírio, meda, persa e romano, cumprindo-se deste modo o antigo vaticínio sobre a translação imperial de Oriente a Ocidente. Portugal dominará as "quatro partes do mundo" mas a predileção dos pregadores de meados do século XVII não se dirige ao Brasil mas ao Estado da Índia, da costa leste da África ao Japão e à China. Que o Oriente fosse o vetor predileto do delírio sebastianista é tanto mais revelador do seu componente medieval e joaquimista quanto, àquela altura, o Brasil não estava menos ameaçado pelos holandeses do que Goa, o Ceilão ou Macau.

Ao esboçar-se nos cronistas de final de Quinhentos e começos de Seiscentos, a ideia de império brasileiro representou uma aspiração de colonos portugueses, sob a forma de um Estado de grande extensão geográfica, muito superior em todo caso à de Portugal, e movido por vocação eminentemente autárquica. No seu memorial a Felipe II, Gabriel Soares de Sousa recomenda uma política de "reparo e acrescentamento" para o Brasil, que reate com os planos que se atribuíam a D. João III e que teriam sido abandonados pelos seus sucessores, pois a nova terra "está capaz para se edificar nela um grande Império, o qual, com poucas despesas destes reinos, se fará tão soberano que seja um dos Estados do mundo, porque terá de costa mais de mil léguas". Por sua vez, ao descrever o território, do rio das Amazonas à capitania de São Vicente, o autor dos *Diálogos das grandezas do Brasil* reputa-o "terra bastantíssima para se poder situar nela grandes reinos e impérios". Era natural que a povoadores oriundos de um país de superfície acanhada em termos dos grandes Estados nacionais que se estavam forjando na Europa desde o fim da Idade Média, o critério da extensão territorial prendesse preferencialmente a imaginação. A abundância de terra que eles vinham encontrar deste lado do Atlântico tinha de impressioná-los vivamente e até como que compensá-los das dimensões modestas da pátria. A este tema, não se mostrarão, aliás, menos sensíveis os cronistas do século XVIII.

Nada impede, contudo, que nesta aspiração brasileira se tenha infiltrado a seiva sebastianista, pois em nossos primeiros cronistas o Brasil está também associado ao papel messiânico que lhe caberia nos destinos de Portugal, segundo a alegada previsão de astrólogo da Corte de D. Manuel, para quem a terra recém-descoberta por Cabral haveria de se tornar "uma opulenta província, refúgio e abrigo da gente portuguesa", segundo o registro do autor dos *Diálogos das grandezas*. E na *História do Brasil*, frei Vicente do Salvador aduz que a fundação do governo-geral por D. João III estaria ligada à necessidade, para o caso da invasão do Reino, de se premunir de uma estrutura de acolhimento na América e de uma base para a reconquista da mãe pátria, hipótese em que transmigrariam para este lado do Atlântico El Rei, a Corte e os vassalos que o desejassem ou pudessem fazê-lo. Que se tratava de versão corrente entre os colonos e não de mera invencionice dos cronistas, indica o fato de que, ainda em meados do século XVII, Gaspar Dias Ferreira a repetiria em carta a D. João IV, que, aliás, recomendará a solução à sua mulher para a eventualidade de ocupação espanhola do Reino após seu falecimento. Por conseguinte, já então o estabelecimento de um vasto Império no Brasil vinculava-se ao estado crônico de insegurança internacional do Reino, vinculação que se tornará manifesta em vários momentos delicados dos séculos XVI e XVII como também nos projetos dos "estrangeirados" do século XVIII, como D. Luís da Cunha e o duque de Silva Tarouca, que conceberão de maneira explícita o grandioso programa. Paralelamente, esta função salvacionista da colônia era vista em termos de promoção econômica e social da população da metrópole.

Correlata a esta noção de império, estava a de autarquia, já insinuada, como vimos, por Pero Vaz. Com efeito, a descrição das nossas riquezas pelos cronistas do primeiro século visa a induzir a noção de que, convenientemente explorada e administrada, a colônia se bastará, desfrutando, por conseguinte, da condição julgada fundamental para transformar-se verdadeiramente num Império. Gabriel Soares de Sousa, por exemplo, assevera ser o Brasil tão abundante de mantimentos que se escusava enviar-lhe gêneros estrangeiros, entenda-se, importados de outros países europeus, mas não os produzidos pelo Reino. Implícita nessa associação entre autarquia e Império, achava-se a identificação entre dependência e Reino. Portugal era um Reino pois sabidamente não se podia bastar, inclusive no tocante ao produto-chave das economias do Antigo Regime, o trigo; o Brasil se poderia tornar um Império, na medida em que poderia dispensá-los todos.

Nos começos de Seiscentos, Brandônio exprimia a mesma conexão entre império e autarcia quando assinala que "a terra é disposta para se haver de fazer nela todas as agriculturas do mundo", não havendo "nenhuma província ou reino dos que há na Europa, Ásia ou África, que seja tão abundante de todas elas [coisas], pois sabemos bem que se têm umas, lhes faltam outras". Gabriel Soares quisera excluir as mercadorias europeias; mas Brandônio vai mais longe, apregoando que o Brasil não tem "necessidade de coisa nenhuma das que se trazem de Portugal, e quando a houvesse, fora de poucas". Os *Diálogos* fazem o inventário das potencialidades da terra inexploradas pela negligência dos povoadores, a começar pelo algodão, de que se poderia fazer toda sorte de tecidos, como na Índia; pela lã das ovelhas, que poderia ser empregada na manufatura de colchões, em vez de importá-la do Reino a preços superiores; pelos laticínios; pelas hortaliças; pelos vinhos indígenas, que dispensariam os vinhos das Canárias e da Madeira; os azeites nativos e não tão nativos assim, como o do coco, que tornariam supérfluo o azeite do Reino, para não falar de "muitas outras coisas".

Dessa vocação autárquica, frei Vicente do Salvador fará na sua *História do Brasil* todo um programa de substituição de importações do Reino, ao sugerir que, no tocante à tríade canônica da mesa portuguesa e mediterrânea, os colonos não só substituíssem o azeite de oliva pelo de dendê ou de coco, e o vinho pela aguardente, mas até mesmo o trigo pela farinha de mandioca, o que não ousara fazer Brandônio. Ao passo que Gabriel Soares de Sousa assinalara a superioridade do produto reinol cultivado na colônia sobre seu similar metropolitano, o cronista franciscano vai além, afirmando a superioridade das espécies nativas sobre as reinóis, como na descrição das madeiras utilíssimas desconhecidas do outro lado do Atlântico. Destarte, era "o Brasil mais abastado de mantimentos que quantas terras há no mundo, porque nele se dão [além dos próprios] os mantimentos de todas as outras". O Brasil já seria até mesmo suficiente demograficamente, asserção que não teria certamente acolhida por parte dos maiores propagandistas da ideia imperial do fim do período colonial, para quem a escassez populacional representava o grande entrave a superar.

O que é mais, frei Vicente coloca expressamente a questão de se é preferível a autarcia ou seu contrário, procurando resolvê-la, segundo sua cultura eclesiástica, em termos das Sagradas Escrituras. Ora, elas forneciam uma resposta inconclusiva, pois se o salmista louva Sião por ter suas portas abertas a todos, louva também Jerusalém por ter tudo dentro de si, mas não há dúvida para que lado se inclina a argumentação do frade. O Brasil podia "sustentar-se com seus portos fechados sem socorro de outras terras", porque lhe bastava a farinha da terra em lugar da de trigo, a aguardente de cana era excelente sucedâneo do vinho, o azeite de coco, do azeite de oliva, a castanha de caju, da amêndoa, os tecidos de algodão, dos de linho e de lã. O sal dava-se naturalmente e, no tocante ao ferro, havia "muitas minas", sendo que em São Vicente já se lavrava o minério. Quanto às especiarias, havia "muitas espécies de pimenta e gengibre". Reconhecia frei Vicente um único empecilho a seu programa nativista na necessidade do trigo e do vinho para o culto católico. Ele, contudo, descartava parcialmente o argumento, lembrando que para estes fins sobejava o trigo paulista, embora fosse indispensável receber o vinho do Reino.

É curioso constatar que, ao aprofundar-se nos últimos decênios do século XVII a crise do Brasil talássico, o programa de frei Vicente voltará à ordem do dia. Informando da Bahia que em 1689 haviam deixado de "moer muitos engenhos e no seguinte haverá muito pouco deles que se possa fornecer", o padre Vieira notava que, em vista de tal situação, aconselhavam "os mais prudentes que se vista algodão, se coma mandioca e que, na grande falta que há de armas, se torne aos arcos e flechas", de modo que lhe parecia que "brevemente tornaremos ao primitivo estado dos índios, e os portugueses seremos brasis".

No final do primeiro século de povoamento, a argumentação de frei Vicente já traz embutida a contestação do monopólio colonial, pois se o Brasil se bastava, que necessidade teria da metrópole? E, com efeito, a atmosfera mental da *História do Brasil* já é perceptivelmente diferente da de Gabriel Soares de Sousa e da do autor dos *Diálogos*. Concluída precisamente no período entre o ataque holandês a Salvador e a ocupação de Pernambuco, ela deixa ver que os ventos começavam a soprar de outro quadrante. Se a compararmos superficialmente às crônicas anteriores, tem-se a mesma louvação da terra e dos seus recursos. Na realidade, o tom mudou. Ao otimismo que exalam as páginas dos primeiros cronistas, reinóis radicados na terra, substituiu-se o pessimismo do mazombo que era frei Vicente.

É palpável o ressentimento com que é encarado o tratamento dado à colônia pela metrópole. Com exceção de D. João III, a quem, como vimos, se atribuía o propósito de fundar novo reino na América, os monarcas lusitanos, sejam Avis ou Habsburgo, fazem pouco caso de nós, a ponto de, podendo intitularem-se reis do Brasil, preferem chamar-se reis da Guiné, só por causa de uma mísera caravelinha que despacham anualmente para aquelas paragens. Tampouco premiam os serviços prestados pelos povoadores. Devido a esse descaso, colonizada há menos de cem anos, a terra já dá sinais de declínio, já se despovoa em alguns lugares, e, malgrado sua grandeza e fertilidade, não progride. Ademais, frei Vicente dá teor mais contundente à oposição, esboçada nos *Diálogos*, que pode ter lido nos anos que viveu no claustro franciscano de Olinda, entre o comerciante, que visava apenas tirar proveito imediato da sua atividade, e o produtor, senhor de engenho ou lavrador de cana, que havia conquistado a terra com seu esforço e seu sangue, embora este tampouco escapasse à crítica de que também sonhava levar para Portugal os cabedais reunidos ao cabo de muitos anos de luta.

4.

Antevisões imperiais (2)

Há que esperar pelo século XVIII para definir-se a visão imperial, pressentida nas primeiras crônicas, agora na pena de dois eminentes "estrangeirados", o diplomata D. Luís da Cunha e o duque de Silva Tarouca. Sua inspiração é, portanto, a oposta da de Gabriel Soares ou da do autor dos *Diálogos das grandezas do Brasil*, de vez que ela parte de uma reflexão eminentemente cosmopolita sobre a deterioração do *statu* de Portugal no equilíbrio de poder europeu. O texto em que D. Luís da Cunha formulou a concepção de império luso-brasileiro, as célebres *Instruções* a Marco Antônio de Azevedo Coutinho, data de 1736. A designação de *Instruções*, posteriormente conferida ao documento, é, aliás, equivocada, pois ocupando então D. Luís da Cunha a embaixada em Paris não poderia dá-las a quem era formalmente seu superior hierárquico.

A premissa de todo seu plano é o desequilíbrio estrutural de poder entre Portugal e Espanha, decorrente da superioridade do vizinho em termos de extensão geográfica, efetivos demográficos, forças terrestres e marítimas e riqueza nacional e colonial. Do ponto de vista português, desequilíbrio tal fora remediado, até o tratado de Utrecht, pela rivalidade entre a França e a Espanha, mas esta defesa cessara de funcionar do momento em que os Bourbon haviam conquistado o trono de Madri, aumentando a crônica insegurança portuguesa. Desde seus dias de representante lusitano à Conferência de Utrecht, D. Luís da Cunha viera excogitando a maneira de sanar o problema. Ele não nos diz mas o provável é que tenha inicialmente colocado suas esperanças numa mudança do sistema europeu, de que Portugal pudesse tirar partido. Mas qualquer que ela fosse, as perspectivas não pareciam brilhantes. Nesta situação, D. Luís lançou seu olhar na direção do ultramar.

"As conquistas [escreve em 1736], que supus ser um acessório de Portugal, eu as tenho pelo seu principal e ainda garantes da sua conservação, principalmente as do Brasil".

Até então, o problema apresentara-se de maneira inversa, ou seja, como Portugal, enfraquecido na Europa, poderia preservar suas colônias da ambição e do poderio das grandes potências. Agora, tratava-se de instrumentalizar as colônias para reforçar a posição europeia de Portugal. A concepção tinha de parecer aos contemporâneos sutil mas sobretudo inoperante. Com efeito, se elas necessitavam da metrópole para defenderem-se, como poderiam lhe servir de trunfo internacional? A explicação de D. Luís é bem simples: devido ao ouro do Brasil, "a nenhuma potência da Europa convém que ele caia nas mãos de alguma nação que se saiba melhor que nós aproveitar das suas riquezas, pois que com todas as prodigalizamos, indo cavar nas minas para que os estrangeiros recolham as suas preciosas produções". A segurança da América portuguesa podia se beneficiar assim do próprio equilíbrio de poder europeu, pois sua conquista por qualquer das potências subverteria este equilíbrio, tornando-se assim inaceitável.

Evidentemente, desde a primeira metade do século XVI, vale dizer, da época de Carlos V, em que o ouro e a prata do México e do Peru afluíam crescentemente a Sevilha, a Europa dava-se conta de que o controle de domínios ultramarinos poderia ser vital, como era naquele caso, para as pretensões hegemônicas na Europa. Não fora outro o suporte da chamada "preponderância espanhola", título do velho livro do historiador Henri Hauser, nem outro o alvo das potências protestantes, como a Inglaterra e os Países Baixos, quer nos seus ataques diretos a porções do Império espanhol na América e na Ásia, quer nas inúmeras tentativas de cortar as comunicações marítimas entre a Espanha e a América espanhola. Para dar exemplo de casa, a criação da Companhia das Índias Ocidentais neerlandesa e os ataques que desferiu contra o Brasil foram advogados com base no argumento de que as possessões portuguesas ofereciam o que os estrategistas britânicos da Segunda Guerra Mundial designarão como o *soft belly* da Europa nazista, a Itália, linha de menor resistência do sistema hitlerista.

Mas mesmo na dependência dos metais americanos em que se encontrava Madri para suas aventuras imperiais na Europa, o ultramar, embora vital, continuava a ser avaliado como meio, não como fim. Nem sequer ao conde-duque de Olivares, cuja assombrosa imaginação política induzia-o à formulação de planos excessivamente ambiciosos, que ficavam muitas vezes no papel, ocorreria fundar a posição europeia da metrópole na segurança das colônias. E isto por um motivo bem simples: esta inversão dos papéis da metrópole e da colônia não poderia ser pensada por um homem de Estado da Espanha hegemônica, embora possa sê-lo, um século depois, por um diplomata português obcecado pela insegurança do seu país, que ele descrevia como "uma ourela de terra", um terço da qual permanecia inculta, outro, sob o controle da Igreja e o terceiro, destinado à produção de trigo para consumo nacional, o qual, aliás, era insuficiente para as necessidades dos seus habitantes. Tratava-se, provavelmente, da primeira vez que tal inversão ocorria a um homem de Estado europeu, um século antes de que George Canning se gabasse de haver promovido a independência do Novo Mundo para reequilibrar a balança de poder do Velho.

D. Luís da Cunha inspirava-se, aliás, no conselho que seu bisavô, Pedro da Cunha, teria dado em 1580 ao prior do Crato, a quem tentara em vão persuadir a se embarcar para o Brasil, onde, longe da cobiça e do poderio da Espanha, poderia conservar o título de rei de Portugal graças ao interesse das potências europeias em negociar na América portuguesa e em impedir que Felipe II viesse também a possuí-lo, tornando-se "muito mais formidável do que já era". Aduzia D. Luís da Cunha que, ao tempo da guerra da sucessão de Espanha, Felipe V recebera recomendação análoga do duque de Medina Sidônia, o qual, diante da resistência das potências marítimas à ascensão de um Bourbon ao trono de Madri, propusera que El Rei se instalasse no México.

A mesma consciência aguda da insegurança de Portugal está na raiz da visão de Império luso-brasileiro, exposta por Manuel Teles da Silva em cartas ao futuro marquês de Pombal. Tratava-se de um "estrangeirado" *sui generis*, pois fugindo em verdes anos, na companhia de um irmão de D. João V, para Haia, onde seu pai, o conde de Tarouca, representava Portugal, fora finalmente assentar praça no exército do príncipe Eugênio. Radicando-se na Áustria, fora feito duque de Silva Tarouca pelo imperador Carlos VI, havendo servido de conselheiro à imperatriz Maria Teresa e de presidente do órgão que se ocupava da administração austríaca nos antigos Países Baixos espanhóis e nas possessões italianas da Casa de Áustria. Quando o futuro Pombal ocupou a embaixada de Viena, tornou-se amigo íntimo de Silva Tarouca, relação que sobreviveu ao retorno de Carvalho e Melo a Lisboa e à sua nomeação como ministro de D. José I, relação cuja importância foi posta em relevo por Kenneth Maxwell. O pai de Silva Tarouca fora colega de delegação de D. Luís da Cunha no Congresso de Utrecht, sendo plausível que as ideias do seu filho devessem algo às do velho diplomata. Como D. Luís da Cunha, Silva Tarouca partia do pressuposto da precariedade insanável da situação do Reino *vis-à-vis* da Espanha, acoplando-a à dinâmica do sistema de relações de forças na Europa. "Vivemos em século turbulento [confidenciava desalentado a Pombal em carta de 1756], no qual já vimos bem estranhos trocos [i.e., mudanças]; e os que sobreviverem hão-de provavelmente ver outros."

Desde a paz de Ryswick (1697), em sessenta anos "o sistema geral da Europa" havia "mudado grandemente" ao menos "três vezes". "E pode facilmente a nosso respeito mudar-se muito mais em pouco mais de quarenta, que correm e correrão até o fim do nosso século XVIII." O estado atual das coisas era o oposto do que vigera então. Agora era a Casa de Bourbon que também reinava em Madri, dispondo das forças terrestres e navais mais numerosas que se haviam visto ali desde o reinado de Felipe II. É certo que a Rainha Católica, D. Bárbara de Bragança, mulher de Fernando VI, era portuguesa, mas não tivera filhos, com o que a herança da Coroa espanhola recairia no cunhado, o futuro Carlos III. Destarte, a união das coroas da França, da Espanha e de Nápoles na Casa de Bourbon parecia mais sólida e internacionalmente mais influente do que nunca. Podia-se, portanto, dar como coisa do passado "a bela conjuntura na Corte de Madri", vale dizer, os anos da amizade estreita entre os dois reinos peninsulares cultivada após a ascensão de Fernando VI ao trono, a qual permitira inclusive a conclusão do tratado de Madri (1750), que procurara solucionar as querelas territoriais hispano-portuguesas na América meridional. Temia Silva Tarouca que, instalado em Madri, o Bourbon de Nápoles viesse a reeditar os manejos do cardeal Alberoni, antigo ministro de Felipe V, visando a apossar-se de Portugal, dando em compensação aos Braganças os domínios italianos da família. "Possuindo El Rei Católico a Espanha inteira, com as suas Índias e Brasil, se faria a principal potência na Europa pela dependência em que poria pelo comércio todas as outras", graças à cumplicidade da França e da Inglaterra, que não "teriam escrúpulos de abandonar e vender Portugal a Castela para conservar e avantajar seus comércios". Particularmente preocupante parecia a Silva Tarouca "o espírito de comércio e digamo-lo claramente, de usurpação que reina hoje na Europa". Não era o caso de temer no curto prazo, "mas o não temê-lo agora não assegura nada para o futuro".

Nesta conjuntura, tanto para D. Luís da Cunha quanto para Silva Tarouca, o Brasil era a tábua de salvação. Desde a conclusão da paz de Utrecht, confessava D. Luís vir cultivando o que ele mesmo designa como visão, a de mudar-se El Rei para o Brasil, onde instalaria a Corte no Rio de Janeiro e onde tomaria o título de Imperador do Ocidente. Ao secretário de Estado, D. Luís desculpava-se antecipadamente pelo atrevimento da proposta de que "um rei de Portugal trocasse a sua residência na Europa pela da América", mas cumpria decidir o que seria mais vantajoso para o monarca, se "viver precariamente esperando ou temendo que cada dia o queiram despojar do seu diadema" ou poder "dormir o seu sono descansado e sem algum receio de que o venham inquietar". Para resolver o dilema, D. Luís apelava para segundo desequilíbrio desfavorável ao Reino, o que existia entre ele e a sua colônia americana, desequilíbrio que permitiria corrigir o inconveniente do primeiro, que, como vimos, era o desequilíbrio Espanha-Portugal. Para conservar seu poder na metrópole, El Rei dependia inteiramente dos recursos do Brasil e não dos de Portugal, "de que se segue que é mais cômodo e mais seguro estar onde se tem o que sobeja que onde se espera o de que se carece". Embora pudesse parecer semelhante projeto coisa precipitada ou cavilação de velho, D. Luís da Cunha, profético, rematava sua antevisão, assinalando que "poderia vir algum [tempo], de que Deus nos livre, em que não seja mal lembrada".

D. Luís da Cunha levantava também a questão da autarcia que a América portuguesa podia proporcionar ao Império, ponto a cujo respeito ele não compartilha o otimismo dos nossos primeiros cronistas. Era certo que o Brasil não produzia vinho ou azeite mas, no tocante ao trigo, o que se cultivava na região meridional seria suficiente para as necessidades, que não eram grandes, devido ao fato de que os colonos preferiam a farinha de mandioca, da mesma maneira pela qual os habitantes do Minho, de Trás-os-Montes e das Beiras se alimentavam de milho e centeio. Mas se o Brasil não produzia muitos gêneros de que se dispõe na Europa, não era menos verdade que esta também carecia de muitas coisas preciosas que a colônia possuía, ao que se juntava a diferença de que as carências brasileiras podiam ser facilmente remediadas pela diligência e indústria humanas, as quais, entretanto, não lograriam jamais produzir no Reino o que se produz na América, como o ouro e os diamantes. Deste modo, transformar-se-ia o Brasil no "entreposto de todas as mercadorias das outras três partes do mundo". Este Império do Ocidente, a ser estabelecido na América portuguesa, gozaria ademais da segurança que lhe conferia a distância dos centros europeus de poder.

Inegavelmente, semelhante plano comportaria riscos para a Coroa, que D. Luís excogitava atalhar. Como Portugal seria governado por um vice-rei, como a Índia, a Espanha procuraria conquistá-lo, com o apoio daquela parte da nobreza do Reino que não concordasse em acompanhar o monarca ao Brasil. Este poderia, contudo, acautelar-se mediante a obtenção de garantia internacional da independência portuguesa, de vez que a Europa não tinha interesse no incremento do poder da Espanha, tanto mais que o comércio europeu passaria a gozar de acesso franco aos portos brasileiros. Outro fator de inibição das pretensões espanholas seria a probabilidade de retaliações contra a América espanhola, que se poderiam organizar do Brasil não só contra o Prata mas contra o Peru e mais além, no rumo do istmo do Panamá. Quanto à fidelidade da nobreza do Reino, poderiam servir de caução os laços de parentescos com aquelas famílias suas que se tivessem radicado do lado de cá do Atlântico. De qualquer maneira, era indispensável ao êxito do novo Império chegar a acordo com Madri acerca das questões de limites na América. Neste particular das acomodações territoriais, D. Luís propunha a troca do Chile pelo Algarve, muito conveniente aos espanhóis pelas facilidades portuárias.

Apreensivo também no tocante ao destino de Portugal na Europa, Silva Tarouca volta os olhos, como fizera D. Luís da Cunha, para o Brasil, "donde me parece que a eloquência do famoso Vieira fundava 'o Quinto Império do Mundo e esperanças de Portugal'". No que, aliás, se enganava o duque pois a visão profética do jesuíta tinha o mundo inteiro por âmbito do Império português e não apenas a América. Não deixa, porém, de ser significativa semelhante releitura dada no século XVIII à concepção do inaciano e mediante a qual passava a fundar-se "na riqueza, posição e vasto do Brasil [...] as esperanças da monarquia lusitana e sua duração humanamente falando". Como de costume, eram as dimensões continentais da colônia que fixavam a atenção do observador, de vez que elas prestavam-se a "um império como o da China e ainda maior que a França, Alemanha e Hungria unidas se fossem em um só corpo". A analogia com a China acompanha, aliás, todo o raciocínio do duque. Embora não dispusesse em Viena de mapas recentes do Brasil e descontando como inabitável e incultivável uma quinta parte do seu território, ainda assim haveria nada menos de 90 mil léguas quadradas portuguesas, comparadas às menos de 3 mil que existiriam em Portugal, o que faria o Brasil trinta vezes maior que o Reino. Estimava ainda Silva Tarouca que, tendo Portugal uma população de 2 milhões de habitantes em área tão acanhada, a América portuguesa poderia proporcionalmente conter 60 milhões, o que correspondia precisamente à população estimada então para a China.

Convenientemente populado e civilizado, o Brasil estava fadado a ter "a mesma figura na América que fazem atualmente na Ásia tantos diversos impérios", como eram a China, o Japão, a Pérsia, o Mogol e o Otomano, com o que Portugal ver-se-ia suficientemente seguro em ambos os lados do Atlântico nem já voltariam à tona das intrigas diplomáticas esses projetos de trocas territoriais e dinásticas na Europa, do feitio do outrora afagado pelo cardeal Alberoni. As nações mercantes não se arriscariam a perder o comércio brasileiro, a Espanha se acharia na contingência de temer pela sorte das suas possessões americanas, e, graças ao porto de Lisboa, Portugal se veria mesmo promovido à condição de potência marítima. Cumpria, pois, dar-se por satisfeito com o que se possuía na Europa, cuidando-se apenas de promover as manufaturas em que empregar a população reinol. Ao contrário de D. Luís da Cunha, Silva Tarouca não previa a transmigração da Corte, que reputaria mesmo um "disparate", ao saber do rumor segundo o qual, por motivo do terremoto de Lisboa (1755), Sua Majestade planejava "ir estabelecer-se no Brasil, da parte do Maranhão".

Só faltava, por conseguinte, arranjar gente com que povoar estes vastos desertos, o que constituía a grande limitação de Portugal. Em outro dos seus textos mais conhecidos, o *Testamento político*, que endereçara ao príncipe D. José I, D. Luís da Cunha advertira o futuro monarca a respeito da sangria de gente que o Brasil causava ao Reino, assunto que, como se sabe, tornara-se especialmente preocupante desde a descoberta das minas. Segundo o diplomata, urgia povoar a colônia sem despovoar a metrópole; e para tanto não lhe parecia haver alternativa à permissão da emigração de estrangeiros e suas famílias onde bem lhes aprouvesse, sem qualquer discriminação religiosa, mediante a doação de terras para cultivarem. D. Luís citava, a respeito, a iniciativa da Coroa britânica de enviar emigrantes alemães do Palatinado às colônias da América do Norte, gente que, a seu ver, iria com maior boa vontade para o Brasil. À objeção de que a ortodoxia católica sairia prejudicada, D. Luís respondia com a previsão, para consumo do Santo Ofício, de que tais colonos se misturariam no Brasil às famílias de origem portuguesa, de modo que em duas ou três gerações seriam tão bons católicos romanos quanto elas. Tampouco nas *Instruções inéditas*, ele se estende acerca da questão, apenas referindo que os índios limitavam-se ao interior do país ou serviam de criados, "como em Lisboa nos servimos de negros". Por outro lado, os tapuias do sertão diferiam dos camponeses do Reino apenas na cor da pele, e, uma vez convertidos ao catolicismo, eram mais "observantes dos preceitos da Igreja que os nossos paisanos".

Neste particular, Silva Tarouca mostrava-se mais bem informado e mais pragmático. Era preciso povoar o Brasil "de qualquer modo que seja. Mouro, branco, negro, índio, mulato ou mestiço, tudo serve, todos são homens". Que entre uns e outros "haja muitos casamentos e pouquíssimos ventres inúteis", para o que se proibiria a ereção de novos conventos e controlar-se-ia severamente o número do clero regular ali existente. Seria de grande utilidade levar colonos alemães, como os ingleses estavam fazendo na América do Norte, desde que fossem católicos, pois o correspondente de Pombal era partidário de um Império unitário, com uma só religião, uma só língua, a portuguesa, e uma só lei, mas esta exclusivamente formulada para a América portuguesa, uma espécie de *Codex Brasiliano*, de vez que Sua Majestade poderia reputar-se "um novo fundador", dada a inexistência de *pacta conventa* entre ele e os súditos da colônia. Quanto ao sistema educacional, "muitíssimas escolas" mas nada de universidade. Outra medida destinada a manter a união entre metrópole e colônia consistia numa doação generosa de terras, senhorios e comendas às famílias principais do Brasil, desde que convenientemente limitados. Sendo o Império da China "antiquíssimo", nada pareceria "mais novo que o querer fazer de tão diversos selvagens, tapuias, negros, mulatos, uma China do Brasil! E contudo não seria absolutamente impossível", malgrado haver tardado Portugal a dar-se conta da "verdadeira importância da nossa porção da América", da qual só agora se cuidava graças ao zelo do marquês do Pombal.

5.

O Império frustrado (3)

Da historiografia do reinado de D. João VI no Brasil, pode-se dizer que aceitou passivamente a concepção que lhe venderam os publicistas da época, segundo os quais o príncipe regente criara finalmente o grande império luso--brasileiro há tanto sonhado pelos estadistas da metrópole. O livro de Oliveira Lima, por exemplo, parte dos pressupostos da ideologia saquarema do Segundo Reinado para creditar o período joanino com haver lançado os alicerces da ordem monárquica, que consolidariam o filho e o neto. Na realidade, a construção imperial não passou de figura de retórica, com que a Coroa bragantina procurou desfazer a penosa impressão criada na Europa pela sua retirada súbita para os domínios americanos, apresentando-a como uma medida de alto descortínio destinada a habilitar Portugal a retemperar-se no Novo Mundo para regressar ao Velho na condição de potência de primeira ordem. Do lado de cá do Atlântico, o grande império serviria para afagar a vaidade ingênua dos seus vassalos sudestinos, mediante os arcos de triunfo das celebrações cívicas, como aquele em que, perante o retrato de D. João, a Lusitânia saudosa da real ausência ombreava-se com a África ajoelhada e com o Brasil, "de manto real e borzeguins, oferecendo também o coração que tinha nas mãos", tudo encimando a quadra otimista: "América feliz tens em teu seio,/ do Novo Império o fundador sublime./ Será este o país das santas virtudes,/ quando o resto do mundo é todo crime".

Mesmo depois da promoção do Brasil ao estatuto de Reino Unido em 1816, ideia que provavelmente Palmela vendeu a D. João fazendo-a passar por sugestão de Talleyrand, de modo a dar-lhe maior autoridade, a concepção imperial esgotou-se em duplicar no Rio de Janeiro o aparato estatal que ficara em Lisboa. A nenhum dos administradores, por não ser possível chamá-los de homens de Estado, de que se cercou o monarca (exceção do conde da Barca, cujo francesismo tornara-o suspeito) ocorreu que a criação do novo Império exigiria adaptar a concepção herdada de D. Luís da Cunha ou do conde de Tarouca às circunstâncias bem diversas que prevaleciam neste começo de século XIX. Tal adaptação tinha o nome de reformas políticas, cuja discussão era sempre curto-circuitada nas rodas palacianas pela objeção, reputada esmagadora, de que a Revolução Francesa também começara por elas. Neste particular, o período joanino caracterizou-se por um extremo conservadorismo, que reduzia a atuação do poder público a questões administrativas a serem resolvidas segundo as práticas do velho Estado. Mesmo seu ministro mais ativo, D. Rodrigo de Sousa Coutinho, mais não fez, como reconheceu atiladamente Oliveira Lima, que lhe era simpático, do que "acelerar extraordinariamente o movimento sem mudar o mecanismo [do Estado do Antigo Regime], apenas aumentando-lhe as peças e carregando demasiado a pressão". Em última análise, só as reformas políticas poderiam dar ao Reino Unido algumas chances de sobrevivência.

Ninguém analisou com maior acuidade que Hipólito José da Costa a incapacidade de auto-reformar-se do Estado português instalado no Rio. Ele julgava mesmo que, no Brasil, o governo real tornara-se ainda mais autoritário do que no Reino. Se era certo que ali a antiga Constituição estava reduzida à teoria, ainda existiam no povo e nas ordens privilegiadas a memória dos antigos privilégios, como as reuniões das Cortes, e a consciência de limites tradicionais que mesmo um regime absolutista não podia ultrapassar sem correr sérios riscos, o que, em caso extremo, funcionava como freio às tendências despóticas não d'El Rei, a quem se reconhecia universalmente a bondade chá, embora suspicaz, com que ainda hoje é conhecido, mas dos seus ministros e cortesãos. Lembrava Hipólito que o Brasil não possuía nem tradição constitucional nem o que posteriormente virá a ser designado por corpos intermediários. Entre nós inexistia nobreza titular e as famílias que se impingiam de aristocráticas não formavam uma ordem institucional reconhecida como tal, de modo que, como dizia frei Caneca, suas pretensões não tinham mais peso que a preferência dos cônegos sobre os párocos. Quanto à religião, nem abadias acaudaladas nem prelados faustosos, como os que Beckford havia descrito no Reino, de vez que o clero vivia mediocremente da côngrua que lhe pagava o Estado, quando não vegetava na pobreza dos pés de altar escassos das vilas do interior. Por fim, no tocante à terceira ordem, as cidades brasileiras jamais haviam gozado do privilégio da representação em Cortes.

Hipólito compreendeu desde o início que a transmigração da família real para o Rio mais não fora do que uma mudança de capital. "O governo do Brasil [escrevia em 1809] arranjou-se exatamente pelo Almanaque de Lisboa, sem nenhuma atenção ao país em que se estabelecia. Mostra, por exemplo, o Almanaque de Lisboa um Desembargo do Paço, um Conselho da Fazenda, uma Junta de Comércio etc.; portanto quer o Brasil careça destes estabelecimentos, quer não, erigiu-se no Rio de Janeiro, logo que a Corte ali chegou, um Desembargo do Paço, um Conselho da Fazenda, uma Junta de Comércio etc.". E com efeito, a elite de poder a quem o monarca confiara a tarefa de criar um novo Império carecia precisamente de visão imperial.

A análise de Hipólito revela-se particularmente contundente quando incide sobre a qualidade do grupo dirigente. A este respeito, era revelador o método de seleção dos altos funcionários da Coroa. Os grandes aristocratas julgavam ofensivo a seus brios nobiliárquicos enviarem os primogênitos a Coimbra, de modo que nenhum deles possuía grau acadêmico, exceção dos filhos segundos que haviam acedido ao título pelo falecimento do irmão mais velho. E, contudo, era neste círculo que se recrutavam os presidentes dos conselhos, os quais, por sua vez, compunham exclusivamente o Conselho de Estado, que era o órgão máximo do sistema institucional. Fora este "o mesmo Conselho de Estado que passou ao Brasil para lançar os fundamentos àquele novo e grande Império. Que se pode esperar?". O poder tornara-se o monopólio de um grupo de incompetentes, a exemplo do marquês de Ponte de Lima, que malgrado haver sido impedido por sentença judiciária de gerir seus próprios bens, fora guindado à posição de presidente da Junta de Comércio.

O ministro reputado encarnar o espírito de renovação, D. Rodrigo de Sousa Coutinho, cuja honestidade pessoal Hipólito reconhecia, era criticado pela sua incapacidade de traduzir o programa imperial em políticas públicas. D. Rodrigo, é certo, matriculara-se no curso de leis em Coimbra, mas sendo reprovado logo no primeiro ano abandonara os estudos superiores, o que não obstou a que fosse nomeado ministro plenipotenciário em Turim, donde regressara ao Reino para ser secretário da Marinha, repartição que abrangia os assuntos ultramarinos. Da Saboia, D. Rodrigo trouxera a ideia, que a esta altura carecia de novidade, segundo a qual Portugal deveria tornar-se "a cabeça de um vasto Império" que integraria economicamente a metrópole e as colônias mediante uma poderosa marinha. Em quatro anos de ministrança, o ambicioso plano não fora além da criação de um almirantado tão numeroso quanto o britânico. Não se construíra um único vaso de guerra nem se introduziram reformas: "De tudo quanto prometera não fez mais do que expedir uma infinidade de leis, alvarás, decretos e avisos, que sempre precisavam de outros para sua explicação, de maneira que houve tal cego em Lisboa [os cegos gozando do monopólio da venda de publicações oficiais] que se enriqueceu só a vender as leis que publicou D. Rodrigo". Não obstante, o futuro conde de Linhares vira-se guindado a ministro da Fazenda.

No Rio, como ministro da Guerra, D. Rodrigo estimulara ambições imperiais no Prata e na Guiana, quando "o Brasil o que menos necessita é de terreno" e quando o envolvimento num conflito internacional só poderia redundar na disseminação de ideias republicanas na colônia, e no adiamento do essencial, isto é, das reformas políticas. Mesmo descontada a animadversão reinante em Londres entre o redator do *Correio Brasiliense* e um irmão de Linhares, embaixador junto à Sua Majestade Britânica, o perfil do grande ministro do príncipe regente surge sob luz bem menos favorável do que a projetada por Oliveira Lima e, na sua esteira, a historiografia do período joanino. Aliás, segundo o grande historiador, D. Rodrigo teria sido um convertido tardio ao projeto de transferência da Corte portuguesa para a América, por haver sido defendido pelo círculo de estrangeirados reunido em torno do duque de Lafões e do marquês de Alorna.

Em 1813, falecido o conde de Linhares, Hipólito constatava que, instalada a Corte há mais de quatro anos no Rio, não se levantara uma palha com vistas à liquidação do sistema político colonial, com o que se corria o risco de que outros a promovessem, alusão velada a uma história dos Açores, escrita em inglês e que acabava de ser publicada, na qual se propunha que a Grã-Bretanha transformasse o arquipélago em protetorado, argumentando inclusive com o arcaísmo do sistema político português. Não se julgue, contudo, que a crítica de Hipólito se baseasse em ressentimento antilusitano, tanto assim que era o primeiro a proclamar que a Corte do Rio tratava tão mal o Reino quanto o Brasil e que o papel da ex-metrópole no conjunto do novo Império devia ser revisto de maneira a preservar seus legítimos interesses, que o tratado de comércio com a Inglaterra comprometera gravemente. Sob o aspecto da reformulação do sistema de relações comerciais entre Portugal e o Brasil, a falta de imaginação imperial não era menos pronunciada, de vez que não se tiraram as implicações da abertura dos portos, imposta pelas circunstâncias, para o conjunto imperial.

O tratado com a Inglaterra desiludira Hipólito acerca das vantagens que o Brasil poderia obter do comércio internacional. Em tais circunstâncias, ele se voltava, como meio século antes o duque de Silva Tarouca, para o exemplo da China, a qual "não tem comércio externo e, contudo, é um próspero, rico e respeitável país". A comparação entre ambas as nações não se lhe afigurava desmedida, pois que tinham em comum a dimensão continental, a fertilidade do solo, a qualidade do clima e a facilidade de comunicações interiores. A diferença residia evidentemente na população, que no nosso caso o *Correio Brasiliense* propunha remediar-se pela imigração europeia. Ainda está por fazer-se o estudo da impressão causada pela China sobre os círculos dirigentes portugueses, a qual deriva provavelmente do interesse atribuído ao tema pela filosofia política do século XVIII. O fato é que o Império chinês também exerceu grande atração sobre Linhares, que, segundo o relato de um cortesão hostil, teria cogitado resolver o problema da nossa escassez de gente "mandando vir um milhão de chinas", o que resultaria em benefício mútuo, à China devido ao excesso populacional que lhe era nocivo, ao Brasil graças à introdução de duas manufaturas tão importantes quanto a da seda e da porcelana. Nos anos setenta do século XIX, o gabinete Sinimbu ainda pensava resolver o problema da falta de braços da lavoura cafeeira mediante a importação de *coolies*.

Antes que a historiografia do Império pusesse nas nuvens o reinado joanino, sua reabilitação histórica começara em meados de Oitocentos pela pena dos publicistas do Rio comprometidos com a fórmula centralista adotada pela Independência. Via-se destarte nos treze anos de D. João VI na terra a fórmula salvadora que permitira a D. Pedro I fundar o Império e a D. Pedro II, governá-lo. Escusado assinalar que se tratava, em boa parte, de uma idealização. Como assinalou Sérgio Buarque de Holanda, "no Brasil, as duas aspirações — a da Independência e a da unidade — não nascem juntas e, por longo tempo ainda, não caminham de mãos dadas". E ainda: "Essa unidade, que a vinda da Corte e a elevação do Brasil a Reino deixara de cimentar em bases mais sólidas, estará a ponto de esfacelar-se nos dias que imediatamente antecedem e sucedem a proclamação da Independência. Daí por diante irá fazer-se a passo lento, de sorte que só em meados do século pode dizer-se consumada".

A tradição saquarema da historiografia da Corte e dos seus epígonos da República, para quem a história da nossa emancipação política reduz-se à da construção de um Estado centralista, tende, portanto, a ignorar que se o reinado americano de D. João VI pode ser considerado o marco inicial da construção do futuro edifício imperial, não é menos verdade que ele esteve a ponto de destruir-lhe as frágeis possibilidades, precisamente devido à sua incompetência para superar a retórica do vasto Império, atualizando-o e realizando-o. Quando o representante do governo republicano de 1817 procurou obter o apoio material e diplomático dos Estados Unidos, o argumento principal que usou foi exatamente este: o de que a transmigração da Coroa havia frustrado as expectativas dos seus vassalos americanos, particularmente dos mais bem informados, com referência à introdução das reformas políticas de que tanto necessitava a ex-colônia. Que a idealização do reinado joanino nascesse e se desenvolvesse no Rio parece algo de perfeitamente natural quando se sabe que a sede da Corte foi a grande beneficiária da imigração dos Braganças, enquanto as capitanias se viram adicionalmente taxadas de modo a financiar o embelezamento da capital para fazê-la aceitável aos cortesãos e funcionários públicos de extração reinol.

6.

A última encarnação
do Reino Unido (4)

Realizada a Independência, a concepção do Império luso-brasileiro voltaria à tona em 1823-1824, na esteira dos acontecimentos políticos em Portugal. Quando, em meados de 1821, D. João VI regressara a Lisboa, restavam-lhe cinco anos de vida que viverá no paço tristonho da Bemposta. Este período já não desperta o interesse do leitor brasileiro, naturalmente voltado não para o pai mas para o filho, o príncipe D. Pedro, embora, ao contrário do poema de Bandeira, o pai, não o filho, estivesse mais precisado de oração. D. João VI concluíra seu papel no Brasil, mas em Portugal fracassaria. Ali, ele teve de lidar com dois problemas. O primeiro partia da esquerda liberal, os chamados "vintistas", que controlavam a situação nas Cortes ressuscitadas pelo movimento vitorioso do Porto para regenerar a nação humilhada ao tempo da ocupação francesa como da junta dominada pelo pró-cônsul britânico, general Beresford. O outro desafio vem da extrema direita, do integrismo absolutista que, sob a inspiração da rainha D. Carlota, mobiliza o infante D. Miguel, a fradaria, parte da nobreza e do exército, e, para reconhecer a verdade, a esmagadora maioria fanatizada do país, com vistas a derrubar o novo regime liberal que a atitude irredenta do Brasil comprometera.

Do momento do seu regresso a Lisboa, foi entre estes escolhos que D. João VI teve de navegar. El Rei, que, por uma questão de feitio, preferia tratar com os liberais moderados a ter de se entender com a mulher e o infante, não viu com bons olhos o movimento, o qual, ironicamente e graças à força do sentimento monárquico, redundou em vantagem sua. Em 1823, um pronunciamento militar comandado por D. Miguel, a Vilafrancada, dissolveu as Cortes e restaurou o Antigo Regime, repondo D. João VI na plenitude dos poderes de que gozara antes da Revolução do Porto. Malgrado haver sido desfechado pelos setores mais retrógrados da sociedade portuguesa, a Vila-francada foi sua *journée des dupes*, de vez que o monarca não os chamou ao poder, preterindo-os em favor dos conservadores moderados com o apoio da Inglaterra na sua resistência à Santa Aliança e de um limitado círculo de personalidades mais ou menos ilustradas que, tendo à frente D. Pedro de Souza Holstein, futuro duque de Palmela, enxergavam a saída da crise através do meio termo de uma monarquia constitucional que permitisse a El Rei recuperar o essencial, mas não a totalidade, dos poderes que perdera. Doravante, os objetivos da Coroa cifrar-se-ão na outorga de uma Carta, à maneira da que Luís XVIII dera à França; e na preservação de um nexo político e institucional, por tênue que fosse, entre Portugal e o Brasil. D. João VI foi malsucedido em ambos os propósitos.

Palmela foi o epígono da linhagem de diplomatas e de "estrangeirados" a serviço da Coroa desde os tempos de D. Luís da Cunha. Representante junto ao governo revolucionário de Sevilha em 1809-1812, ele tivera a missão de obter a Regência da Espanha para D. Carlota Joaquina, face ao sequestro da família real espanhola na França. Palmela enxergara então a perspectiva de se realizar na América, contra Napoleão, a união ibérica que não fora possível na Europa. Como escreveu então, "duas nações, filhas da mesma península e que o destino criou para serem irmãs, [...] ofereceriam à França uma massa ainda maior de resistência, e o maior e mais resplandecente império do mundo poderia ressurgir de entre os incêndios e ruínas desta revolução. Ter-se-ia conseguido, pelo único modo por que é possível consegui-lo, esta reunião, que foi de três séculos a esta parte o maior objeto às vezes da ambição, sempre da política dos soberanos e dos homens de Estado desta nação", isto é, da Espanha. Devido ao veto inglês ao ambicioso plano, que prejudicaria seus interesses comerciais, D. João, com seu bom senso lusitano, preferiu ceder os direitos de D. Carlota à Regência em troca da Banda Oriental, para desapontamento de Palmela, que acreditava que só no caso em que a América espanhola se estilhaçasse, é que o Príncipe deveria "tirar todo o partido possível desta dissolução de um tão grande corpo político".

Na sua condição de embaixador ao Congresso de Viena, Palmela fora o verdadeiro inspirador da criação do Reino Unido de Portugal, Brasil e Algarves (1816), pois, como pretendeu Oliveira Lima, ele atribuíra o projeto a Talleyrand para mais facilmente vendê-lo a D. João. A hipótese do autor de *D.*

João VI no Brasil tem a seu favor a tenacidade com que Palmela, ao assumir a pasta dos Negócios Estrangeiros após a Vilafrancada, defendeu a preservação do Reino Unido, malgrado suas reduzidas possibilidades de êxito, em face novamente da oposição inglesa e desta vez também do governo do Rio de Janeiro. À raiz da Vilafrancada, acreditava-se em Lisboa estarem criadas as condições políticas para retomar o diálogo com o Brasil. Se as Cortes liberais haviam constituído o grande empecilho a um acordo entre os dois reinos, seu desaparecimento parecia aplainar o caminho para a reconstituição da unidade imperial. A justificada resistência do príncipe regente às ordens do regime liberal perdia razão de ser, do momento em que D. João IV voltava a exercer a soma dos poderes majestáticos.

Palmela via com nitidez que o Reino Unido teria de ser reconstruído para atender às circunstâncias do Brasil após a partida de D. João VI. Por um lado, havia a impossibilidade de reduzi-lo à anterior situação colonial, por outro, a dificuldade de convencer El Rei mas sobretudo a opinião portuguesa à perda de "uma tão bela e vasta herança", tarefa que teria de ser conduzida com extrema habilidade para impedir que os miguelistas capitalizassem com o prejuízo. Em princípio, podia-se contar com a ajuda do tempo, "sempre elemento indispensável para levar os homens a resignarem-se à lei da necessidade e para dissipar as ilusões criadas", mas sua mera passagem trazia o inconveniente de consolidar o *statu quo* no Brasil, tornando maiores a cada dia as exigências que o Rio de Janeiro apresentaria como preço do restabelecimento do Reino Unido. Quaisquer, porém, que fossem os empecilhos, o regime saído da Vilafrancada ou qualquer outro em seu lugar ver-se-ia na mesma obrigação de fazer alguma coisa, antes de abandonar de vez a possibilidade de trazer os brasileiros de volta ao aprisco.

Mesmo que Palmela estivesse suficientemente informado de que, na perspectiva do governo do Rio, a atitude das Cortes dissolvidas havia levado a situação ao ponto a partir do qual já não havia retorno, ele julgava que a divisão do Reino Unido era contrária aos interesses d'El Rei como também do próprio D. Pedro, seu herdeiro. Em decorrência da permanência deste no Brasil, o que se passava aqui não podia ser assemelhado ao que ocorrera nos Estados Unidos da América ou ao que se verificava na América espanhola. É certo existir um partido brasileiro de aspirações republicanas mas a preservação do Reino Unido daria precisamente ao regente os meios de debelá-lo.

Reconhecia Palmela que nada poderia o governo de Lisboa sem apoio britânico, não só devido à necessidade de atender aos interesses comerciais desenvolvidos pela Inglaterra a partir de 1808 como também, e, não menos essencial, em vista da eventual sustentação militar que dela esperava o novo regime português para pôr-se a salvo de uma intervenção espanhola, incentivada pela Santa Aliança. Embora há anos o secretário do Exterior Castlereagh houvesse tirado as esperanças de socorrer militarmente Portugal, Palmela, em seguida à Vilafrancada, voltou a alimentá-las, tanto mais que, falecido Castlereagh, ainda se desconhecia o rumo a ser dado pelo sucessor, George Canning, à política exterior do país. Tratava-se de persuadir o governo de Londres de que a separação do Reino Unido não redundaria em vantagens comerciais para a Grã-Bretanha e que a instauração de regimes republicanos na América reforçaria a posição dos Estados Unidos no continente. E o que é mais, a posição privilegiada da Inglaterra em Portugal ficaria irremediavelmente prejudicada, pois sem o Brasil o velho Reino ou se tornaria um aliado onerosíssimo para a Inglaterra ou sairia da sua órbita para colocar-se sob a da França e da Espanha.

Com a deformação da visão retrospectiva com que escreveu suas recordações de vida pública, Palmela virá a afirmar que a atitude inglesa pusera desde o começo tudo a perder, pois "quase que sem rebuço, mostrou desde logo a intenção de favorecer a insurreição das colônias espanholas e portuguesas, fazendo ceder qualquer consideração de moral pública à que sobre todas e sempre o domina, isto é, a de promover e desenvolver o seu comércio". A verdade é que inicialmente havia a possibilidade, como em qualquer mudança de poder, de que Canning viesse a infletir a orientação de Castlereagh em sentido mais favorável a Portugal. Em todo o caso, não se pode dizer, como fez Palmela, que Londres não distinguia a situação da América portuguesa da situação da América hispânica. Por outro lado, se todo o objetivo da Grã-Bretanha era exclusivamente econômico, cabia a Portugal sugerir a fórmula que buscasse acomodá-lo no contexto do sistema comercial que se teria de criar para o Reino Unido, sob a forma de um condomínio anglo-lusitano das relações mercantis do Brasil.

Para reconstituir o Reino Unido, D. João VI e o ministério estavam dispostos a reconhecer a mais ampla autonomia política e administrativa ao Brasil, que receberia Constituição própria, adaptada às suas condições; e seria

A ÚLTIMA ENCARNAÇÃO DO REINO UNIDO (4)

regido pelas leis do seu próprio parlamento, as quais seriam sancionadas pelo regente e confirmadas *pro forma* por D. João VI. O vínculo subsistente entre ambos os países seria exclusivamente dinástico, por um lado, e internacional, por outro, configurando um autêntico pacto federativo. O chefe da Casa de Bragança por direito hereditário reinaria sobre as duas nações, delegando ao primogênito e, portanto, futuro monarca, a regência daquela parte em que não residisse, fórmula que permitia evitar uma definição acerca da melindrosa questão da capital da monarquia. De início, D. João VI reinaria em Lisboa, tendo D. Pedro como regente no Rio, até o dia em que, morto D. João, D. Pedro confiaria Portugal a seu herdeiro, no caso D. Maria da Glória. Para alcançar este resultado, D. João VI e Palmela se contentariam com a cláusula da nação mais favorecida, sacrificando qualquer pretensão de preferência comercial, a qual era inviável do momento em que os interesses da Grã-Bretanha deviam ser levados na devida conta, pois a ela caberia avalizar internacionalmente a engenhosa fórmula.

As relações diplomáticas seriam comuns no tocante aos tratados políticos mas os acordos de comércio exterior seriam adaptados às necessidades de cada reino. O monarca delegaria no príncipe regente do país em que não estivesse residindo a competência de nomeação para os cargos públicos, garantindo-se desde já os empregos concedidos no Brasil, pois, segundo Palmela, "o interesse próprio é sempre a mola real das revoluções e só transigindo com uns se podem terminar as outras". A medida era, com efeito, vital para o êxito do plano, de vez que, desde 1822, a independência do Brasil deixara de ser um objetivo de grupos urbanos radicais para tornar-se o investimento político da elite de altos funcionários da Corte fluminense para quem era vital preservar as repartições deixadas no Brasil por D. João VI. A marinha de guerra e o serviço diplomático seriam comuns. A dívida pública destinada às responsabilidades comuns seria compartilhada, segundo proporções a serem ajustadas. As possessões ultramarinas da África e da Ásia continuariam a ser dependências da Coroa portuguesa.

As concessões que Portugal estava pronto agora a fazer eram as mesmas que os deputados brasileiros haviam solicitado em vão às Cortes liberais. Por que, ao contrário, El Rei e o ministério mostravam-se sensíveis a essas aspirações autonomistas? No Brasil, na atmosfera exaltada da Independência, atribuiu-se à atitude de D. João VI os mais sinistros desígnios de recolonização. Em meados de 1824, a concepção do Reino Unido estava inapelavelmente condenada, embora Palmela julgasse otimisticamente que a dissolução da Constituinte e a Confederação do Equador levariam D. Pedro a reavaliar as vantagens da união à luz da necessidade de repressão de movimentos regionais. Àquela altura, a extrema direita desencadeara nova prova de força, quando D. João VI viu-se cercado em palácio por outro levante castrense, a Abrilada, que, a pretexto de protegê-lo, visava a alijar Palmela e os moderados para precipitar sua abdicação em D. Miguel. O golpe fracassou devido à reação do corpo diplomático estrangeiro, que levou El Rei para bordo de uma nau inglesa no Tejo, de onde D. Miguel foi sumariamente demitido da chefia do exército e enviado para o exílio.

Que o objetivo de D. João VI e dos moderados ao insistirem na preservação do Reino Unido era primordialmente dinástico é o que se conclui da leitura da correspondência diplomática de Palmela. A tônica da sua argumentação recaía não sobre a reconstituição do monopólio comercial, o que se sabia ser impossível, nem sequer sobre os aspectos econômicos das relações entre os dois reinos, embora estes também fossem ventilados, mas sobre o problema da sucessão ao trono português, a cujo respeito os conservadores moderados desejavam manter os direitos de D. Pedro, menos por entusiasmo pela figura de um príncipe visto como o ingrato que se pusera à frente da Independência do Brasil do que pelo temor do mal maior, isto é, de que a Coroa viesse caber à *bête noire* da facção no poder, o infante D. Miguel. Por outro lado, a eventual aclamação de D. Pedro após o falecimento de D. João VI exigia que se prevenisse a hipótese de Portugal voltar a ser governado do Brasil. "A sorte deste Reino não pode ficar incerta e precária, dependente da vida do nosso atual soberano", lamentava-se Palmela. Só a reconciliação com o Brasil permitiria "evitar-se para Portugal a desgraça de futuras dissensões e assegurar-se a sucessão à Coroa no seu legítimo herdeiro". A diferença é que Palmela queria resolver de imediato a questão sucessória mas D. Pedro preferia adiá-la.

Por conseguinte, para Palmela e os moderados, urgia assegurar a presença de D. Pedro à frente da monarquia dual, barrando as pretensões de D. Miguel e da sua facção, cuja tomada do poder eles temiam mais que tudo, prevendo corretamente que elas viriam custar uma guerra civil ao país. Nesta perspectiva, a Corte do Rio deveria funcionar como âncora da monarquia constitucional lusitana. A obsessão brasileira com a recolonização fez naufragar o plano joanino, sem que, contudo, evitássemos o que legitimamente poderia ser tido como a recolonização por excelência, a presença dominante da imigração e do comércio portugueses na antiga colônia e sua influência nas decisões do novo Estado nacional. O tratado de 1825 só recolheu do esquema dual a cláusula pela qual D. João VI, mas não seus sucessores em Portugal, poderia denominar-se imperador do Brasil. A cláusula, que parece tão ofensiva aos brios nacionalistas da historiografia brasileira, foi apenas o penduricalho tirado ao plano de Palmela para satisfação de amor-próprio de um soberano que já era encarado como o verdadeiro fundador da Independência. Ironicamente, a união dos dois reinos só sobreviverá ao nível de alguns consulados, que ao longo do século XIX atuaram indistintamente como repartições luso-brasileiras na Europa, não fossem então os diplomatas uns incorrigíveis arcaizantes.

7.

Entregando o Brasil

A união das coroas de Portugal e de Castela em 1580 integrou no jogo político europeu um Brasil que até então se limitara ao papel de eventual ponto de atrito das relações luso-francesas. D. João III procurara alhear-se das questões europeias para concentrar-se na exploração do Império ultramarino, o que não significa que tivesse ficado indiferente ao equilíbrio de poder na Europa e a suas repercussões, inclusive devido à sua aliança com o cunhado, Carlos V. Por desconfiança hereditária da Espanha ou por temor aos inimigos dela, D. João III teria já cogitado, na hipótese de invasão do Reino, de uma retirada para o Brasil, onde disporia de base relativamente segura para a reconquista de Portugal, segundo garantia frei Vicente do Salvador em 1627. Esta seria uma das considerações que o levaram à criação do governo-geral em 1549.

De 1580 a 1640, o Brasil terá seu destino ligado ao da monarquia espanhola, com todos os ônus e bônus da situação. O nacionalismo português só enxergou naturalmente os primeiros, concretizados na perda de possessões ultramarinas às mãos dos inimigos da Espanha, segundo o raciocínio de que o governo de Madri não dispensaria aos interesses lusitanos o mesmo zelo que aos próprios e que, por conseguinte, o ultramar português se tornara o alvo preferencial dos ataques das potências protestantes como a Inglaterra e os Países Baixos. Já se sustentou, pelo contrário, que na inexistência da união ibérica, as perdas lusitanas teriam sido provavelmente maiores, de vez que as colônias portuguesas se teriam encontrado em posição ainda mais vulnerável. Se o Nordeste, por exemplo, ficou perdido por longos anos, não é menos verdade que Felipe IV e o conde-duque de Olivares empenharam-se na sua restauração, como indicam as duas grandes armadas enviadas à Bahia (1625) e a Pernambuco (1638), convencidos de que a perda da região, que se tornara, graças ao açúcar, vital para a economia portuguesa, acarretaria mais cedo ou mais tarde, como veio a acontecer, a perda de Portugal pela monarquia espanhola. A explicar a diferença entre o êxito da restauração da Bahia em 1625 e o fracasso da restauração do Nordeste em 1640 sobressai o declínio do poderio naval espanhol.

A inserção brasileira na luta europeia pelo poder tornou-se patente tão logo o exército de Felipe II entrou em Portugal em 1580, derrotando a resistência nacional, comandada por D. Antônio, o prior do Crato, e o levando a recorrer à ajuda dos inimigos de Castela. A França mostrou-se mais pressurosa que a Inglaterra, que tinha sua atenção voltada para o outro lado do Mar do Norte, onde seus aliados protestantes dos Países Baixos sustentavam uma guerra de independência contra a Espanha. A França, que vira frustradas suas pretensões brasileiras vinte anos antes, dispôs-se a apoiar militar e diplomaticamente a resistência portuguesa em troca da cessão do Brasil. Mas a armada que sob Felipe Strozzi o governo de Paris despachou para defender a ilha Terceira (Açores), último ponto do território lusitano a entregar-se a Felipe II, redundou num fiasco que selou o desfecho do conflito.

No começo do século XVII, sustentou-se que Strozzi recebera instruções para, na hipótese de vitória, seguir para o Brasil, segundo os termos de um tratado secreto entre o prior do Crato e Catarina de Médicis. A alegação foi redescoberta no século XIX pela historiografia francesa, que aduziu novos elementos em seu favor. Do lado português, deve-se a Joaquim Veríssimo Serrão o exame mais detido do assunto. Sua tese limita-se, porém, não a negar a existência do projeto francês mas a contestar a responsabilidade do prior do Crato na cessão da América portuguesa ou de parte dela. E, com efeito, inexistem provas do consentimento de D. Antônio, as fontes que se referem ao assunto sendo exclusivamente francesas. Veríssimo Serrão admite apenas que o prior tivesse autorizado a viagem de naus francesas ao Brasil, com o fito de negociarem e de fazerem guerra à Espanha no Atlântico sul. Destarte, se concessão houve de sua parte, esta teria sido de natureza puramente comercial. Caberia aduzir que a relutância em aceitar a "traição" do prior do Crato, herói de certo setor do nacionalismo português, tinha conotações ideológicas no Portugal salazarista em que Veríssimo Serrão escreveu seu trabalho. Contra sua teoria, pode-se, aliás, empregar o mesmo raciocínio que utilizou para justificar a recusa de D. Antônio em partir para o Brasil, quando instado a prosseguir a resistência no ultramar: o de que a ideia de transferir a sede da monarquia para uma colônia seria demasiado sofisticada para a cabeça do prior. Ora, não o era menos a noção de substituir domínio territorial por privilégios mercantis, a qual para vingar ainda teve de esperar pela astúcia comercial holandesa e inglesa em meados de Seiscentos. Semelhante ideia era dificilmente concebível no tocante às potências ibéricas, visceralmente adeptas até o século XIX do sistema de monopólio colonial. Mesmo se D. Antônio não tivesse consentido em entregar o Brasil ou parte dele, é óbvio que a França de Catarina de Médicis não iria ajudá-lo a conquistar sua Coroa a troco de nada; e que, por fás ou por nefas, lhe teria apresentado o fato consumado de uma ocupação do Rio de Janeiro, por exemplo.

O fato é que, desde 1580, as alternativas de ceder o Brasil ou de nele instalar o Estado português voltarão à tona todas as vezes em que a independência nacional estiver ameaçada. Também naquela ocasião a colônia teria sido objeto de negociações entre Felipe II e a Casa de Bragança, cujos direitos à Coroa eram considerados juridicamente mais sólidos que os do monarca castelhano e que os do prior do Crato. Na sua história da Restauração portuguesa, publicada na segunda metade do século XVII, o conde da Ericeira sustentou que o cardeal-rei D. Henrique, o último rei dos Avis, tentara persuadir os Braganças a que, em troca da sua adesão às pretensões castelhanas, ficassem com o Brasil, de que o duque D. João tomaria o título de rei. A sugestão teria sido repelida. O texto de Ericeira é, aliás, ambíguo, pois não deixa claro se a entrega do Brasil teria sido proposta de Felipe II ou alvitre conciliador do próprio D. Henrique. O historiador Queiroz Veloso, que conheceu melhor que ninguém a documentação espanhola relativa à perda da Independência, considerou invencionice a alegação de Ericeira, de vez que Felipe II não fizera quaisquer oferecimentos aos Braganças antes da morte do cardeal-rei, só tratando com eles depois deste acontecimento e sem que o Brasil entrasse em questão. No relatório da sua missão a Lisboa oitenta anos depois, o marquês de Chouppes refere a informação que lhe dera o secretário de Estado Pedro Vieira da Silva acerca do pretendido oferecimento de Felipe II. Mas ao passo que Ericeira alude à cessão do Brasil, Chouppes registra apenas a do Algarve.

São bem conhecidas as negociações relativas à entrega do Nordeste aos Países Baixos para que seja necessário voltar ao assunto. Cumpre, porém, lembrar que, no reinado de D. João IV (1640-1656), não foi esta a única ocasião em que se cogitou de usar o Brasil como moeda de troca política. O embaixador português em Paris foi instruído em 1646 a negociar o casamento do herdeiro do trono, o príncipe D. Teodósio, com a prima de Luís XIV, a Grande Demoiselle. Em vista da falta de interesse do governo francês, El Rei foi além da proposta inicial, dispondo-se a abdicar em favor do filho, em cuja menoridade a regência seria exercida pelo almejado sogro, o duque de Orléans, ao passo que D. João IV se contentaria com o domínio dos Açores e do Estado do Maranhão e Grão-Pará, a serem constituídos em reino autônomo. Na sua hostilidade ao duque, o cardeal Mazarino vetou a ideia. Anos depois, a acreditar-se no secretário de Estado Pedro Vieira da Silva, o próprio Felipe IV, da Espanha, oferecera, contra a restituição de Portugal à sua Coroa, a ereção do Brasil em Reino para D. João IV.

Outro projeto de retirada da família real para o Brasil no decurso da guerra da Restauração (1660-1668) é referido em carta do padre Antônio Vieira. Segundo o jesuíta, a nomeação de Francisco de Brito Freyre para o governo de Pernambuco em 1660 resultara da preocupação da rainha regente de preparar refúgio para si e para os filhos no caso da iminente invasão espanhola do Reino, pois devido ao sistema de fortificação deixado pelos holandeses no Recife, este era reputado a praça-forte mais segura da América portuguesa. Ainda de acordo com Vieira, D. João IV recomendara o projeto em papel do próprio punho encontrado após seu falecimento. A ideia só fora descartada graças à assinatura do tratado de aliança luso-britânico (1661), que garantiu a independência nacional.

Pela mesma altura, o Brasil também entrava nas cogitações do governo francês, que vinha de assinar com a Espanha o tratado dos Pirineus (1659), pondo fim à guerra de 24 anos. Como a Luís XIV fosse necessário encontrar uma saída decente para o fato de que ia abandonar o aliado português à própria sorte, enviou-se a Lisboa o marquês de Chouppes, que propôs um acordo de paz luso-espanhol com garantia francesa. Por este tratado, uma vez reinvestido Felipe IV na Coroa portuguesa, a Casa de Bragança seria mantida no gozo dos seus domínios e privilégios no Reino, recebendo El Rei D. Afonso VI o título, que ficaria hereditário na família, de vice-rei de Portugal ou de rei do Brasil. No regresso a Paris, de passagem em Madri, Chouppes tratou do assunto com D. Luís de Haro, ministro principal de Felipe IV, a quem sugeriu duas alternativas para a solução final da guerra hispano-portuguesa. Pela primeira, o Rei Católico desistiria de Portugal contra o fornecimento de 3 mil soldados de infantaria, navios de guerra e o pagamento do dote da infanta de Espanha, Maria Teresa, que se ia casar com Luís XIV. Pela segunda, Felipe IV ficaria com Portugal mas deixaria à dinastia de Bragança o Algarve, os Açores, a Madeira e a "ilha do Brasil". A reação do espanhol distara de ser negativa, mas o governo espanhol vetou a sugestão, com o argumento de que Portugal estando reduzido à última extremidade, não havia por que fazer-lhe concessões de tal monta. A referência à "ilha do Brasil" não é acidental. Como indicou Jaime Cortesão, que estudou exaustivamente o mito da "ilha Brasil", "sua última expressão lendária" ocorrera exatamente alguns anos antes no mapa de um francês, Nicolau Sanson.

8.

Uma Nova Lusitânia (1)

Com que haviam sonhado os primeiros colonos pernambucanos? Com uma Nova Lusitânia, isto é, com o prolongamento de Portugal na América e do Velho Mundo no Novo. Por mais gabada que fosse, a nova terra ainda não era vista como irredutível aos modelos de vida material e mental trazidos do Reino, como ocorrerá a partir de Seiscentos, mas como uma página em branco onde facilmente estampá-los.

Daí que a forma primeira do sentimento local não tenha consistido na asserção da originalidade brasileira, mas, pelo contrário, no louvor da lusitanidade da existência colonial. A ambição de fazer da terra uma reprodução de Portugal, sem prever, por conseguinte, o que na passagem do tempo seria a ação diferenciadora do meio físico e social, não se apartava, aliás, da diretriz que inspirara os demais estabelecimentos criados no hemisfério por europeus, salvo talvez na Nova Inglaterra, onde prevaleceram as veleidades de uma nova Sion, de uma sociedade paralela destinada a realizar as aspirações da Reforma, frustradas pelo anglicanismo, o que, neste caso, emprestava ao adjetivo o significado de uma ruptura e não mais de uma continuidade. Da ambição de prolongar o Velho Mundo no Novo, testemunha a prática de apor-se às áreas conquistadas os nomes dos países e das regiões donde seus povoadores eram originários: Nova Espanha, Nova Galícia, Nova Granada, Nova Extremadura, Nova França, Nova Holanda; ou, à maneira dos ingleses em Barbados, Pequena Inglaterra.

Como percebeu Oliveira Lima, fazer um outro Portugal fora precisamente o programa de Duarte Coelho, primeiro donatário de Pernambuco, ao designar de Nova Lusitânia a capitania que lhe doara D. João III, da boca meridional do canal de Santa Cruz à foz do São Francisco. O chamado foral que concedeu a Olinda e suas cartas a El Rei são invariavelmente datadas d'"esta Nova Lusitânia", nome que não vingou, embora falecido Duarte, a viúva, a capitoa D. Brites de Albuquerque, teimasse, provavelmente por fidelidade ao desejo do marido, em referir-se à Nova Lusitânia. Ao menos desde 1549 começara a empregar-se o vocábulo tupi "Pernambuco", originalmente utilizado para o ponto do litoral, na terra firme fronteira à ilha de Itamaracá, onde se situara a feitoria de Cristóvão Jaques, topônimo só posteriormente adotado para o ancoradouro existente na foz do Capibaribe-Beberibe. Procurou-se também conciliar as denominações em "Pernambuco da Nova Lusitânia", como nos atos de nomeação, em finais de Quinhentos, dos locotenentes donatariais; e o autor da *Relação do naufrágio* por que passara o terceiro donatário alude mesmo à "capitania de Pernambuco, das partes do Brasil da nova Lusitânia".

Na Europa, adotou-se naturalmente o nome exótico. A correspondência quinhentista dos cônsules venezianos em Lisboa menciona a "terra di Pernambuci"; e o relato da expedição de James Lancaster fala sempre de "Fernambuck" e, do pau-brasil, como "pau de Pernambuco", costume imitado pelos holandeses. Ainda no século XIX, o Recife era chamado pelos estrangeiros de cidade de Pernambuco. O gentílico "pernambucanos" não se fez, portanto, esperar, datando de inícios de Seiscentos. Já os chama assim frei Vicente do Salvador, que, porém, ainda recorre à perífrase "os da Bahia" ao reportar-se a seus conterrâneos. Com a publicação da *Prosopopeia*, Nova Lusitânia adquiriu travo literário e erudito; e com a da história de Brito Freyre (1676), ela passará a ser aplicada, com ânimo literário, a toda a América portuguesa, até a altura do reinado de D. João VI. Nova Lusitânia sofreu, portanto, a mesma preterição que Terra de Santa Cruz, exceto que o nome de Brasil não tinha procedência indígena.

A escolha de Nova Lusitânia denota, aliás, no primeiro donatário, certo gosto das humanidades, sabido que o emprego de Lusitânia constituiu novidade dos fins do século XV, trazida pelo renascimento dos estudos clássicos, que haviam identificado os portugueses com os lusitanos sublevados outrora contra a dominação romana. Ao iniciar-se a colonização do Brasil, *Lusitania* e *lusitani* eram vocábulos postos recentemente em circulação por autores portugueses e estrangeiros. A circunstância pode servir, aliás, para reforçar uma das explicações aventadas para o nome de Olinda. O mesmo gosto literário que levara Duarte Coelho a batizar sua capitania pode tê-lo induzido a designar a urbe que fundou no ângulo do mar e do rio Beberibe com o nome de personagem do *Amadis de Gaula*. Destarte, ficaria descartada a objeção de Sérgio Buarque de Holanda, segundo a qual caracterizando-se Olinda, na novela de cavalaria, pela qualidade de "mesurada", ou comedida, resultaria incompatível com as inclinações de povoadores rústicos. Que, ao contrário do seu colega de conquista no Oriente, o donatário da Bahia, Francisco Pereira Coutinho, apelidado de "Rusticão", Duarte Coelho não o fora, percebeu há muito o historiador Pedro de Azevedo, ao observar sua propensão a usar expressões latinas na correspondência com El Rei.

A substituição de Nova Lusitânia por Pernambuco simboliza toponimicamente a mutação que viria a sofrer o programa do primeiro donatário, em breve pervertido pelas circunstâncias da colonização. Na ilha da Madeira, constituíra-se, consoante a tradição da agroindústria açucareira do Mediterrâneo, mas também de acordo com as condições locais, um sistema de produção que separava o cultivo da cana e o fabrico do açúcar. Destarte, o proprietário da fábrica, que já se chamava ali "senhor de engenho", designação de evidente sabor medieval, era tão somente o dono do equipamento manufatureiro que moía a matéria-prima produzida pelos lavradores de canaviais, cultivados em médias e pequenas propriedades, cujas dimensões foram condicionadas também pela topografia acidentada e pelo decorrente parcelamento. Essa divisão do trabalho manifestava-se inclusive na dissociação do partido de cana e do engenho, este muitas vezes situado no arrabalde, quando não no próprio perímetro urbano do Funchal.

A número restrito de fábricas, correspondia número amplo de lavradores modestos, os quais ainda não podiam, nos começos de Quinhentos, dar-se ao luxo de utilizar mão de obra escrava, embora esta existisse na Madeira com caráter citadino, doméstico e artesanal, como ocorria também em Portugal, exceção do latifúndio alentejano e das salinas do Sado. Apenas 16% dos cultivadores madeirenses de cana possuíam escravos, sendo que a grande maioria deles não senhoreavam mais de cinco. Igualmente relevante, o valor da mão de obra limitava-se a 5% do investimento, o que seria impensável no Brasil. Por conseguinte, forjara-se ali uma paisagem agrária diferente da que o açúcar criará nos imensos espaços deste lado do Atlântico, na qual, como se pretendeu, não se verificou a simbiose entre o açúcar e o escravo que marcará a América portuguesa e as Antilhas. A experiência barbadiana, situada no extremo oposto da madeirense, ajuda a compreender a mudança por que passou a Nova Lusitânia entre o falecimento de Duarte Coelho e o derradeiro quartel de Quinhentos. O Pernambuco pós-duartino foi, em vários sentidos, a prefiguração de Barbados; e se o exclusivismo da grande lavoura não atingiu entre nós o ponto a que chegou na ilha caribenha, isto deveu-se sobretudo ao contrapeso da continentalidade, com sua oferta de terras, e à existência de população nativa, requisitos ausentes em Barbados.

Na Madeira, como na Nova Lusitânia, o açúcar mostrou-se compatível com uma classe de lavradores de cana, recrutados entre fidalgos, funcionários da Coroa, comerciantes e até artesãos. Mas se inicialmente o açúcar não foi tão antidemocrático, foi desde sempre cosmopolita, haja vista que a comercialização do produto achava-se sob o controle de capitais florentinos, genoveses e flamengos, como entre nós ficará a cargo de cristãos-novos portugueses, embora uns e outros venham às vezes a sedentarizar-se em senhores de engenho. É provável que Duarte Coelho tenha conhecido o sistema madeirense no decurso de suas viagens de capitão-mor das armadas do Atlântico, nos anos que precederam sua chegada ao Brasil. O certo é que intuiu as distorções que poderiam advir da sua transplantação, tanto assim que, paralelamente, tratou de encorajar a lavoura de subsistência e certa diversidade da produção exportável, que àquela altura era o algodão, ao passo que na Madeira continuava a ser o trigo e a vinha cultivados pelos primeiros colonos. A mão de obra africana, que pediu autorização de importar, serviria à mesma camada de lavradores que deveria vertebrar a sociedade da Nova Lusitânia, não aos detentores do equipamento fabril, contra cujas pretensões "a esfolar o povo",[1] isto é, os povoadores que lhes forneciam matéria-prima e víveres, ele reagiu energicamente.

Nossa Madeira tropical não podia sobreviver à expansão territorial e ao surto açucareiro do último quartel do século XVI. A Nova Lusitânia do pri-

---

[1] *Cartas de Duarte Coelho a El Rei*, Recife, 1966, pp. 46-7. A leitura paleográfica deste trecho é a seguinte: "Amtes vou comtra o povo que comtra os donos dos enjenhos mas ha negra cobiça do mundo he tanta que turba o juizo aos homens para não consederem no que he razão e justiça", pp. 48-9. É evidente, porém, que à luz do sentido do período, o escriba donatarial escreveu por inadvertência "contra o povo" em vez de "com o povo".

meiro donatário fora apenas a área entre Igaraçu e a várzea do Capibaribe, onde localizavam-se as cinco fábricas de açúcar existentes quando do seu falecimento (1554). O meio século seguinte verá a conquista da mata pernambucana, ao sul, dos montes Guararapes a Porto Calvo e, depois, à metade meridional de Alagoas; e, a norte, a ocupação da terra firme de Itamaracá e da ribeira do Goiana, o início da colonização da Paraíba, a fundação de Natal, iniciativas ao cabo das quais abriu-se ao povoamento toda a franja marítima do Rio Grande ao São Francisco. Ora, até a fundação de Pernambuco, a cana-de-açúcar fora, por excelência, a cultura das ilhas, como a Madeira, as Canárias, São Tomé e São Domingos, como voltará a ser no século XVII com a colonização inglesa e francesa das Antilhas. Entre nós, ainda mais que no Recôncavo baiano, mais bem servido de comunicações marítimas, é que, pela primeira vez na história do açúcar, continentalizaram-se os canaviais. A expansão territorial transformou, por conseguinte, o modelo madeirense, dando redobrado estímulo à monocultura da cana e viabilizando o recurso à mão de obra africana, devido a que as condições ecológicas do sul da capitania eram ainda mais favoráveis do que as do núcleo histórico duartino. Quando da invasão holandesa, a região entre Natal e Penedo caracterizava-se pela sua disposição latitudinal, pois a ocidente a penetração não ia além dos 70 quilômetros do seu vetor mais ativo, situado na bacia do Capibaribe.

Mas por profundos que fossem os efeitos da expansão territorial, preservaram-se vários aspectos do sistema madeirense. Entre nós, como na Madeira, o engenho constituiu de início o prolongamento da loja, do comércio e da vida urbana. Os primeiros foram edificados nos arredores de Olinda, como o engenho do Salvador do Mundo, levantado por Duarte Coelho, e o de Nossa Senhora da Ajuda, erguido pelo cunhado, Jerônimo de Albuquerque. O engenho era sobretudo a fábrica, isto é, o equipamento manufatureiro, de vez que as atividades agrícolas continuavam, como na Madeira, separadas das fabris, separação que ensejava a integração das etapas industrial e comercial, de vez que o senhor de engenho era frequentemente mercador olindense, situação bem diferente da que prevalecerá no Pernambuco *post bellum*. No começo do século XVII, os "partidos da fazenda", isto é, a cana cultivada pelo senhor do engenho, proporcionavam somente 25% da matéria-prima moída, os demais 75% originando-se nos partidos de lavradores, seja a cana "obrigada", cultivada nas terras do engenho e, portanto, dependente da sua moenda, seja a cana "livre", proveniente de terrenos pertencentes ao lavrador. É provável, aliás, que no século XVI o volume da matéria-prima fornecida pelos lavradores tenha sido bem superior a estes 75%, que já refletem as condições de desorganização rural produzidas pela ocupação holandesa.

Somente a partir da segunda metade de Seiscentos é que a crise do preço do açúcar, resultante do ingresso da produção antilhana no mercado internacional, impulsionará o incremento da área cultivada pelo senhor de engenho. No século XIX, estimava-se que a produção dos lavradores correspondesse à metade das exportações de açúcar da província (1875); e os cálculos da época pressupunham sempre a divisão meio a meio entre a cana do engenho e a dos lavradores, que, nos anos quarenta, ainda possuíam um terço da mão de obra escrava. A partir do período *post bellum*, é plausível ter havido redução modesta do número médio de lavradores por engenho, que era de 5:1 quando da ocupação neerlandesa. Dentre eles, os bem-sucedidos transformaram-se em senhores de engenho, ao passo que se verificava a deterioração sócio-econômica ou a eliminação pura e simples dos lavradores modestos. Ao longo de três séculos, terá igualmente ocorrido a diminuição dos partidos livres, quer devido à promoção social dos seus proprietários, quer mais frequentemente devido à alienação de suas terras ou à sua mutação em lavradores obrigados à moenda.

Além de transmitir-nos o vocabulário do açúcar, a começar pela designação dos solos adequados à planta sacarina, o "massapê" das várzeas e o "salão" das encostas e das chás, a Madeira também nos transferiu, sem que tivesse havido criação nossa, no máximo adaptação à ancha ecologia da mata, o decantado "triângulo rural do Nordeste" (casa-grande, fábrica e capela), que as telas dos pintores nassovianos permitem visualizar. Embora originalmente as edificações não guardassem configuração rígida, a iconografia neerlandesa já indica constantes em termos da ocupação dos níveis do terreno: a instalação da casa de moagem nas proximidades do rio ou riacho de que depende para a força motriz e para outros usos; a construção da casa de vivenda do proprietário na meia encosta; e a ereção da capela ao mesmo nível da casa-grande ou mais acima, conotando o valor do sagrado. Provavelmente, como sugerido por Geraldo Gomes, tal disposição só assumiu a forma do pátio retangular descrito pelo engenheiro Vauthier no século XIX, por influência do modelo das colônias açucareiras do Caribe. Modelo que, entretanto, não se generalizou a toda a mata pernambucana, como deixa entrever certa observação de Gilberto Freyre, ao percorrê-la nos anos vinte do século XX.

Caberia ainda deter-se em outro aspecto do feitio lusitano da existência, a que se referiam com indisfarçada satisfação os cronistas do século XVI. Pode-se, inclusive, reconstituir o projeto da Nova Lusitânia através da paisagem que os colonos procuraram implantar mediante a aclimatação de espécies vegetais do Reino. Consoante o companheiro anônimo de La Ravardière, preso com ele em Olinda após a liquidação da presença francesa no Maranhão, "o que faz as coisas mais agradáveis [em Pernambuco] é que agora se encontra comumente no país o que lhe era exótico no passado", o que o induz a louvar "a curiosidade dos portugueses, [os quais] querendo todas as coisas na medida do seu gosto", haviam trazido "muitas plantas estrangeiras, tanto da Europa quanto da África". Olinda, como Salvador ou o Rio de Janeiro, estava cingida por um cinturão de hortas em que se cultivava toda sorte de vegetais da metrópole, inclusive variedade de frutas de espinho. Ao invadirem os holandeses a capitania, diz-nos um dos seus relatórios oficiais, havia "em todos os lugares [...] grandes e belos pomares e hortas, nos quais há de tudo". Até mesmo os moradores de Natal, conhecidos por sua pobreza, eram abastados de legumes portugueses. Fundamental parece ter sido a este respeito o papel das ordens religiosas, sobretudo dos jesuítas, cujos colégios possuíam suas "cercas", isto é, pomares e hortas, como a da casa de Olinda, "o melhor e o mais alegre que vi no Brasil", confessa Fernão Cardim, nada ficando a dever aos de Portugal. Já houve, aliás, quem observasse a semelhança entre o horto do colégio de Olinda e a cerca ideal imaginada pelo autor dos *Diálogos das grandezas*, o qual, leitor dos clássicos, lembrar-se-ia decerto do velho tópico do jardim de delícias, herdeiro do *locus amenus*. Este devaneio estético-utilitário será realizado anos depois pelo conde de Nassau no palácio recifense de Friburgo.

Mas as diferenças já se insinuavam aqui e ali. Enquanto no jardim dos jesuítas só se admitira o maracujá, no de Brandônio já frutificavam a goiabeira, o tamarineiro e o ananás, espécies nativas particularmente estimadas pelo sabor. E também se haviam adaptado vegetais africanos e asiáticos, inclusive o coqueiro, o qual, existente nas hortas e quintais, logo se disseminou pela franja costeira, cujos terraços marítimos haviam sido o hábitat do cajueiro.

Devido à pobreza da documentação, mal se vislumbra a verdadeira revolução ecológica decorrente de haver o coqueiro do Oriente suplantado o cajueiro nativo, tão vinculado à alimentação e à cultura indígenas. Há muito os cajueirais fazem figura de parente pobre, resignando-se a cederem a linha de frente aos cenográficos coqueirais, biombo que oferecia ao viajante a primeira visão da terra que surgia da água do mar. Pelo contrário, os navegantes do primeiro século, a exemplo de Pero Lopes de Sousa, enxergavam apenas um terreno monotonamente baixo, arborizado de bosques de cajueiros e de manguezais na foz dos rios, e cortado, num e noutro ponto, pela retaguarda das falésias que rematavam os tabuleiros.

No litoral da Índia, o coqueiro era a base imemorial de um complexo econômico e ecológico, sendo utilizado como material de construção civil e até naval, como nas Maldivas. Da casca, faziam-se cuias de beber; na alimentação, consumiam-se a água e o miolo e fabricava-se o copra, o azeite para condimentar e para iluminar. Dele também se tiravam aguardente, vinagre e açúcar. O óleo tinha valor medicinal como laxativo e no combate ao reumatismo. No período *ante bellum*, contudo, quase todos esses usos, que não despertariam surpresa no futuro brasileiro, pareciam insólitos aos colonos portugueses, tanto assim que só muito tempo depois da aclimatação do coqueiro eles começaram a contemplá-lo com olhos interesseiros. Ainda ao tempo de frei Vicente do Salvador, a única utilização do coco consistia em comer sua polpa e beber sua água, na realidade essencial em áreas praieiras afastadas de água potável que não fosse a da chuva. Marcgraf, ao referir as vantagens que se tiravam do coco na América hispânica e nas Filipinas, praticamente as mesmas que Garcia da Orta descrevera para a Índia, menciona apenas quanto ao Brasil a água, "doce, fria e clara", seu leite, "com o qual se cozinha arroz para iguaria", bem como as cuias feitas da casca.

Esses primeiros coqueirais vieram, como tantas outras espécies vegetais e animais, através de Cabo Verde. No caso de Pernambuco, é até possível datar os primeiros transplantes. Quando Nassau ajardinou Friburgo, mandou trazer, de 3 ou 4 milhas de distância, 700 pés, muitos dos quais septuagenários ou octogenários, o que significa que datavam das décadas de 1560 e 1570. Àquela altura, Gândavo ainda não alude ao coqueiro mas nos anos oitenta ele estará presente nos colégios da Companhia de Jesus. Pouco depois, Gabriel Soares pretenderá que o coqueiro se adaptara tão facilmente que produzia ao cabo de cinco ou seis anos, ao passo que na Índia seria necessário esperar vinte. Mas tanto ele quanto Ambrósio Fernandes Brandão e frei Vicente do Salvador lamentavam que os colonos não soubessem aproveitá-lo. O autor dos *Diálogos das grandezas* se queixa, aliás, de que não se fizesse o vinho de coco, nem se lhe utilizasse o azeite ou a palha. O coqueiro tinha de enfrentar os hábitos reinóis, só vindo a triunfar no decorrer de um processo lento, pois que implicava vencer as inércias do cotidiano material. Por isso, a primeira função do coqueiro na América portuguesa foi a ornamental. Com esse fim, Brandônio dispunha-se a plantá-lo no seu jardim ideal, a fim de que o interlocutor não sentisse saudade dos "álamos e choupos de nosso Portugal", dando-lhe "crescidos e alevantados coqueiros, que não menos zunido fazem com suas folhas açoitadas do vento". Mas será Nassau quem tirará todo o partido decorativo da árvore, ao sombrear seu palácio com avenidas de coqueiros, para oferecer aos habitantes um espaço de lazer, alamedas que frei Calado comparou às famosas de Aranjuez.

9.

Persistência dos modelos reinóis (2)

Se a prazo a Nova Madeira duartina estava condenada pela expansão territorial e pela decorrente rustificação da existência, a prosperidade açucareira permitiu-lhe, tão porfiada quanto inutilmente, apegar-se aos modelos da vida material do Reino, sustentando até a guerra holandesa a ilusão de ser o prolongamento americano de Portugal, mesmo quando a terra já se transformava na "nova Guiné" entrevista com temor por D. Diogo de Menezes e pelo autor dos *Diálogos das grandezas do Brasil*. Na virada de Quinhentos para Seiscentos, os colonos das áreas açucareiras dispunham de uma renda *per capita* estimada como da ordem de US$ 350,00 de 1959, superior em muito à que prevalecia na Europa da época e mesmo à que viria a prevalecer no decurso da história brasileira, inclusive no anos áureos da mineração (Celso Furtado). A prata peruana era abundante na terra, quer amoedada sob a forma dos *reales de a ocho*, quer sem ser cunhada, donde a presença de ourives e prateiros na Olinda donatarial.

Outras razões militavam em favor da persistência dos modos de viver lusitanos. Como indicam as investigações de demografia histórica de Tarcízio do Rego Quirino, Pernambuco foi ao longo do período *ante bellum*, prosperidade obriga, a capitania preferida pela imigração portuguesa. Não só a maioria dos colonos constituía-se de naturais do Reino, não de mazombos, como ela também recebia a mais numerosa corrente de imigrantes do norte de Portugal, ao invés da Bahia, cujos contingentes procediam principalmente das Beiras, do Ribatejo, do entorno de Lisboa e do Alentejo. Igualmente relevante, a idade média do reinol era entre nós mais baixa. Composição demográfica que se torna visível no tocante à açucarocracia. Na Bahia como em Pernambuco, senhores de engenho e lavradores de cana eram maciçamente reinóis, os filhos da terra não representando sequer um décimo do total. Por conseguinte, os descendentes dos duartinos haviam sido avassalados pelos forasteiros aportados a partir de 1570, tendência que, tudo indica, repetiu-se com as demais categorias de povoadores.

A persistência do modelo de articulação cidade-campo importado da metrópole não vigia apenas entre os estratos acaudalados. Também vamos encontrá-lo, por exemplo, no cotidiano dos mesteres. A quase totalidade dos artesãos compunha-se de reinóis, indivíduos de origem rural, filhos de lavradores pobres ou remediados para quem a atividade artesanal equivalia a uma promoção social. Neste particular, contudo, a mobilidade profissional, tão intensa em todas as categorias da população livre, não advinha da situação colonial, que lhe era naturalmente propícia, de vez que a instabilidade também caracterizava os quadros corporativos no Reino. Portugal desconheceu uma tradição gremial sólida e suas corporações de ofício, que datavam apenas de um século, só foram regulamentadas em Quinhentos e em Seiscentos. A organização dos mesteres resumia-se à concentração urbana segundo as principais especialidades e à incorporação de confrarias religiosas que funcionavam como entidades benemerentes. Não prevaleceu assim a rigidez institucional de outros países europeus, inclusive no tocante ao grau de treinamento e de conhecimento da arte que se exigia de quem a praticava, razão pela qual campeava a frouxidão e a negligência na aplicação das regras.

Os artesãos olindenses atendem indiferentemente a clientela urbana e a rural, como indica o caso de certo pedreiro, cujas andanças em período relativamente breve podem ser reconstituídas. Além das obras realizadas no telhado de rico comerciante da vila, ei-lo trabalhando em Paratibe, ao norte, no Cabo e em Jaboatão, ao sul. Outros artífices, moradores no burgo, surgem de empreitada pelos engenhos, gozando, relativamente à grande propriedade, da autonomia que virão a perder, embora já se façam notar os primeiros efeitos da expansão territorial na dualidade da empreitada e do salário, pois ademais dos artesãos que se assoldadavam por curtos períodos, já são frequentes os que se estabelecem duradouramente, sobretudo carpinteiros, demandados de inverno a verão, inclusive na entressafra, quando se efetuava o "apontamento", isto é, a manutenção do equipamento fabril. Decorrido um século, os ofícios no campo ou já terão sido ocupados pelos escravos ou definitivamente integrados ao salariado dos engenhos.

Carpinas são particularmente numerosos na fase de crescimento econômico acentuado que vive a capitania. Deles necessitavam os engenhos para levantar edifícios, fabricar moendas, carros de boi, embarcações e caixas de açúcar, e, enfim, para renovar e reparar periodicamente todo esse equipamento. No Pernambuco de finais de Quinhentos, o ofício possui sua hierarquia. À nata, formada de "carpinteiros de engenho", também chamados "mestres de fazer engenho", os quais, em circunstâncias excepcionalmente favoráveis, poderiam ascender à condição de senhor de engenho, contrapunham-se, no outro extremo, os "carpinteiros de carro", muito procurados num sistema de produção em que o transporte da matéria-prima e do açúcar encaixado estava a cargo da tração animal. O oleiro é outro ofício muito demandado no meio rural, embora não requeresse a assiduidade do carpina, tanto assim que no tempo de Antonil ainda se debatia a conveniência da sua presença permanente nos engenhos.

Mesmo quando não assalariava o artesão, o senhor de engenho de Quinhentos tinha interesse em tê-lo à mão, motivo pelo qual começava a conferir-lhe o *statu* de morador, com a licença de trabalhar para terceiros. A documentação inquisitorial identifica como moradores de engenho até mesmo imaginários ou santeiros, marceneiros, sapateiros, ferreiros e seleiros. Mas não havia que se fiar nesses artistas de beira de estrada, que se tornavam muitas vezes tão impontuais e inconfiáveis quanto os da vila. Que o dissesse o senhor do engenho do Meio, homem arreliado de seu, o qual, havendo entregue a um deles o conserto de uma caldeira, só conseguiu tê-la pronta após invectivá-lo com expressões desrespeitosas a Deus e à Virgem Maria, as quais lhe custariam um processo pelo Santo Ofício. Para as demais tarefas, a demanda do engenho era esporádica; e de tais artesãos, os engenhos da várzea do Capibaribe ou de Igaraçu dispunham na vila próxima. A coisa só mudava de figura nas fábricas sitas em freguesias apartadas, que ainda não avizinhavam povoações suficientemente importantes para atraí-los. Nesta dificuldade bem como na do pagamento de salário estavam a longo prazo os incentivos ao treinamento de escravos. Este, por enquanto, ainda não constitui a regra, os mesteres estando monopolizados pelos filhos do Reino ou pelos livres naturais da terra.

Por muitas razões, não surpreende o teor eminentemente reinol do cotidiano colonial ainda no começo do século XVII. O mencionado companheiro de La Ravardière observava que "os descendentes dos primeiros conquistadores não diferem em nada, em costumes e em hábitos, dos de Portugal", impressão confirmada pela leitura da documentação inquisitorial. A Olinda *ante bellum* foi uma vila lusitana. Apartada a escravatura africana no meio rural, o burgo pertence aos colonos e a suas famílias, cujo serviço doméstico está a cargo de índias e mamelucas, sem falar em que as atividades subalternas típicas do meio urbano eram exercidas por emigrantes portugueses antes de serem relegadas no século XVII aos escravos ou à população mestiça mas livre. Em vão, procuraremos naquelas fontes os rastos da presença negra, pois até mesmo as práticas mágicas seguem os padrões reinóis. Somente nos anos que antecedem a ocupação holandesa é que se faz sentir a presença da escravidão africana urbana na quantidade de africanos que supre diariamente a vila de frutos do mar e do rio.

Segundo Magalhães Godinho, o Portugal quinhentista possuía "uma boa armadura de pequenos centros urbanos", a qual contrastava, por um lado, "com a inexistência das cidades médias", e por outro, com o gigantismo lisboeta de capital do império ultramarino. Essas características apontam para um tipo de relação cidade-campo razoavelmente estreita, inclusive nas regiões do país, como o Minho, cujo hábitat é marcadamente disperso. Esse modo de articulação entre meio urbano e meio rural demonstrou grande tenacidade uma vez importado para a terra nova e desafiado pela expansão territorial. Os colonos do primeiro século dão a impressão de viverem com um pé em Olinda, outro no campo, como se a territorialização não conseguisse persuadi-los de todo a abandonar definitivamente o gosto pela vila dos estratos de que procediam no Reino. Para que tal ocorra, haverá que esperar a ocupação holandesa, que cortou de uma vez por todas os laços que a rustificação canavieira ainda não rompera, para deixar apenas aqueles a que era impossível furtar-se uma colônia exportadora, os do mercado e do crédito. Um indício seguro da intimidade das relações entre cidade e campo consiste na celeridade com que as notícias circulam numa e noutra direção, como o rumor de que João Nunes, rico comerciante cristão-novo de Olinda, mantinha um crucifixo colocado na proximidade do urinol de que se servia.

A arquitetura civil, urbana como rural, também foi, como demonstrou Robert C. Smith, a mera transplantação da portuguesa. Os engenhos levantados a partir do surto açucareiro iniciado na década de setenta já não exibiam aquelas "casas-fortes" que a Coroa mandara edificar para que recolhesse a população em caso de ataques da indiada. As casas-grandes que pintará Frans Post já eram "uma transcrição quase literal do tipo mais comum das casas rurais da mãe pátria", marcado "desde o Minho e Trás-os-Montes e por toda a Beira Alta e a Beira Baixa" pelas mesmas características: "os mesmos esteios no andar térreo usado para depósito, as varandas abertas e as escadas externas, quer no centro, quer num dos ângulos da fachada, e os mesmos telhados de quatro águas e cumeeira do Pernambuco do século XVII". Tipo de habitação que persistiu já entrado o século XIX, embora passasse a ser construído com material nobre e se acomodasse melhor às exigências de conforto doméstico de um grupo social que entrementes se ruralizara. Quando isto acontecer, virão também se impor outros estilos de construção reinol, como os solares, que persistiram até o século XIX, antes da adesão à moda dos bangalôs e chalés, trazida pelos ingleses para suas residências de arrabalde.

Na esteira da continentalização, as sesmarias são generosamente concedidas, os partidos de cana se fundam pelas várzeas, os edifícios do "triângulo rural" erguem-se à beira dos cursos d'água, mas a toponímia dos engenhos resiste a aderir aos nomes indígenas. Em Pernambuco, como na Bahia, seguia-se o costume madeirense de designar a fábrica pelo nome do proprietário: "engenho de Pero Cardigo". Quando se possui mais de uma, a distinção é cronológica: "engenho velho de Fernão Soares", "engenho novo de Fernão Soares". Quando o uso vier a ser abandonado, a propriedade passará a chamar-se apenas de engenho Velho ou engenho Novo. Semelhante nomenclatura tornou-se insuficiente ao se acelerar a transmissão por venda ou herança, sobretudo durante o período holandês, devido à renovação substancial dos quadros açucarocráticos, razão pela qual foram as autoridades batavas a oficializar a prática de designar os engenhos segundo o orago ou o topônimo indígena. Aliás, como na Madeira, o termo "engenho" ainda não se havia generalizado para o conjunto da unidade produtiva, aludindo apenas às instalações fabris, que só muito posteriormente serão distinguidas pela denominação de "moita". Para o fundo territorial, usava-se a voz "terras" ("terras de Pero Dias da Fonseca") ou "fazenda" ("fazenda de Vicente Correia"). Enquanto a primeira parece indicar o conjunto da propriedade, "fazenda" referia-se à parte agrícola deste conjunto, como ainda ocorria em finais do século XIX.

A partir de finais de Quinhentos, insinuam-se os dois critérios que vinte, trinta anos depois prevalecerão sobre o nome do proprietário: o do orago, mas cujo emprego dependia de dotar-se de capela o engenho de açúcar (prática que não era geral), como em "engenho de São Brás"; e o do topônimo indígena, por exemplo "Araripe", do rio em cuja margem ergueu-se a fábrica. Escusado assinalar que ambos os critérios podiam ser usados para a mesma propriedade. Se Agostinho de Holanda designava seu engenho por Santo Agostinho, seu feitor o invoca por Subipema. É previsivelmente nos documentos oficiais que a designação pelo nome do proprietário resiste por mais tempo, mesmo quando era abandonada progressivamente no cotidiano. Na primeira versão do *Livro que dá razão do Estado do Brasil*, os engenhos acham-se relacionados segundo os donos, como fizera o *Livro das urcas* (1604?), documento alfandegário, e como farão as listas de 1623 e de 1655, quando do término do domínio holandês. A justificação para a sobrevivência do antigo costume reside em que todos esses textos eram de natureza fiscal e em que, por conseguinte, o essencial era o nome do contribuinte.

Outro exemplo, entre os muitos que não cabe esgotar aqui, da persistência do ideal da vida reinol, diz respeito à condição feminina. Já Gilberto Freyre percebeu que, no primeiro século de colonização, o segundo sexo gozara de maior liberdade, o que, aliás, deve ser associado precisamente ao teor ainda urbano da existência, liberdade que virá a ser reduzida pela ruralização da açucarocracia e pela consequente reclusão das suas mulheres. Quanto às práticas médicas, os colonos continuavam a preferir, no começo do século XVII, os purgativos importados do Reino, e a recorrer a médicos, barbeiros e cirurgiões, merecendo a crítica de Brandônio de não se aproveitarem das ervas e raízes da terra, embora as que vinham de Portugal chegassem muitas vezes estragadas além de custarem caro. O que não impedia de já se começar a recorrer a estilos locais de tratamento e a assimilar vegetais nativos, embora estes só se impusessem definitivamente ao longo da segunda metade do século XVII.

A despeito do clima, os colonos não se desvencilhavam das modas metropolitanas. Anchieta notou que eles vestiam-se "de todas as sedas, veludos, damascos, rases e mais panos finos como em Portugal, e nisto se tratam com fausto, máxime as mulheres, que vestem muitas sedas e joias e creio que levam nisto vantagem, por não serem tão nobres, às de Portugal", isto evidentemente nos domingos e dias de festa, pois no Reino como no Brasil o vestuário do cotidiano é chão. Devido ao clima, a seda era o tecido mais buscado, inclusive por parte da gente modesta. Brandônio ouvira mesmo "a homens mui experimentados na corte de Madri, que se não traja melhor nela do que se trajam no Brasil os senhores de engenho, suas mulheres e filhas, e outros homens afazendados e mercadores". Quando Cardim foi pregar na matriz de Olinda, foi acompanhado pelos mordomos da Confraria do Santíssimo Sacramento, "todos vestidos de veludo e damasco de várias cores", o que não o surpreendeu por se tratar de "Olinda da Nova Lusitânia". As exceções eram o Rio e São Vicente, devido à falta de comércio. Daí que, segundo Anchieta, os habitantes de Piratininga usassem arcaicamente "burel e pelotes pardos e azuis" e frequentassem a missa dominical em "roupões ou bernéus de cacheira sem capa". A diferença em relação ao Reino consistia em que a temperança do clima permitia que a roupa de verão servisse no inverno, sem necessidade de ser guardada. Os religiosos achavam-se evidentemente adstritos à obrigação de trajarem como em Portugal. No interior das residências das pessoas de condição, o consumo conspícuo tomava a forma de leitos ornados de damasco, com franjas de ouro e colchas da Índia como também de serviços de prata, as "baixelas" que ainda constituíam marcas de distinção no Pernambuco oitocentista.

Era destarte previsível o criticado "transoceanismo" dos colonos quinhentistas, a tenaz aspiração de regressar à metrópole após haverem amealhado o cabedal que permitiria viver acomodadamente na aldeia ou cidade de origem. Daí o fenômeno do absenteísmo na açucarocracia, mercê do qual mesmo os senhores que haviam vivido longamente entre nós arrendavam suas fábricas ou confiavam sua administração a feitores, em vez de vendê-las, em face do melhor rendimento da empresa açucareira em comparação com os investimentos no Reino. O mesmo faziam os herdeiros portugueses de proprietários falecidos em Pernambuco. Inclusive o filho mazombo do colono partia com ânimo definitivo para a metrópole, pela ambição de fazer carreira no serviço da Coroa ou simplesmente de gozar ali os réditos do engenho que herdara. Suas irmãs também eram muitas vezes recolhidas a conventos portugueses. Mas a realização do sonho não era privilégio dos ricos, nem a gente modesta estava condenada a não rever Portugal. As dificuldades encontradas pela Inquisição no tocante à apuração de fatos recuados no tempo não residiam apenas em que muitas testemunhas eram falecidas, mas também em que muitas outras já haviam retornado ao Reino.

É inegável a vocação giróvaga da população do período donatarial. Havia os "mareantes", a gente do mar que tripulava caravelas e naus, numerosos de janeiro a dezembro, numa época em que a navegação com o Brasil ainda não fora submetida às restrições dos calendários das frotas. A eles, somavam-se os mercadores de "ida e vinda", que chegavam e tornavam no mesmo navio, dispondo a carga trazida e embarcando os gêneros da capitania. A ambas categorias deve-se em boa parte a impressão, transmitida pela leitura da documentação inquisitorial, acerca da importância da população flutuante de Olinda e do Recife. Havia também o constante ir e vir dos homens de negócio, principalmente os comerciantes cristãos-novos, e de funcionários da Coroa. Entre os senhores de engenho domiciliados na terra, as ausências seriam menos frequentes mas em compensação podiam prolongar-se. Ambrósio Fernandes Brandão, o autor dos citados *Diálogos*, trocou durante dez anos seu engenho em São Lourenço por uma quinta lisboeta situada na calçada do Combro, antes de retornar ao Brasil para restabelecer-se na Paraíba. Nomadismo a que não escapavam sequer os artesãos. Outro índice da intensidade dos contatos a nível pessoal entre a colônia e a metrópole é-nos oferecido pela exatidão das informações ao Santo Ofício sobre o paradeiro de fulano ou beltrano. Ainda outro, pela continuidade das relações de família dos dois lados do Atlântico, como atestam as informações a respeito dos parentes em Portugal, aos quais se enviam dinheiro ou presentes, como fechos de açúcar e doces em conserva. Laços familiares que parecem especialmente preservados pelo influente grupo de colonos procedentes de Viana da foz do Lima, cuja monogamia era bem conhecida.

Além de reinol, o senhor de engenho era, na metrópole, pessoa de condição mediana e extração urbana, recrutado entre indivíduos que, sem recursos próprios para o investimento inicial, logravam levantá-los graças à sua condição de funcionários, de agentes de redes comerciais cristãs-novas, de pequenos fidalgos de província ou até mesmo de plebeus empreendedores. O Brasil tinha em comum com os futuros núcleos canavieiros do Caribe a associação entre o colono e o indivíduo acaudalado, que da metrópole financiava o primeiro, parente ou mero sócio que se aventurava a fundar partido de cana ou erguer engenho, partilhando os lucros, segundo proporções

Se na Madeira o caráter cosmopolita da exploração açucareira se devera aos florentinos e genoveses, no Brasil, durante nosso primeiro século, ele resultou da presença daquele estrato de "mercadores senhores de engenho" (E. d'Oliveira França), de origem via de regra cristã-nova, que acumulavam a atividade da loja e da fábrica. Sua existência serve, aliás, para balizar cronologicamente a generalização de Celso Furtado no sentido de que a separação das fases produtiva e comercial privara a açucarocracia de "qualquer perspectiva de conjunto da economia açucareira". Válida para o período *post bellum*, ela não o é seguramente para a fase anterior, do surto açucareiro de Quinhentos à expulsão dos holandeses, como indica a documentação relativa às exportações de açúcar pernambucano dos começos de Seiscentos. A integração das etapas produtiva e comercial tornava os mercadores senhores de engenho a camada mais dinâmica da capitania, desfrutando de posição mais sólida que seus colegas, os açucarocratas de extração cristã-velha, quando mais não fosse devido à participação em sistemas comerciais de parentela, vinculados a Antuérpia, e, posteriormente, a Hamburgo ou Amsterdã. A dispersão familiar resultante da perseguição inquisitorial foi assim instrumentalizada em estratégia mercantil. As redes criadas pelos Milão ou pelos Pina não foram excepcionais, apenas mais bem conhecidas mercê das pesquisas de J. A. Gonsalves de Mello.

A propriedade do engenho representou para esses senhores de engenho mercadores atividade ancilar do comércio. Na composição de uma classe caracterizada pela alta rotatividade dos seus quadros, eles constituíram o segmento eminentemente instável, liquidando seus negócios ao cabo de certo número de anos e só excepcionalmente fixando-se na terra com ânimo definitivo. Negócios que, como demonstraram os citados estudos de Gonsalves de Mello, abrangiam não só a exportação de açúcar e doces em conserva para o Reino, e, muitas vezes, a contrapelo do monopólio régio, diretamente para Antuérpia e Hamburgo, como também o financiamento de senhores de engenho cristãos-velhos, seja para levantarem fábricas, seja para custearem safras; a emissão de letras de câmbio para o Reino; a representação de mercadores de Lisboa, de Viana e do Porto na venda de ampla gama de produtos europeus; e finalmente a arrematação de contratos de cobrança de impostos. Da acumulação realizada por alguns destes indivíduos representa caso extremo o de Jaime Lopes da Costa, o qual se domiciliaria em Amsterdá nos anos finais do século XVI, reconvertendo-se ao judaísmo sob o nome de Jacob Tirado, tornando-se membro proeminente da comunidade portuguesa da cidade, que dotou da sua primeira sinagoga, e até personagem de romance alemão do século XIX.

10.

Nas fronteiras do paladar (3)

Malgrado a expansão territorial e a decorrente rustificação da existência, nosso cotidiano quinhentista (1532-1630) apegou-se aos modelos da vida material no Reino tão porfiada quanto ao cabo inutilmente, a começar pelos hábitos alimentares. Pode-se comparar, aliás, o processo brasileiro com o que ocorria na América espanhola, onde, sugeriu Braudel, os "criollos" já se convertiam ao milho, à mandioca e a outros alimentos indígenas, devido, segundo pensava, à crise de meados do século XVI, mas decerto também em função do caráter continental da colonização espanhola comparativamente à ocupação talassocrática, como foi a portuguesa do primeiro século. Ainda no começo de Seiscentos, François Pyrard observava que os colonos do Brasil destinavam o milho aos animais, ao contrário dos espanhóis das Índias de Castela, que já o misturavam ao pão. Ao oposto da noção segundo a qual o português teria aderido alacremente aos costumes da terra, provando destarte sua capacidade superior de adaptação ao mundo não-europeu, ele procurou manter-se fiel à tríade canônica do trigo, do vinho e do azeite, até quando foi possível, isto é, pela altura da invasão holandesa, quando a aceitação de produtos nativos pela gente de prol se terá imposto, devido às dificuldades do suprimento de gêneros reinóis, embora no período de paz entre a resistência e a restauração eles fossem substituídos por víveres de procedência neerlandesa.

Ao longo de Quinhentos apenas se iniciou o longo processo de deslusitanização do paladar, derradeiro traço, segundo pretendia Eduardo Prado, a desnacionalizar-se no indivíduo. São bem conhecidas as resistências que oferecem as fronteiras alimentares, na esteira inclusive das conotações simbólicas de *statu* e de especialização alimentar de classe e de grupo social, como indica o exemplo clássico da expansão da vinha na Europa transalpina da Alta Idade Média em consequência das necessidades do culto católico e da tendência do alto clero e da nobreza a preservar os padrões de consumo das classes superiores da Antiguidade tardia. Não seria, portanto, de esperar que, malgrado a apregoada capacidade lusitana de assimilação a culturas diferentes, o povoador quinhentista abandonasse da noite para o dia os produtos básicos e até os ancilares do viver metropolitano. O citado François Pyrard, que visitou o Brasil em 1610, afirma que "a terra produz pouco e não avonda [i.e., abunda] para sustentar os portugueses; e por isso toda a sorte de víveres lhe vêm ou de Portugal ou das ilhas dos Açores e Canárias", inclusive carne de vaca e peixe salgado, donde a carestia da vida, que lhe parecia seis a oito vezes mais onerosa que na França. Não fosse o comércio do açúcar e do pau-brasil, os colonos não poderiam sobreviver na terra. Pela mesma época, Diogo de Campos Moreno constatava que "por mar e por terra [Olinda] tem abundante comércio de todas as coisas".

Já nos anos sessenta, quando ainda não se fizera sentir a prosperidade açucareira, o padre Rui Pereira admirava-se de ser a capitania de Pernambuco "mui provida das coisas do Reino", donde "continuamente se vende[rem] pão de trigo, vinho, azeite, etc.". Destarte, em matéria de provisões, "quem tiver com que as compre, não há diferença do Reino". Anchieta observava que "alguns ricos comem pão de farinha de trigo de Portugal, máxime em Pernambuco e Bahia, e de Portugal também lhes vêm vinho, azeite, vinagre, azeitonas, queijo, conserva e outras coisas de comer". Ainda ao tempo da guerra neerlandesa, as caravelas procedentes do Reino, que eram apresadas pelos cruzeiros inimigos, continham invariavelmente o carregamento de trigo, vinho e azeite. Como substituí-los rapidamente, à maneira do que teria desejado frei Vicente do Salvador, pelos seus equivalentes coloniais, estigmatizados que ainda se achavam a farinha de mandioca, a aguardente de cana e o azeite de dendê pela sua condição de alimentos de índios e africanos?

Quando os holandeses conquistaram Olinda, surpreenderam-se de encontrar, nas casas abandonadas pela fuga precipitada dos moradores, "as mesas postas por toda a parte e bem providas com comidas e bebidas". Dado o saque à vila, os soldados da Companhia das Índias Ocidentais se haviam abundantemente provido de vinho, azeite, farinha de trigo, uvas e azeitonas. Quando, no interregno de paz do período nassoviano, restabeleceu-se o aprovisionamento em comestíveis europeus, a comunidade luso-brasileira regressou, malgrado as dificuldades financeiras, às suas preferências alimentares. Um relatório holandês refere-se ao consumo da população livre dos engenhos, como consistindo de vinhos, azeite, manteiga, farinha de trigo, toucinho, queijos, presuntos, línguas, carne de fumeiro, bacalhau, peixes da Terra Nova, sardinhas, a que se acrescentava, única novidade do norte da Europa, a cerveja, tão estimada pelos batavos. Mesmo quando o reinício da guerra incentivou a aceitação de víveres da terra por parte dos colonos, o mercado brasileiro para o trigo, o vinho e o azeite continuou a ser substancial e lucrativo, tanto assim que, ao criar-se em 1649 a Companhia Geral de Comércio do Brasil, El Rei teve de conceder-lhe o monopólio do comércio de tais produtos, a que se acrescentou o bacalhau. Ademais, quando forem extintos os privilégios da Companhia, a Coroa terá de lutar com unhas e dentes para preservar este mercado para os seus nacionais, frente às pretensões britânicas e neerlandesas de dominá-lo.

No decorrer do nosso primeiro século, o uso da farinha de mandioca nos núcleos litorâneos não foi tão generalizado quanto ocorreria depois, nem constituiu o consumo do trigo uma novidade da ocupação holandesa, a qual, esquecida desde então, teria sido impingida no século XIX pelos ingleses, como julgou Gilberto Freyre. No tocante à Bahia colonial, Thales de Azevedo afirmou que "por muita mandioca que aqui se comesse", os portugueses "não abandonaram de modo algum o seu sistema de alimentação europeu, de base no trigo, nem o complexo indígena da mandioca teve uma vitória completa sobre aquele cereal". Ainda no século XVII, tem-se a impressão de "ser o pão de trigo um artigo de consumo popular [...] e não exclusivamente 'um luxo dos ricos'". Deste aferro à farinha de trigo não há melhor exemplo que o dos paulistas, reputados, devido à sua pobreza, pela sua permeabilidade ao estilo de vida indígena. Após sessenta anos de bugre e de brenha, tão logo as circunstâncias permitiram a cultura tritícola, ei-los que recaem no antigo hábito metropolitano do pão alvo, exportando o excedente para o resto da colônia.

A concepção simplista de uma adesão universal à farinha de mandioca por parte do povoador lusitano de Quinhentos deriva de leitura, muitas vezes descontextualizada, de afirmações enfáticas de Gândavo e de frei Vicente do Salvador. Os outros cronistas permitem matizar, se não rever, tais generalizações, a primeira, da parte de autor que não esteve entre nós, escrevendo pelo que ouviu dizer; a segunda, avançada pelo primeiro advogado de uma autarquia que deveria habilitar o Brasil a bastar-se a si mesmo. Em Pernambuco e na Bahia, o colono também consumia pão de trigo. A farinha vinha já moída de Portugal, de vez não ser possível trazer o trigo ceifado que se estragaria no decorrer da viagem, mesmo se a farinha tinha o inconveniente de não se poder preservar além de certo tempo. Salvador já era, nos dias de Gabriel Soares de Sousa, praça "sempre mui provida, e o mais do tempo o está, do pão que se faz das farinhas que levam do Reino a vender ordinariamente à Bahia". As posturas municipais regulavam em detalhe a fabricação e a venda do pão.

Os *Diálogos das grandezas* põem as coisas em pratos limpos. Ao descrever os mantimentos nativos, Brandônio enumera, em primeiro lugar, a mandioca, que é o mais consumido *comparativamente* ao arroz e ao milho, que o são muito pouco, o arroz sendo reputado "quase por fruta", e o milho, reservado à alimentação dos índios e africanos e para sustento dos cavalos e aves. Noutro passo, ele registra que "não poucos [colonos] usam também de pão, que mandam amassar e cozer em suas casas, feito de farinha que compram do Reino ou mandam buscar às casas das padeiras, porque há muitas que vivem desse ofício". Seguia-se assim a prática metropolitana dos fornos para consumo doméstico e dos fornos coletivos do pão comercializado, estes a cargo de mulheres, como se verificava no Porto e em Lisboa, onde a profissão era especialidade feminina. Quando os holandeses ocuparam a Paraíba, constataram que os ricos e os remediados só consumiam farinha de trigo, vinda do Reino em barricas, ou de São Paulo, em cestos e surrões, ao passo que a farinha de mandioca era o pão dos pobres. Só quando as estreitezas da guerra encareceram o abastecimento, é que lemos em Moreau que os luso-brasileiros "raramente comem pão da Europa", embora continuassem a fazer dele "tanta questão" que o promoveram a iguaria refinada, cobrindo-o com açúcar. Depoimento reforçado por Nieuhof, que também já registra a generalização da farinha de mandioca à população portuguesa e aos próprios europeus do norte, a ponto de os soldados da Companhia das Índias Ocidentais preferirem receber suas rações em pão de mandioca em vez de trigo. Tratava-se, porém, de um caso de força maior, pois ninguém punha em dúvida a superioridade da farinha de trigo.

Por inércia cultural ou por exibição de *statu,* os colonos ricos ou simplesmente acomodados não pareciam partilhar da opinião segundo a qual, em vista dos danos acarretados ao trigo pelo transporte marítimo a longa distância, a mandioca era-lhe superior, exceto a farinha de "bom trigo", isto é, o artigo de qualidade consumido no local da sua produção, o que excluía, portanto, a Bahia e Pernambuco, mas não, a partir do segundo decênio de Seiscentos, o planalto paulista. Esta teria sido também a opinião dos três primeiros governadores-gerais, que, diz-nos Gabriel Soares de Sousa, "não comiam pão de trigo, por se não acharem bem com ele, e assim o fazem outras muitas pessoas". Ao oposto dos portugueses, os neerlandeses pretenderão que o europeu não se dava bem com a mandioca, que usada por tempo prolongado prejudicava o estômago e os nervos, corrompendo o sangue. Por sua vez, os indígenas repudiavam a farinha de trigo por indigesta, exigindo, quando no serviço militar da Companhia das Índias Ocidentais, que lhe fosse fornecida a de mandioca.

Este dualismo do trigo e da mandioca era a reprodução, no Brasil de Quinhentos, de uma das estruturas do cotidiano alimentar da Europa, onde, na dependência das variações econômicas e regionais, a procura dos cereais bifurcava-se no "pão branco", feito exclusivamente de trigo, e no "pão preto", à base de centeio ou cevada. Especialização igualmente vivaz em Portugal, onde se comia, de um lado, o pão de trigo, em especial nas cidades e entre as classes abastadas; de outro, o pão de milho, centeio e cevada, e também os fabricados com a mistura de vários grãos, meados (trigo e milho), terçados (trigo, milho e centeio) ou quartados (trigo, milho, centeio e cevada), que alimentavam no interior do país a grande maioria da população. Na Península Ibérica, ademais, o próprio trigo conhecia uma especialização econômica de consumo. Ao passo que as pessoas abastadas comiam o trigo local, o trigo a que tinham acesso as classes desprivilegiadas era o trigo importado do norte da Europa, que se deteriorava no decurso da viagem e por isso mesmo era mais barato. Para enfrentar as conjunturas de penúria no aprovisionamento de uma e outra qualidade de pão, em Portugal como no resto da Europa, a massa da população rural contava também com o aporte de legumes secos, favas, lentilhas, castanhas, papel que entre nós será desempenhado por uma das modalidades da farinha de mandioca, a chamada "farinha de guerra", de que se faziam provisões tendo em vista os períodos de escassez ou para alimentação dos criados e escravos, e de que também se abasteciam as embarcações nas viagens de regresso. No tocante ao Reino, o déficit alimentar de grãos, de que ele cronicamente padecera, será remediado, a partir precisamente de Quinhentos, pela adoção, principalmente no Minho, do milho americano.

Por conseguinte, o que ocorreu no primeiro século foi que os cereais de segunda no Reino viram-se simplesmente substituídos pela farinha de mandioca. Mesmo quando a gente de prol recorreu a ela, fê-lo sobretudo sob a forma de beijus, estimados por mais saborosos e de mais fácil digestão. Ora, o beiju não era criação indígena mas uma das muitas invenções da arte culinária das mulheres portuguesas, na sua inclinação a arremedar manjares lusitanos com produtos nativos. No caso dos beijus, tratava-se de utilizar a farinha de mandioca à maneira do que se fazia no Reino com a farinha de trigo na confecção de filhós mouriscas. Beijus espessos e torrados, que duravam mais de ano sem se deteriorarem, eram igualmente usados no aprovisionamento dos navios de torna-viagem. A tapioca constituía outra forma do consumo de farinha de mandioca pela "gente de primor". "Grossas como filhós de polme e moles", eram, contudo, menos apreciadas que os beijus, pois "não são de tão boa digestão nem tão sadias". Ademais e ao contrário dos beijus, eram deglutidas quentes e banhadas no leite e misturadas com açúcar branco resultavam deliciosas. A carimã era especialmente ingerida como pirão, feitos também de caldo de peixe ou carne, com açúcar, arroz e água de flor de laranja, pirão, aliás, designado, no começo, por marmelada de mandioca. Da carimã, as mulheres dos colonos também faziam "bolos amassados com leite e gemas de ovos", além dos mais variados belhós, como eram chamados no Reino os bolos de abóbora com farinha de trigo e açúcar, fritados na manteiga ou no azeite, que Gabriel Soares pretendia serem mais gostosos que seu congênere metropolitano. A carimã era também utilizada na confecção das "frutas doces". Crua, dava por fim "bela goma para engomar mantéus".

Mesmo quem, como no caso dos jesuítas, havia substituído o trigo pela mandioca, só usando a farinha nobre para o fabrico de hóstias, não dispensava os outros gêneros da metrópole, como o vinho e o azeite, para não falar do vinagre, das azeitonas, dos queijos e de outras coisas que deviam vir de Portugal. Era raro haver almoço ou jantar, por frugal que fosse, em que não se aluda ao consumo do vinho, inclusive no tocante ao passadio dos reinóis modestos, como aqueles artesãos de Olinda que surgem nas páginas da documentação inquisitorial fazendo seu repasto ortodoxamente europeu de pão, carne e vinho. A despeito da quantidade de vinhas cultivadas na terra e de em São Paulo fabricarem a bebida, o Brasil estava sempre bem abastecido do produto do Reino. Do Algarve, chegavam-lhe, ademais do vinho de Alvor, passas e figos. Importava-se até mesmo queijo de ovelha, embora no Rio Grande do Norte se fizessem queijos e requeijões à moda de Lisboa. Tampouco a alimentação dos soldados, inclusive em lugares remotos como o mesmo Rio Grande, se havia desviado da dieta lusitana, de vez que recebiam regularmente rações de vinho, carne, peixe até pelo menos os começos de Seiscentos, quando o fornecimento de víveres foi comutado por quantia em dinheiro, embora a farinha continuasse a ser proporcionada pelo governo em trigo ou em mandioca, segundo as possibilidades.

O vinho consumido pelos colonos quinhentistas foi, sobretudo de início, o vinho das Canárias e o dos Açores, de que costumavam abastecer-se as embarcações no trajeto entre Portugal e o Brasil. Mas em começos de Seiscentos, quando a concorrência do nosso açúcar fez-se sentir duramente sobre a economia da Madeira, esta reagiu mediante o incremento da produção de vinho para o mercado brasileiro, que se tornou o principal, mercê de que o artigo madeirense não só suportava, bem melhor que o do Reino, os percalços das viagens, dos micróbios e do calor tropical, como até enriquecia-se com a mudança de clima, o que, no século XIX, explicará a preferência do apreciador inglês do Madeira pelo produto que não fosse importado diretamente da ilha mas após uma passagem pelo Brasil ou pelo Caribe. Ao longo de Quinhentos, contudo, o gênero ainda não era a malvasia que, sob a designação de "Madeira wine", ficará conhecida na Europa a partir de Setecentos; era apenas o vinho de mesa dos madeirenses da época.

Contudo, em nossas mesas do primeiro século, ele não eliminou o vinho das Canárias, que continuou o principalmente consumido, ao menos até o segundo decênio de Seiscentos. Nos anos oitenta de Quinhentos, o consumo pernambucano de vinho já atraía a atenção do padre Cardim, dando azo a importações entre 50 mil e 80 mil cruzados anuais. Conquistada Olinda pelos neerlandeses, estes encontraram armazenadas 500 pipas de vinho das Canárias, com que a soldadesca se embriagou. E nos ataques ao interior, eles também toparam com vinho estocado em trapiches e em passos. O volume deste comércio parecia tão considerável que quando, uma vez expirada a trégua entre a Espanha e os Países Baixos, a Câmara de Olinda viu-se obrigada a lançar mão de novo imposto para custear a defesa da capitania, criou-o sobre o consumo de vinho, que nos finais da guerra holandesa contribuía anualmente com 7% da receita da capitania. O exemplo será seguido pela Câmara de Salvador e em 1631 o tributo se verá aplicado a toda a América portuguesa. Na Bahia de meados de Seiscentos, a importação de vinho rendia cada ano 80 mil cruzados. Em Salvador, aliás, o produto era obrigatoriamente vendido com o pão, prática contra a qual nada puderam as posturas municipais, em nome dos direitos dos consumidores. Na realidade, o consumo de vinho era muito mais substancial à luz do hábito peninsular da sangria, que terçava ou meava o vinho com água da fonte, costume mediterrâneo e peninsular que o clima tropical incentivava entre nós.

François Pyrard era categórico ao afirmar que o "vinho de cana de açúcar, que é barato [...] só serve aos escravos e naturais da terra", passando a impressão de que neste particular a atitude dos colonos era bem mais intransigente que no tocante à farinha de mandioca. Do consumo excepcional da cachaça e de outras bebidas alcoólicas do Brasil pelos colonos quinhentistas, testemunham os *Diálogos das grandezas* ao queixar-se de que eles não se aproveitavam da "quantidade grande de vinhos" que se achavam pelos matos, como a aguardente de cana, que "para o gentio da terra e escravos de Guiné é maravilhoso", ou como a bebida feita de mel de abelha dissolvido em água, ou ainda como o vinho da palma, usado na Cafraria, e também do que se podia fazer dos cocos, à maneira da Índia. Reclamação idêntica fará, aliás, nosso autor a respeito do azeite, observando "a muita quantidade de azeites que se dão pelos campos sem cultura nenhuma", com o que "mui bem pudera escusar o que vem do Reino". E contudo os moradores persistiam em importarem vinho e azeite do Reino. As crônicas tecem invariavelmente a loa das parreiras e das latadas brasileiras, cuja produção destinava-se à alimentação, não à fabricação de vinho. O consumo de uvas era, aliás, importante, inclusive comercialmente, a ponto de as posturas municipais de Salvador fixarem-lhe as qualidades e os preços.

11.

Questão de cronologia

Em declarações à revista *Uapê*, do Rio de Janeiro, tive recentemente a ocasião de fazer um ou dois reparos à obra de Celso Furtado, *Formação econômica do Brasil*. Como as entrevistas não se prestam ao debate de nuances, e como para o leitor brasileiro a questão de que nos vamos ocupar é uma questão de nuance cronológica, permito-me voltar ao assunto com vagar. Segundo Celso Furtado, "a contribuição dos flamengos — particularmente dos holandeses — para a grande expansão do mercado do açúcar na segunda metade do século XVI, constitui um fator fundamental do êxito da colonização do Brasil. Especializados no comércio intra-europeu, grande parte do qual financiavam, os holandeses eram nessa época o único povo que dispunha de suficiente organização comercial para criar um mercado de grandes dimensões para um produto praticamente novo, como era o açúcar". Destarte, o mercado internacional do açúcar e a implantação do sistema açucareiro do Nordeste teriam sido criação de capitais holandeses. Tal afirmação resulta de um anacronismo. O equívoco consiste em confundir o papel de Antuérpia ao longo do século XVI com o que será desempenhado por Amsterdã ao longo do XVII. O anacronismo reside em retroceder para o século XVI o que só veio a ocorrer no seguinte, isto é, a participação de capitais da República das Províncias Unidas dos Países Baixos na comercialização do produto, os quais eram, na realidade, capitais de flamengos e brabantinos e de cristãos-novos de origem portuguesa, ambos grupos refugiados em Amsterdã a partir do derradeiro decênio do século XVI.

Para começar, existe um problema de palavras e essas são vitais neste contexto. Celso Furtado utilizou a palavra "flamengos", que designa os naturais de Flandres, região da atual Bélgica, para designar também os "holandeses", então os naturais da Holanda, que originalmente não correspondia ao

QUESTÃO DE CRONOLOGIA

conjunto dos Países Baixos, como ocorre atualmente, mas à sua principal província. A identificação ainda podia ser válida para a primeira metade do século XVI mas não o era para a segunda, devido à revolta dos Países Baixos do norte, a Holanda atual, contra a Espanha. Ora, foi nesta segunda metade, não na primeira, que o sistema açucareiro do Nordeste verdadeiramente demarrou. É verdade que, até o século XVII, portugueses e espanhóis tinham o costume de designar também como "flamengos" todos os naturais dos Países Baixos do norte, mas é óbvio que se queremos destrinçar o tema da fundação da agroindústria açucareira no Brasil, a primeira providência consiste em distingui-los cuidadosamente, de vez que eles eram súditos de diferentes entidades estatais, os holandeses, das Províncias Unidas dos Países Baixos; os flamengos, dos chamados Países Baixos espanhóis ou "províncias obedientes".

Feita a distinção, caberia lembrar que no século XVI a especialização dos holandeses no comércio intra-europeu era bem inferior ao que supôs Celso Furtado. Ao longo de Quinhentos, a Holanda e sua principal cidade comercial, Amsterdá, dominavam basicamente o que eles mesmos chamavam o *moeder negotie*, o negócio-mãe, vale dizer, o comércio do Báltico com a Europa do norte, inclusive o litoral da Península Ibérica. A esta Europa atlântica, os holandeses traziam o trigo e as madeiras do Báltico e o pescado do Mar do Norte, adquirindo em troca o vinho, o sal e, ademais em Lisboa, as especiarias do Oriente. No tocante a seu consumo de açúcar, eles se aprovisionavam também em Lisboa ou em Antuérpia. Na realidade, para a expansão do mercado do açúcar *na segunda metade do século XVI*, não contribuíram os holandeses; e por uma razão bem simples, a de que não se haviam engajado nesta atividade. Quem sobretudo contribuiu para a expansão nesse período foram os flamengos, melhor seria dizer, o grande comércio de Antuérpia, principal centro mercantil dos Países Baixos espanhóis, que *grosso modo* correspondem ao que é hoje a Bélgica. Como há muito assinalou J. G. van Dillen, em Quinhentos, enquanto Antuérpia funcionava como o entreposto europeu de especiarias e de açúcar, Amsterdá operava como o entreposto de cereais e de madeira oriundos do Báltico e do Mar do Norte.

Graças a Eddy Stols, são bem conhecidas as relações comerciais entre os flamengos, a Península Ibérica e a América hispano-portuguesa. Capitais flamengos, não holandeses, haviam participado em fins do século XV, começos do XVI da instalação do sistema açucareiro da Madeira, em concorrência com capitais florentinos. No Brasil de Quinhentos, pode-se também detectar, e já Stols o fez, a presença desses flamengos, a começar pelo célebre engenho dos Erasmos, em São Vicente, e na segunda metade da centúria, nas capitanias açucareiras do Nordeste. Nada, porém, que possa ser considerado atuação dominante. Em Madri temia-se que esses flamengos, malgrado serem súditos de Sua Majestade Católica, servissem de quinta-colunas aos holandeses, que, como rebeldes, eram objeto de periódicos embargos em portos ibéricos e que, em todo o caso, estavam proibidos de viajar às colônias. Como indicou Stols, os holandeses contaram efetivamente com certa cumplicidade flamenga na costa do Brasil, no período 1590-1620, no tocante ao corso e ao contrabando de pau-brasil nas capitanias de baixo, mas nas capitanias de cima a coisa era diferente, devido à presença de maior poder militar hispano-português na Bahia e em Pernambuco.

Mesmo a referência aos flamengos contém apenas uma parte de verdade. Durante a primeira metade de Quinhentos, Antuérpia, principal entreposto flamengo, não Amsterdã, principal entreposto holandês, tornou-se o grande mercado do açúcar na Europa, não só devido ao interesse dos flamengos por essa atividade, mas também à participação dos cristãos-novos portugueses, muitos dos quais se haviam domiciliado ali e em outras cidades do norte da Europa, como Hamburgo, Colônia, Ruão ou Bordéus, para fugir à perseguição do Santo Ofício. Sendo Antuérpia o centro do comércio português das especiarias, passara naturalmente a desempenhar o mesmo papel no tocante ao açúcar. Já em *Os judeus e o capitalismo moderno*, Sombart assinalou a atuação desses sefarditas exilados na instalação da indústria açucareira no Brasil. Por nacionalismo mal-entendido, o historiador português João Lúcio de Azevedo se insurgiu contra Sombart, pretendendo que entre nós tudo se devera, numa fórmula simplista, "aos donatários e às instigações do governo de Lisboa", sem esclarecer, porém, de onde viriam os capitais para fazer medrar tais iniciativas. Introduzir uma cultura é bem diferente de fazê-la prosperar, sobretudo a cultura da cana-de-açúcar, que implicava em equipamento industrial e requeria, portanto, vultosos investimentos para a época, como indica a experiência de Duarte Coelho, que ao falecer, em 1554, deixou apenas cinco fábricas na sua donataria de Pernambuco.

Desde a publicação, há quase cem anos, da obra de Sombart, a pesquisa histórica tem aprofundado o que ele sugerira sobre a ação dos judeus, diga-

QUESTÃO DE CRONOLOGIA

mos com exatidão, dos cristãos-novos portugueses, na expansão do açúcar brasileiro. Modificando, portanto, os termos em que Celso Furtado colocou o problema, pareceria mais correto escrever que "a contribuição dos flamengos e dos cristãos-novos portugueses para a grande expansão do mercado do açúcar na segunda metade do século XVI, constitui um fator fundamental do êxito da colonização do Brasil". Mas em que ficam os holandeses nisto tudo? No papel de beneficiários, *mas já no século XVII*, do sistema mercantil montado em Antuérpia, graças ao círculo virtuoso que se fez sentir na economia neerlandesa desde os derradeiros anos do século XVI. A arrancada que produzirá o Século de Ouro, Rembrandt e companhia, inclusive o que já se chamou "a primeira economia moderna", data dos anos noventa de Quinhentos. Foi só a partir de então que o comércio holandês tornou-se verdadeiramente intra-europeu. A esta altura, porém, já tivera lugar o surto do açúcar brasileiro que começara nos anos setenta, por conseguinte sem a participação de capitais holandeses, embora certamente de capitais flamengos e sefarditas. É sabido que Amsterdá herdou a fortuna histórica de Antuérpia. Esta, que aderira por alguns anos à revolta dos Países Baixos do norte contra a Espanha, foi reconquistada em 1585 pelo exército espanhol, o que causou uma migração maciça de capitais flamengos e sefarditas para Amsterdá. Não se trata, portanto, de coincidência se data também dos mesmos anos noventa a fundação da primeira sinagoga de Amsterdá, graças inclusive aos esforços de um cristão-novo, Jaime Lopes, que enriquecera em Pernambuco como senhor de engenho e comerciante de açúcar.

Afinal de contas, quando os holandeses começaram efetivamente a participar do comércio do açúcar brasileiro? É revelador que Engel Sluiter, que, como Celso Furtado, tendeu a colocar flamengos e holandeses no mesmo saco, só veio a encontrar em 1587 o primeiro sinal da presença de embarcação holandesa, uma urca de Vlissingen (Zelândia), carregando açúcar no litoral brasileiro, embora fretada por mercador alemão. O mesmo Sluiter declarou haver detectado mais de cem casos de navios holandeses no comércio de transporte do Brasil no período 1587-1599, sem discriminá-los. Mas a publicação, por J. A. Gonsalves de Mello, dos livros das saídas das urcas do porto do Recife (1595-1605), veio indicar que das 34 urcas que neste período levantaram âncora do Recife, nenhuma se originava em porto neerlandês, como seria de esperar em decorrência do embargo da Coroa espanhola contra seus ex-súditos da República das Províncias Unidas dos Países Baixos. Todas procediam de Hamburgo e excepcionalmente de Antuérpia ou Lübeck. De regresso à Europa, elas seguiram na maioria para Antuérpia, só em alguns casos para portos holandeses como Amsterdã. Quanto aos carregadores e consignatários, quase todos são nomes portugueses ou sefarditas, e minoritariamente flamengos ou holandeses, distinção difícil de fazer devido à comunidade linguística entre ambos.

Por conseguinte, estas embarcações, mesmo na hipótese de haverem sido holandesas (mas a urca não constituía tipo de embarcação exclusivamente holandês, sendo empregada em toda a Europa do norte), teriam sido fretadas por não-holandeses, prática comum na época devido a que a Holanda oferecia os fretes mais baixos da Europa. Os carregamentos de açúcar, portanto, não pertenciam nem se destinavam a mercadores holandeses. Diga-se, aliás, em favor de Sluiter que ele não foi o único a cair na armadilha. Braudel, por exemplo, acreditou que a maciça presença de navios holandeses no Mediterrâneo a partir de finais de Quinhentos significara o domínio pela Holanda do comércio de cereais para a Itália, quando os documentos vieram mostrar que os comerciantes de Gênova, de Veneza e da Toscana continuaram a controlar este setor, limitando-se a fretar embarcações neerlandesas.

Foi somente no decurso da trégua hispano-holandesa dos doze anos (1609-1621) que, como se vê de uma representação de homens de negócio holandeses de 1622, citada por C. R. Boxer, os holandeses entraram no *negócio do transporte de açúcar do Brasil,* de que alegavam dominar, naqueles anos, entre metade e dois terços do volume, graças à cumplicidade de testas de ferro portugueses. Mas o documento não faz o essencial, vale dizer, não distingue entre dominar o transporte e dominar o comércio dos produtos transportados. Este último continuava provavelmente sob o controle de flamengos e cristãos-novos de Antuérpia domiciliados agora na Holanda, sabidamente liberal no tocante à concessão da naturalidade e da autorização de residência. Ademais a afirmação citada por Boxer diz respeito ao período em que a expansão açucareira no Brasil já dava mostras de esgotamento. Os estudos mais recentes de história econômica neerlandesa permitem concluir pela ausência holandesa no comércio de açúcar brasileiro ao longo de Quinhentos. Jonathan I. Israel, que aprofundou mais que ninguém o estudo da história do comércio internacional dos Países Baixos neste período, só refere a participação batava naquela atividade em conexão com a ocupação holandesa no Nordeste a partir de 1630. Segundo ele, "durante os últimos anos oitenta [do século XVI], o entreposto holandês não participava praticamente do comércio internacional do açúcar e tinha poucas perspectivas de fazê-lo". E quando começou a fazê-lo, foi sob a égide dos flamengos e dos cristãos--novos. O mesmo historiador acentua que os contratos de frete registrados por judeus portugueses perante os notários de Amsterdá no período de 1595 a 1620 revelam que sua especialização era o açúcar, o pau-brasil e diamantes da Índia importados através do Porto e de Lisboa; e também que se tratava de "uma adição às atividades comerciais de Amsterdá, sem que competisse com quaisquer interesses [ali] pré-existentes". Stols é mais enfático ao asseverar que "até a instalação de João Maurício [de Nassau] no Recife como governador e a Restauração portuguesa, os holandeses não puderam controlar parcela importante da produção brasileira de açúcar".

Por outro lado, não é crível que, se, como pretendeu Celso Furtado, os holandeses controlavam o mercado do açúcar desde o século XVI, eles não se tivessem interessado desde então pelo refino do produto. Ora, a refinação do açúcar foi introduzida na Holanda em fins do século XVI pelos mesmos capitais flamengos e cristãos-novos portugueses procedentes de Antuérpia, os quais em 1595 possuíam três ou quatro refinarias em Amsterdá. Só a partir de 1609, com a assinatura da trégua hispano-holandesa, essa atividade expandiu-se, passando o número de fábricas para 25 em 1620 e para 50 em 1662, quando continuavam majoritariamente a ser propriedade de flamengos e de sefarditas lusos. É sintomático que nem o velho van Dillen nem Jan de Vries e Ad van der Woude na sua recente história da economia neerlandesa refiram--se à alegada presença holandesa no comércio de açúcar antes da conquista do Nordeste pela Companhia das Índias Ocidentais. Esta sabidamente não foi projetada por holandeses mas por um exilado flamengo, Willem Usselincx, que havia vivido nos Açores.

Já no século XIX, G. M. Asher havia chamado a atenção para o fato de que a criação da Companhia fora iniciativa desses refugiados calvinistas dos Países Baixos espanhóis, asserção que viria a ser apoiada por Boxer. Se em 1621 ela se beneficiara do apoio do Conselho Municipal de Amsterdá, isto devera-se ao acidente de estar então dominada por um grupo de contrarre-monstrantes correligionários daqueles refugiados. Tão logo o Conselho voltou ao controle da oligarquia urbana de tendência arminiana, ele mostrou-se duradouramente hostil à Companhia, não só por antagonismo religioso e nacional (é conhecida a rivalidade na Holanda seiscentista entre holandeses e imigrantes flamengos e brabantinos), mas pela preocupação de evitar que as atividades da Companhia prejudicassem os grandes interesses do comércio holandês em Portugal, especialmente no tocante ao sal de Setúbal, reputado mais apropriado que nenhum outro à indústria da pesca. Como indicaram as pesquisas de W. J. van Hoboken, o patriciado mercantil de Amsterdá teve papel fundamental na destruição da Companhia.

12.

Um dos outros nomes do Brasil

Na coluna do ativo como na do passivo, seria difícil exagerar o papel do açúcar na história do Brasil colonial. Se ele foi o produto que proporcionou a base inicial solidamente econômica para o esforço colonizador, foi também o que plasmou o regime de propriedade latifundiária, instalou a escravidão africana na América portuguesa e, no seu exclusivismo, inibiu o desenvolvimento da policultura, com todas as consequências daninhas que tal associação acarretou, embora estimulando, em áreas apartadas, a pecuária e a lavoura de subsistência. Se o açúcar fez da colônia, até meados de Seiscentos, o principal fornecedor do gênero ao mercado europeu, foi ele também que atraiu a cobiça estrangeira, seja sob a forma da guerra, como no quarto de século em que os holandeses ocuparam o Nordeste, seja sob a forma da diplomacia, como na aliança anglo-portuguesa que em 1654 e 1661 criou uma posição privilegiada para a Inglaterra nas suas relações políticas e comerciais com Portugal. O açúcar inventou uma paisagem originalíssima, marcada pelos canaviais e pelo decantado "triângulo rural", a casa-grande e a senzala, a capela e a fábrica, mas também depredou o meio físico, empobreceu o solo, poluiu as águas dos rios e devastou a mata atlântica. Ele desenvolveu um estilo de vida que marcou a existência de todas as camadas da população que integrou, reservando, contudo, seus privilégios a uns poucos.

O açúcar deu também lugar à primeira organização propriamente industrial da história brasileira, pois, ao contrário de outros produtos que ora fizeram nossa fortuna, ora nossa miséria, como o algodão, o café ou o cacau, ele abrangia a atividade manufatureira vinculada à atividade puramente agrícola do cultivo da cana. Por modesta que nos possa parecer hoje sua etapa fabril, ela estava longe de sê-lo em termos da economia ocidental de Quinhentos e Seiscentos, o que explica a admiração e a minúcia com que a descreveram os viajantes estrangeiros que a encontraram no Brasil. Destarte, o açúcar criou, no âmbito do tempo cíclico da economia rural, o primeiro tempo artificial na vida brasileira, o que não fizeram os demais gêneros agrícolas. Nos grandes engenhos, a moagem podia ter lugar ininterruptamente dia e noite, empregando equipes que se revezavam de contínuo, só cessando por ocasião das festas natalinas, para recomeçar a primeiros do ano. Por um lado, era necessário aproveitar ao máximo os meses de estio, pois uma vez colhida a cana no campo, a chuva comprometia irremediavelmente seu teor de sacarose; por outro e para evitar o mesmo dano, a moagem devia ter lugar nas 24 horas seguintes. O açúcar também exigia certo grau de planificação das atividades agrícola e fabril e igualmente destas últimas entre si, inclusive no tocante à subordinação estreita do corte da matéria-prima à capacidade do equipamento manufatureiro e às várias fases de funcionamento deste último (moagem, cozimento, purga).

A Madeira foi uma espécie de plano piloto do Brasil açucareiro, modelo que se viu logo pervertido, com consequências maiores para a história da colônia, em decorrência sobretudo das condições físicas do novo meio, cujos espaços continentais forjarão uma paisagem agrária bem diversa da que o açúcar criara ali. O que na Madeira constituía um sistema misto em que o produto desempenhava o papel hegemônico mas não exclusivo, graças à vinha e à cultura tritícola, transformou-se no Brasil num regime monocultor que gerou crises recorrentes no aprovisionamento da população e tornou a economia vulnerável aos níveis de preço no mercado mundial. Ao passo que a topografia da Madeira, ao condicionar a disponibilidade limitada de terras aráveis e o desenvolvimento da irrigação por meio das levadas, causou o parcelamento intenso dos "poios" e estimulou a pequena propriedade, a ecologia brasileira, pelo contrário, deu rédeas soltas à ocupação territorial sob a forma latifundiária, dissolvendo a organização trazida da ilha, vale dizer, a separação entre o cultivo da cana e o fabrico do açúcar, o senhor de engenho brasileiro tendendo a assumir a longo prazo a parte do leão da produção da matéria-prima. Embora os engenhos madeirenses utilizassem subsidiariamente a mão de obra escrava, ela concentrara-se no meio urbano, indício de uma escravatura de feitio mediterrâneo, doméstico e artesanal, enquanto no Brasil, na virada de Quinhentos para Seiscentos, os africanos passaram a dominar, sobretudo na etapa agrícola. A separação entre o açúcar e o escravo, que caracterizou a Madeira, transmutou-se no Brasil, como também no Caribe, em cumplicidade simbiótica.

O projeto de Duarte Coelho, que deve ser considerado o verdadeiro fundador da agroindústria açucareira no Brasil, de vez que antes dele não haviam vingado as tentativas feitas em São Vicente ou em Itamaracá, fora o de erguer em Pernambuco uma nova Madeira, embora ele mesmo preferisse chamar sua donataria de Nova Lusitânia. Esse plano sobreviveu poucos decênios ao seu falecimento (1554). O avanço da fronteira colonizadora criou as condições para o *boom* açucareiro do derradeiro quartel de Quinhentos. Abriu-se destarte à iniciativa dos povoadores toda a franja marítima que vai atualmente do Rio Grande do Norte à foz do São Francisco. Na Bahia, os canaviais e as fábricas espalharam-se pelo Recôncavo e também o Rio de Janeiro conheceu certo surto açucareiro, que a ocupação do Nordeste pelos holandeses viria a estimular. A expansão territorial liquidou, por conseguinte, o modelo madeirense, encorajando a monocultura, disponibilizando as terras planturosas das anchas várzeas litorâneas e viabilizando o recurso à mão de obra africana. De Novas Madeiras, os núcleos açucareiros da América portuguesa teriam-se transformado no oposto, isto é, em Novos Barbados, não fosse o contrapeso oferecido pela continentalidade brasileira, isto é, pela elasticidade da oferta de terras, condição inexistente nas ilhas do Caribe.

De meados de Quinhentos até a descoberta das minas em finais de Seiscentos e começos de Setecentos, o açúcar foi o outro nome do Brasil. A expansão territorial, é certo, verificava-se nas demais regiões da colônia, no centro-sul como no extremo norte, mas suas bases não eram estáveis, dependente que se achava da preação de mão de obra indígena para as lavouras de subsistência paulistas e fluminenses ou do apoio estatal às expedições, sempre frustradas, em busca de metais preciosos. Para Portugal, o açúcar, como há muito demonstrou Jaime Cortesão, foi, por sua vez, o outro nome da Restauração de 1640. A ação da Coroa bragantina em prol do restabelecimento da unidade da América portuguesa, reavendo o Nordeste, ocupado pelo holandês de 1630 a 1654, numa empresa bélica, a restauração pernambucana, cuja senha sediciosa foi precisamente a palavra "açúcar", não só foi financiada pelo produto como visou precipuamente a recriar o antigo monopólio português do gênero mediante o controle de todas as áreas brasileiras que o produziam e também de Angola, de que dependia o suprimento de braços escravos. Ocorreu, infelizmente, que este *grand design* do Portugal restaurado não produziu os resultados esperados. A "guerra de Pernambuco" provocara o surto do açúcar das colônias inglesas e francesas do Caribe, como Barbados, a Jamaica, a Martinica, e no Suriná, cedido pela Inglaterra aos Países Baixos, ao mesmo tempo que aumentava a pressão destas áreas sobre o suprimento de mão de obra africana, encarecendo o preço.

A concorrência do gênero antilhano revelou-se devastadora, ao beneficiar-se de capitais da comunidade judaica de origem portuguesa de Amsterdã e de Londres, da maior proximidade caribenha do mercado europeu e, finalmente, da proteção aduaneira dispensada pelos governos inglês e francês ao produto de suas colônias. Na segunda metade do século XVII, apenas expulsos os holandeses do Nordeste, o preço do açúcar brasileiro no mercado internacional enveredou por um prolongado período de queda e de estagnação, do qual só se recuperaria em finais de Setecentos. Os decênios finais de Seiscentos foram especialmente críticos. A balança comercial portuguesa acusou o golpe, sendo decerto significativo que suas relações com o principal parceiro, a Grã-Bretanha, passassem a depender principalmente das exportações de produtos do Reino, não do Brasil, como o vinho e o sal. O açúcar brasileiro só se pôde beneficiar, assim mesmo a preço vil, do consumo da Europa do norte e do Mediterrâneo. A descoberta e a exploração das minas do Brasil central mudará substancialmente este quadro em favor do comércio português com a Europa, mas as antigas áreas de produção açucareira do Nordeste pagaram segunda fatura, pois a região mineira não só passou a disputar-lhe a mão de obra africana que podia adquirir a melhor preço como deslocou para o centro-sul o polo dinâmico da economia colonial, com resultados que repercutiram não apenas sobre a atual conformação territorial do país como sobre o sistema de equilíbrio inter-regional ao longo da Independência e da formação do Estado nacional.

A prolongada estagnação da economia açucareira tendeu também a aprofundar a especialização entre o produtor brasileiro e o comerciante reinol. No século XVI e começos do XVII, prevalecera certo grau de integração vertical entre a etapa produtiva e a comercial, devido a que os investimentos iniciais na agroindústria canavieira, sobretudo as vultosas inversões em equipamento fabril e mão de obra escrava, foram financiadas por capitais mercantis do Reino, especialmente capitais cristãos-novos. Certo número de indivíduos somou, por conseguinte, à sua atividade comercial em Olinda ou em Salvador a gestão de um engenho na mata pernambucana ou no Recôncavo baiano. A recessão de Seiscentos induziu esses capitais a abandonarem a etapa produtiva para se concentrarem na comercial, o que se deu especialmente em Pernambuco, onde o fenômeno recebeu o estímulo da guerra e da ocupação holandesa. Quando o Nordeste regressou ao domínio da Coroa lusitana, os antigos homens de negócio marranos foram substituídos pelos chamados "mascates", isto é, pequenos comerciantes cristãos-velhos que haviam emigrado do norte de Portugal e, ao cabo de muitos anos de trabalho aturado, se tinham convertido em "mercadores de sobrado", capitalistas que investiam nos ramos mais diversos, como o comércio em grosso, a importação de africanos, o arrendamento dos contratos de cobrança de impostos e por fim o financiamento da produção açucareira. Na Bahia, a especialização entre o produtor brasileiro e o negociante reinol não ocorreu com a mesma intensidade, de modo que o conflito entre o devedor rural e o credor urbano não conheceu a mesma virulência política e ideológica do que se verificou nas capitanias de cima, onde o sentimento nativista constituiu inicialmente a bandeira da açucarocracia, madrugando na chamada Guerra dos Mascates (1710-1711), disputa que embora tenha girado em torno do controle do poder municipal, conteve implicações bem mais abrangentes.

No decorrer do século XVIII, o Nordeste açucareiro passou de cabeça a sócio menor de uma empresa colonial e, depois, nacional. Se a região recuperou-se nos últimos decênios de Setecentos e primeiros de Oitocentos, ela o deveu não ao açúcar mas ao algodão, que tirou partido da fase inaugural e têxtil da Revolução Industrial inglesa e das perturbações ocasionadas pela Guerra da Independência dos Estados Unidos e, depois, pelas guerras napoleônicas. Graças às particularidades de precipitação e de solo, uma parte das terras que até então haviam sido utilizadas pela cana prestava-se ao cultivo do algodão. Este contraponto do açúcar e do algodão explica, aliás, em parte, o feitio especialmente instável e politicamente radical da Independência naquela parte do país, quando comparado ao que acontecia no resto da colônia, pois foi ali, mais acentuadamente que em nenhuma outra parte do Brasil, que se aprofundou o conflito entre a nova e a velha estrutura comercial: a do algodão, já ligada, desde a transmigração da Coroa para o Rio e a abertura dos portos, ao mercado britânico, e a do açúcar, jungida ao entreposto lusitano. Daí que a região de cultivo algodoeiro, a mata norte de Pernambuco e as capitanias ao norte, havendo gozado as vantagens do livre câmbio, tenham-se comportado com um zelo emancipacionista que destoou das zonas que não haviam podido fazer, por motivos climáticos, a conversão do açúcar para o algodão: a mata sul pernambucana, a alagoana, o Recôncavo baiano.

Ao transitar a economia açucareira, da euforia à depressão e estagnação prolongada da segunda metade de Seiscentos e de quase todo o Setecentos, ela tendeu naturalmente a perder dinamismo, tornando-se rígida nos seus modelos de organização econômica, de relações entre as classes, de existência rural, de cultura e de estilo de vida. Por exemplo, o antigo modelo madeirense comportara toda uma classe média de lavradores de cana, fornecedores da matéria-prima aos engenhos, que ainda reponta viçosa na documentação anterior à ocupação holandesa. Contudo, os anos de guerra e, sobretudo, a recessão secular afetaram duplamente a posição desta camada. Uma minoria minoritaríssima ascendeu ao escalão superior, vale dizer, ao dos senhores de engenho, embora esta condição pudesse englobar uma variedade de condições sócio-econômicas que iam desde o proprietário de um engenho real até o de simples molinete, este último inferiorizado até mesmo relativamente aos lavradores mais prósperos.

Destarte, no contexto da estagnação, ocorreu uma subdivisão inegável das antigas sesmarias numa legião de pequenos engenhos já não tão bem dotados de fundo territorial. Mas a grande maioria da classe média canavieira ou foi simplesmente eliminada do sistema, proletarizando-se sob a forma de lavradores de subsistência e de algodão ou integrando-se à economia pecuária da periferia sertaneja ou emigrando para as minas; ou sofreu uma deterioração marcada de renda e de *statu* no âmbito do engenho, na medida em que este abandonara sua feição quase exclusivamente fabril do período *ante bellum* para assumir uma parcela substancial do cultivo da matéria-prima, embora os lavradores de cana não desaparecessem, longe disto, pois ainda em meados do século XIX forneciam boa parte da matéria-prima e possuíam cerca de um terço da mão de obra escrava.

É decerto curioso que a cultura brasileira só tenha descoberto com grande decalagem cronológica a chamada "civilização do açúcar", quando ela já agonizava nos últimos anos do século XIX e nos primeiros do XX, vitimada pela subcapitalização que a impedia de enfrentar com êxito a concorrência, investindo nas inovações tecnológicas exigidas pela competição internacional, as quais, malgrado resumirem-se na substituição do sistema engenho pelo sistema usina, afetaram profundamente a economia, a sociedade e a vida do Nordeste canavieiro. A descoberta cultural foi de início eminentemente literária, começando com o "romance do Norte", de Franklin Távora, que foi basicamente uma ficção de costumes regionais, para prolongar-se no "romance do Nordeste", que já tinha ambições de crítica social, ou na sociologia de Gilberto Freyre, que motivou várias gerações de historiadores, ou na pintura de Cícero Dias. Devido à desinformação pura e simples, aquela decalagem contribuiu poderosamente não só para a idealização, pela sensibilidade conservadora, do mundo perdido dos antigos engenhos, cujos senhores ela fantasiou de aristocracia rural, quando não passavam de meros proprietários e arrendatários do que Joaquim Nabuco caracterizou muito bem como "pobres explorações industriais [que] existiam apenas para a conservação do estado do senhor"; como também para a deformação que lhe impôs a sensibilidade de esquerda, que estigmatizou de classe dominante o que havia sido apenas uma classe corporativa, vale dizer, uma classe que buscava preservar sua existência não mediante a determinação da totalidade social em que se inscrevia mas através da sua inserção numa totalidade que lhe escapava.

13.

Um enigma iconográfico

A Madeira foi o plano piloto da colonização do Nordeste açucareiro. Dela, nosso sistema econômico não recebeu apenas a separação entre a etapa agrícola e a manufatureira ou o vocabulário especializado (senhor de engenho é designação de sabor medieval que nos chegou através da Madeira). Recebeu também o decantado "triângulo rural do Nordeste" (casa-grande, fábrica e capela), sem que tivesse havido criação brasileira, no máximo adaptação às condições ecológicas da terra. Essa forma de organização espacial já pode ser observada nas telas dos pintores nassovianos, em especial de Frans Post. Como na Madeira, onde a fábrica de açúcar podia existir à ilharga do núcleo citadino e até mesmo no interior das quintas do Funchal, o engenho de açúcar constituiu inicialmente entre nós o prolongamento do comércio e da vida urbana, inclusive porque quem se afoitasse a construí-los a distância, corria o risco de vê-los destruídos pela indiada hostil. Ao longo do primeiro século, o estilo de vida dos donos de terras e de fábricas de açúcar ainda não se ruralizara e embora tal processo se tivesse iniciado antes da ocupação holandesa, foi esta quem verdadeiramente o consumou no Nordeste.

Embora originalmente os prédios do "triângulo rural" não mantivessem entre si disposição rígida, a iconografia neerlandesa já indica algumas constantes, ao menos em termos da ocupação dos níveis do terreno: a instalação da casa de moagem nas proximidades do rio ou riacho de que dependia para a força motriz e para outros usos, como no caso das fábricas movidas a animais; a construção da casa de vivenda na área mais elevada, via de regra na meia encosta, em decorrência da necessidade prática de controle das atividades produtivas, e simbólica, de expressão de domínio; e a ereção da capela à mesma altura da casa-grande ou pouco mais acima, conotando o valor do sa-

UM ENIGMA ICONOGRÁFICO

grado. Como indicou Geraldo Gomes, a quem se deve um valioso estudo sobre a arquitetura dos engenhos pernambucanos, só muito depois do período holandês, esta configuração viria a assumir a forma do pátio retangular que será descrito pelo engenheiro francês L.-L. Vauthier nos anos quarenta do século XIX, disposição que pode ter resultado do modelo das colônias inglesas e francesas do Caribe, divulgado entre nós por publicações como *O fazendeiro do Brasil* ou o *Manual do agricultor brasileiro*, mas que, contudo, não se generalizou a toda a região açucareira, de que Vauthier só conheceu a parte sul e a central.

O fato é que, ainda em começos do século XX, Gilberto Freyre observava a diferença de tipos entre os engenhos do sul e do norte de Pernambuco, para não mencionar os da Paraíba. Tal disparidade, que ele se limitou a constatar, dizia certamente respeito à organização espacial. Em primeiro lugar, ela tinha de levar em conta as peculiaridades ecológicas de ambas as regiões, em que os geógrafos distinguem entre a mata seca ou norte, e a mata úmida ou meridional, em função da pluviosidade, da topografia e da composição do solo. Em segundo lugar, a organização espacial devia ser também afetada pelo fato de que, desde finais do século XVIII, o engenho da mata seca se tivesse aproveitado do surto algodoeiro provocado pela Revolução Industrial, ao contrário do seu congênere da mata úmida, cujas condições físicas não eram favoráveis ao algodão.

A única adição brasileira ao "triângulo rural" importado da Madeira foi a senzala. É significativo que as referências aos engenhos quinhentistas da ilha, que se contêm na crônica coeva de Gaspar Frutuoso intitulada *Saudades da terra*, não aludam a instalações separadas para escravos, o que, em princípio, pareceria compaginar-se com as características domésticas que a escravidão assumira ali. Não havia necessidade de habitação própria para a mão de obra servil onde ela só era utilizada por 16% dos cultivadores de cana, que, em sua grande maioria, não possuíam mais de cinco africanos, como indicam os estudos de Alberto Vieira. O valor da mão de obra limitava-se a 5% do investimento, o que seria impensável no Brasil.

Nas telas dos pintores nassovianos, a senzala brilha pela ausência, embora Geraldo Gomes vá demasiado longe quando assinala que "as fontes bibliográficas e iconográficas da ocupação holandesa de Pernambuco no século XVII não revelam a existência de qualquer tipo de edifício que se destinasse especificamente à habitação dos escravos". Por conseguinte, a senzala não existiria àquela altura como tipo característico de construção, segundo os entendidos, aporte da cultura iorubá, caracterizado pela "série de cubículos contíguos em linha, com um alpendre comum ao longo de todo o edifício e cobertos com um mesmo telhado de duas águas", consoante descrição do mesmo autor. A primeira ressalva a fazer a tal generalização é a ilustração de Frans Post ao mapa de Georg Marcgraf intitulado *Praefectura Paranambuca pars borealis*, reproduzido na história do governo de Nassau escrita por Barléus (1647), a qual indica nitidamente, ao lado da casa senhorial, uma edificação daquele tipo, coberta de palha. Por outro lado, a casa luso-brasileira do Recife que Nassau ocupou à sua chegada ao Brasil, representada no quadro de Zacarias Wagner, contém, no pátio interno, o que são sem sombra de dúvida dependências destinadas aos escravos do serviço doméstico.

Quanto às referências textuais, Geraldo Gomes refere documento pouco posterior ao domínio holandês, as instruções que João Fernandes Vieira deu a seu feitor-mor, as quais mencionam as "casas dos negros", documento que, como ele mesmo assinala, alude igualmente às "senzalas dos negros". Cabe aduzir testemunho da guerra batava, o do *Valeroso Lucideno*, de frei Manuel Calado do Salvador, relativo ao engenho do Escurial em Alagoas, o qual também menciona as "casas dos negros". Do plural, não se deve, porém, concluir tratar-se de habitações separadas, pois no português da época "casas" designava os vários aposentos de um único edifício. Não é provável, portanto, que se tratasse de choças individuais reunidas ou dispersas pelo campo, como a que os holandeses viram no quilombo dos Palmares e como as que existiam nas possessões açucareiras do Caribe, fenômeno que pode ter resultado da geografia antilhana, cuja configuração arquipelágica desencorajava as veleidades de fuga. Dada a continentalidade brasileira, semelhante sistema só poderia ser implantado entre nós a partir da altura em que a família escrava tivesse ganho consistência social que a sedentarizasse, tornando-a relativamente imune à tentação da liberdade. Daí que Stuart Schwartz identifique nos engenhos do Recôncavo baiano, em finais do século XVIII, não só as senzalas, "construções enfileiradas divididas em compartimentos", como as "cabanas separadas, de paredes de barro e telhados de sapé".

Ainda no plano das referências textuais, gostaria de chamar a atenção para documento atinente à Bahia, o inventário de Mem de Sá (1572), o qual permite afirmar a existência, desde o século XVI, de edificação própria para os escravos, segundo a descrição da senzala feita por Geraldo Gomes. E o que é mais, de instalações adaptadas ao caráter misto da mão de obra de então. O engenho de Sergipe do Conde, onde o terceiro governador-geral possuía escravatura tanto indígena quanto africana, sendo a primeira bem mais numerosa, possuía, além da casa de vivenda, da capela e da fábrica, "duas casas de palha grandes em que se agasalham os negros da terra", isto é, os índios, ademais de "outra casa comprida em que se agasalham os negros de Guiné, que é de palha nova". Devido à presença de forças de trabalho de diferente origem étnica, é plausível que os engenhos primitivos dispusessem de duas senzalas, construídas segundo o estilo de habitação da categoria de mão de obra a que se destinavam, tanto mais que, neste particular, não havia precedente madeirense a que recorrer. Com efeito, ao passo que no inventário de Mem de Sá as "casas de palha" destinadas aos indígenas são caracterizadas como "grandes", sendo na realidade as ocas que pouco depois descreverá Fernão Cardim como verdadeiros "labirintos" em que podiam residir mais de duzentas pessoas, a habitação dos africanos é descrita como "comprida", conforme o tipo mencionado por Geraldo Gomes, o que implica que ela abrigava número bem inferior de indivíduos. Essa especialização racial tendeu, porém, a desaparecer, do momento em que, no primeiro quartel do século XVII, a escravidão africana passou a dominar numericamente a outra. Há, contudo, um problema com o Sergipe do Conde: ele não pode ser tido na conta de engenho típico ou médio.

Temos, portanto, que no Brasil do primeiro surto açucareiro de finais de Quinhentos, já havia o tipo de edificação que ficará conhecido sob o nome de senzala. Ocorria apenas que ele era normalmente designado por "casas dos negros", de vez que o vocábulo "senzala", de origem banto, tardou a se impor. Sheila Siqueira de Castro Faria, historiadora da área canavieira do Rio de Janeiro, informa que "senzala" só se teria generalizado no decorrer do século XVIII, em conexão com o predomínio de africanos daquela procedência. O problema que se coloca, por conseguinte, é o de explicar a ausência daquele gênero de construção nas telas de Frans Post e dos demais pintores nassovianos. Como indica esclarecedor estudo de Beatriz e Pedro Corrêa do Lago, já "foram identificados cerca de 160 óleos do primeiro pintor da paisagem brasileira, dos quais mais de 150 realizados após sua volta à Holanda e apenas sete pintados nos anos que o artista passou no Nordeste", embora tivesse executado "pelo menos dezoito telas durante sua permanência no Brasil". De regresso a seu país, Post terá seguramente trabalhado com base em esboços feitos em Pernambuco.

Que ele não tenha pintado a senzala e que só a tenha representado uma única vez na ilustração do mapa de Marcgraf, presta-se a uma hipótese, que tentarei formular mas que não passa disto, de hipótese. No século XVII, os proprietários dos contingentes mais numerosos de escravos não eram os senhores de engenho mas os lavradores de cana, que cultivavam a matéria-prima para as fábricas de açúcar. Disto decorreria a desconcentração da escravatura, que habitaria na proximidade dos partidos de cana e da residência dos seus donos. Ao tempo do domínio holandês, a mão de obra escrava empregada diretamente pelo senhor de engenho reduzia-se aos africanos empregados seja na sua fábrica seja nos seus partidos de cana, podendo ser abrigada, por conseguinte, em construção que, por suas dimensões modestas, se confundiria, na perspectiva do pintor, com a "moita" do engenho, isto é, com o prédio fabril e seus anexos. Por sua vez, os serviçais da casa de vivenda abrigar-se-iam na "loja", isto é, no andar térreo das casas-grandes, de vez que a prática lusitana reservava às famílias o "sobrado", isto é, o andar superior, deixando a "loja" ou andar térreo aos criados e aos depósitos, à maneira dos habitantes de Olinda segundo se conclui da documentação inquisitorial.

Somente a partir do momento (segunda metade do século XVII e século XVIII, posterior, portanto, ao período holandês) em que se verificou a expansão da área diretamente cultivada pelo senhor de engenho, aumentou a mão de obra sob seu controle imediato, consequente também ao acesso crescente de escravos às funções especializadas do fabrico do açúcar e às tarefas artesanais. Só então se teria posto em marcha, especialmente naqueles engenhos de Setecentos que, conforme a crônica de Loreto Couto, já não admitiam lavradores, encarregando-se também das fainas agrícolas, um processo de concentração, tendente a agregar a maior parte da escravaria no interior do "triângulo rural". Daí que se detectem modificações espaciais de signo oposto. Por um lado, reuniu-se o grosso da mão de obra africana nas proximidades da casa de vivenda e da fábrica, de outro, os escravos domésticos deixaram de ser agasalhados no recesso das casas-grandes. Originou-se assim a outra dualidade de senzalas assinalada por Geraldo Gomes, mediante a qual, numa se haveriam aglomerado os escravos do serviço do campo e da fábrica, e na outra, os do serviço doméstico.

À generalização tardia da palavra senzala, cabe acrescentar que o fenômeno ainda foi mais lento no tocante à designação de "casa-grande". Embora já a registre Koster nos começos do século XIX, os documentos, inclusive notariais, do Nordeste açucareiro mencionam invariavelmente a residência senhorial como "casa de vivenda", ou menos frequentemente "casa de morada", jamais como "casa-grande"; e isto ainda em fins do Segundo Reinado. É provável, portanto, que "casa-grande" tenha-se originado no linguajar da escravaria e dos estratos subalternos do engenho, como ocorreu com a expressão *big house* no velho sul dos Estados Unidos, consoante afirma Eugene D. Genovese. De qualquer maneira, é preferível usar a expressão "casa de vivenda" ou "casa-grande" do que a de "casa de fazenda", que desinformadamente é a consagrada nas cartelas dos quadros de Frans Post existentes em museus paulistas. "Casa de fazenda" é designação apropriada ao Sudeste e ao Nordeste da pecuária, o "outro Nordeste" do título da obra de Djacir Menezes, mas não ao Nordeste canavieiro, onde "fazenda" era empregado na acepção restrita da área territorial, não na geral, do conjunto da propriedade.

Post scriptum

Após a publicação deste artigo, o autor pôde consultar o mapa da ilha de Itamaracá, que se contém no *Atlas Vingboons*, existente no Instituto Arqueológico, Histórico e Geográfico Pernambucano. Da representação do engenho Haarlem, consta a indicação "*Negro huysen*" ("Casa dos negros"). Vd. a respeito do mapa, Marcos Galindo e José Luiz Mota Menezes, *Desenhos da terra: Atlas Vingboons*, Recife, 2003.

14.

Como manipular a Inquisição

Uma das frustrações de quem se debruça sobre a documentação produzida pela visita inquisitorial ao Brasil em 1591-1595 é a presença rala, quase nula, de escravos africanos, quer na condição de denunciados ou de denunciantes, quer na de simples testemunhas de fatos ou episódios trazidos ao conhecimento dos funcionários do Santo Ofício. Não ignoro que essa lacuna proceda de uma deformação documental. O escravo é objeto, não sujeito de direitos. Numa sociedade escravocrata, sua presença como denunciante era em princípio desqualificada, pois aceitá-la seria uma brecha na coesão do sistema. Assim é que na organização judiciária portuguesa, eles estavam impedidos de testemunhar em tribunal, embora exceções pudessem ser abertas eventualmente. A Inquisição seguiu o critério da legislação civil, aceitando-os em casos excepcionais que, no Brasil, em finais do século XVI, não passaram de quatro, três em Pernambuco e um na Bahia. Tampouco os encontramos como denunciados ou como meros espectadores. A escassa aculturação da maioria deles, seu desconhecimento da doutrina cristã, seu apego às práticas religiosas ancestrais reforçavam assim a tendência a mantê-los à margem do sistema, inclusive sob o aspecto punitivo do patrulhamento teológico. A suspeita de heterodoxia só se manifestava no tocante a pretos e mulatos livres, como certo tacheiro e escumadeiro do engenho de Cristóvão Lins, filho de escravo alforriado com índia, pois, como acentuava o promotor da Inquisição em Olinda, sendo "descendente de gentio mui chegado [...] pode ser que por estes erros e gentilidades deles" tivesse pronunciado palavras ofensivas à hóstia consagrada.

Deferente à propriedade escrava, o Santo Ofício ignorou a escravidão africana, a qual já se adensava nos grandes núcleos coloniais, como a Bahia e Pernambuco, parecendo apreensivo apenas com as práticas gentílicas de índios escravizados ou forros e de mamelucos desajustados, como ocorreu com a "santidade" do engenho de Fernão Cabral na Bahia. Stuart B. Schwartz argumenta com razão que, em fins do século XVI, a mão de obra dos engenhos de açúcar ainda era racialmente mista e que os africanos e seus descendentes correspondiam a apenas um terço desta força, os terços restantes compondo-se de índios e mamelucos. Ainda nos começos do século XVII, os índios dão a impressão de serem tão numerosos quanto os negros, talvez até mais. "A transição para uma mão de obra africana completou-se nos dois primeiros decênios do século XVII", aduz o historiador. Mais: as primeiras gerações de africanos no Brasil não eram trabalhadores do eito, onde os aborígenes dominariam, mas sobretudo artífices treinados nas técnicas de fabricação de açúcar.

Em Pernambuco em 1593-1595 não deparamos com negros nem no artesanato urbano nem no serviço doméstico das casas-grandes e das residências de Olinda, onde predominavam criados reinóis ou então índias, as "negras da terra" da linguagem dos documentos. Ali o visitador Heitor Furtado de Mendonça processou um único escravo e por motivo de blasfêmia, como podia ter acontecido a um homem livre: "José, mulato, escravo de Fernão Soares" (Arquivo Nacional da Torre do Tombo, Inquisição de Lisboa, processo nº 2.556). Não representando caso típico em termos da história da escravidão no Brasil, constitui seguramente algo revelador do ponto de vista da escravidão brasileira de finais de Quinhentos.

José não era um "negro da Guiné", expressão que permitia distinguir os pretos africanos dos "negros da terra", nem tampouco um "boçal", entenda-se, apenas chegado ao Brasil, ainda não aculturado e desconhecendo a língua dos senhores e os costumes do país. Ademais de mulato, José nascera não na África mas em Portugal. Seu pai tinha um nome que soava aristocrático e até castelhano, Garcia e Santilhana, o sobrenome de Gil Blas na célebre novela setecentista do abade Prevost. Garcia fora alcaide de Beja (Baixo Alentejo), onde José nascera, havido, como este esclarece ao visitador, "em uma negra chamada Catarina, escrava de Álvaro Fernandes da dita cidade, já defunta". "Seu pai [concluía José] é cristão-velho e o houve sendo solteiro, e ora é ainda alcaide e está casado na mesma cidade". José desconhece avós e tios (a mãe certamente ainda fora nascida na África), nem teve irmãos; e declara ser de trinta anos de idade, o que o fazia nascido em 1565.

Beja era, aliás, uma das cidades do Reino com grande população escrava, como de resto acontecia nos núcleos urbanos do Alentejo, embora não se pudessem equiparar neste ponto a Lisboa. A importação de africanos começara em 1441 mas sua distribuição pelo território português fizera-se de maneira bastante desigual, como seria previsível à luz das desigualdades regionais no sistema de propriedade da terra. Como assinalou A. C. de C. M. Saunders, no norte, Minho, Trás-os-Montes, as Beiras, eles eram vasqueiros ou concentravam-se em vilas do litoral ou nas cidades mais importantes, como o Porto e Coimbra. Adensavam-se, primeiro em Lisboa, onde podem ter chegado a 10% da população; e também na Estremadura e em todo o sul do Tejo, nos campos como no meio urbano, exceção do Algarve, onde via de regra só se encontravam na região costeira. No Alentejo, cuja mão de obra era cronicamente insuficiente, os escravos achavam-se empregados sobretudo nos trabalhos rurais das grandes propriedades, mas estavam também, de maneira menos significativa, no artesanato, nas salinas do Sado, no serviço doméstico. Numa cidade como Beja, onde nasceu José, a população africana devia variar em torno dos 5% dos habitantes.

Já vimos que o processo inquisitorial chama-o apenas "José, mulato", sem patronímico que o distinga da massa de Josés, negros e mulatos, no Reino e no Brasil. Nosso José não se beneficiara, portanto, do costume vigente em Portugal e nas ilhas açucareiras do Atlântico mediante o qual o cativo adquiria o nome de família do seu senhor, e a cativa, o de sua senhora. Tome-se o exemplo de Mécia Vaz, crioula forra de São Tomé, residente na ilha de Itamaracá, cujo Vaz procedia de D. Isabel Vaz, mulher do ferreiro Manuel Roiz, a quem Mécia pertencera. Ou o de Boaventura Dias, filho de Diogo Dias, que por volta de 1570 tentara em vão iniciar o povoamento da "terra firme" de Itamaracá: Boaventura nascera em Lisboa de Clara de Souza, "negra da Guiné, escrava de D. Francisca de Souza". O caso de Domingas Fernandes, crioula forra de Cabo Verde, ilumina a prática ao longo de duas gerações. Seus pais haviam sido escravos de Gil Leitão e Brígida da Guia, donde ele chamar-se Fernando Gil e ela, Gracia da Guia. Ao nascer Domingas, contudo, já não lhe foi atribuído o patronímico da Guia, que era o da sua dona e o da sua mãe, mas o Fernandes, correspondente, segundo o antigo costume português, ao nome próprio dado a seu pai, Fernando Gil.

Em terras de Santa Cruz, a prática portuguesa viu-se progressivamente abandonada pela solução que consistia em dar apenas o nome de batismo, João, José, Maria, acompanhado muitas vezes da designação da origem africana do escravo, Angola, Cabinda, etc., de maneira a distinguir os homônimos. Como acentuou Stuart Schwartz, "não está claro quando e como escravos adquiriram nomes de família no Brasil". Cabe em todo o caso acrescentar que o abandono do uso português tornava-se previsível do momento em que o sistema de escravidão doméstica ou quase doméstica, com número reduzido de servos por senhor, era substituído por uma escravidão maciçamente agrária e fabril, com uma quantidade elevada de cativos por engenho. Mas o antigo hábito reinol nunca foi inteiramente relegado. No século XVIII, na Bahia estudada por Schwartz, o escravo alforriado adotava frequentemente o nome de família do seu ex-senhor, sendo que aos negros das fazendas da Companhia de Jesus dava-se o nome dos padres que as administravam no momento da compra do preto, método cômodo de datar a época do seu ingresso na mão de obra da propriedade. Nos documentos públicos, os cativos dispunham invariavelmente de patronímicos, salvo as crianças, listadas apenas pelo prenome. Mas o José do nosso processo inquisitorial não teve sequer direito a sobrenome. Sua mãe Catarina usou talvez o patronímico da sua senhora, que desconhecemos, mas José não adotou o do seu senhor e, filho natural, não pôde recorrer ao do pai, o fidalgote de Beja, ficando reduzido ao nome de batismo. Donde o processo haver acrescentado dois qualificativos de cor e de *statu*: José, mulato, escravo de Fernão Soares.

Batizado mas não alfabetizado, pois assina em cruz, José aprendera o ofício de ferreiro e caldeireiro. Recorda Saunders que a atitude dos grêmios do Reino para com o trabalho escravo variou de acordo com a força numérica e a posição de cada entidade, sendo os ferreiros e sapateiros muito flexíveis no tocante ao treinamento de negros, tanto cativos quanto libertos, tanto mais que estas atividades não desfrutavam de prestígio, estando associadas, desde a Idade Média, à escravidão mourisca. José beneficiou-se desta tolerância, ou ainda em Beja, ou mais provavelmente em Lisboa, para onde o vendera Álvaro Fernandes. O provável é que já então José tivesse dado provas do inconformismo que iria complicar sua vida. Para livrar-se dele, seu primeiro senhor o deve ter entregue a um daqueles corretores especializados no comércio de escravos dentro do Reino. José foi dar com os costados na casa de certo Belquior de Montalvo, tabelião de notas. Devido plausivelmente à turbulência que o indispunha para tarefas domésticas, inclusive àquelas ligadas ao serviço pessoal e à ostentação do seu dono, José terá sido alugado a uma oficina de ferreiro ou de caldeireiro.

Na casa do notário, José veio a conhecer Domingas Fernandes, mulata como ele mas forra, com quem se casou. Apesar da disparidade do *statu* jurídico dos nubentes, este tipo de casamento não era raro no Portugal de Quinhentos e no Brasil tornar-se-á comum. Desconhecemos se eles o fizeram à antiga maneira informal, os chamados "casamentos a furto" ou de "pública fama", em que a troca do compromisso matrimonial dispensava a cerimônia pública; ou se pelo contrário o casamento teve as bênçãos da Igreja, hipótese mais provável, pois embora cá como lá a maioria dos senhores se opusesse à ideia, temendo as dificuldades decorrentes da venda de escravos casados, ocorreu que, na esteira do Concílio de Trento e ao menos em Lisboa, onde os arcebispos eram intransigentes nesta matéria, os escravos, como indicou Saunders, eram encorajados a casarem-se, mesmo em face da resistência dos donos, contanto que soubessem um mínimo da doutrina cristã. Este era, aliás, o caso de José, que, em Olinda, intimado segundo a praxe inquisitorial a mostrar seus conhecimentos, "persignou-se e benzeu-se e disse padre nosso, ave maria, credo e salve rainha e que não sabia mais", mas que era o quanto bastava para passar seu exame de católico.

Nada sabemos do tratamento dispensado a José quer pelo seu senhor de Beja quer pelo tabelião de Lisboa, mas é inegável que já então manifestava sua revolta com a sua condição. Provavelmente por ocasião da sua venda, ele fora ferrado — e ferrado no rosto. Era prática corrente ferrarem-se os escravos ao serem embarcados na África e, em Portugal, ao verificar-se cada alienação; ao número de compras de que eram objeto correspondia, portanto, o número de marcas que levavam pelo corpo. A própria Coroa ferrava seus escravos, de preferência no braço. Mas dependendo da crueldade do senhor, ferrava-se também no rosto, excesso que, segundo denunciava o poeta Sá de Miranda, não seria excepcional. Cometeu-o Belquior de Montalvo por vingança ou castigo? O estigma na face, impossível de ser escamoteada, adicionava à degradação de ser escravo a de ser também uma espécie de criminoso, apontando a marginalidade do indivíduo na marginalidade coletiva da escravidão. O fato é que o notário terminou por vender José para o Brasil, separando-o de Domingas, no que, aliás, incorria em pecado mortal conforme as constituições do arcebispado de Lisboa. Então vender um escravo para o Brasil devia corresponder em Portugal ao que constituiria, no norte açucareiro do século XIX, vender um escravo para o café, isto é, para o vale do Paraíba ou para São Paulo: uma forma de castigo particularmente dura. Como indicará no comportamento que adotou durante o processo inquisitorial, José viu na partida para a colônia não a oportunidade de melhoria relativa mas, ao contrário, outra punição, quase ou tão cruel quanto a do ferro em brasa no rosto.

Comprou-o Fernão Soares, comerciante e senhor de engenho cristão--novo em Pernambuco. Quem era este Fernão Soares que se esquiva ao longo da investigação, já veremos por quê, deixando o processo contra José aos cuidados de um irmão? A notícia mais antiga que encontro a seu respeito é a que se contém no *Sumário das armadas*, relato que um contemporâneo, identificado como o jesuíta Simão Travassos, redigiu acerca da conquista da Paraíba. Nele se informa que, quando da expedição do ouvidor-geral Martim Leitão (1585), organizaram-se duas companhias de mercadores, de que foram capitães o mesmo Fernão Soares e Ambrósio Fernandes Brandão, o futuro autor dos *Diálogos das grandezas do Brasil*. A. J. V. Borges da Fonseca, genealogista do século XVIII, esclarecia que seu nome completo era Fernão Soares da Cunha e que pertencia a "nobilíssima família de Viana, donde veio com seu irmão Diogo Soares da Cunha e com seus primos André Soares e Diogo Soares". Fernão servira muitos anos como juiz de órfãos de Olinda e ali casara-se com D. Catarina de Albuquerque, neta do velho Jerônimo de Albuquerque e da índia Arcoverde. Aduz Borges que Fernão falecera no burgo duartino em 1608.

A documentação inquisitorial permite aproximarmo-nos da realidade subjacente à idealização genealógica. Em lugar de fidalgo vianês, Fernão era, na verdade, cristão-novo. Em Pernambuco, circulavam rumores de que sua mãe fora supliciada pelo Santo Ofício; de que se achara uma torá na casa olindense de Fernão; e de que seu parente André Gomes era igualmente cristão--novo. Ele se terá fixado entre nós aí pelos anos setenta, estabelecendo-se inicialmente como comerciante em Olinda e depois fundando ou adquirindo dois engenhos em Jaboatão, um dos quais a célebre propriedade que se viria a chamar Suassuna. Em 1585, Fernão já era o proprietário do engenho Novo, já possuindo assim o engenho Velho, isto é, o futuro Suassuna. Tendo-se tornado senhor de engenho, como tantos cristãos-novos da época, Fernão não abandonou, contudo, sua condição de negociante, mantendo sua casa de comércio em Olinda, na loja, ou seja, no andar térreo, da sua residência. Naquele ano, era ainda solteiro, tendo consigo um filho natural, Manuel Soares, que por volta de 1592 casaria na família de Cosmo Roiz, também senhor de engenho em Jaboatão. A esta altura, Fernão estaria casado com D. Catarina, bem mais jovem do que ele e que, falecido o marido, voltará a casar-se.

Nos meados dos anos oitenta, após a expedição contra os índios da Paraíba, Fernão e seu irmão Diogo Soares, que aparecem sempre intimamente associados, pessoal e comercialmente, tiveram mesmo de fugir de Olinda, andando "homiziados e ausentados desta vila por casos seculares", segundo o flamengo André Pedro que lhes servia de caixeiro na loja, "tendo na sua mão todas suas fazendas de mercancia e correndo com elas". É tudo o que se sabe deste acidente de percurso na carreira vitoriosa deste cristão-novo de Viana. Não há, aliás, referências a seus primos André e Diogo na documentação inquisitorial e deles sabemos graças à genealogia de Borges da Fonseca. A despeito das denúncias relativas ao judaísmo dos irmãos, ambos parecem ter-se comportado de maneira bastante prudente, a começar pelo casamento de Fernão com cristã-velha das famílias principais da capitania, o que terá sido para ele uma forma de promoção e de integração social. De um dos seus engenhos, sabe-se que dispunha de capelão e de capela dedicada a Nossa Senhora do Rosário, o que não é detalhe irrelevante, pois ainda ao tempo da invasão holandesa nem todos os engenhos estavam dotados de ermidas. As acusações contra os irmãos não tiveram nem a gravidade nem a frequência das delações contra outros cristãos-novos; em nenhum momento foram associados a práticas judaizantes como as que alegadamente tinham lugar desde há muitos anos no engenho Camaragibe. Em relação ao visitador e à visitação, mantiveram uma atitude discreta, de baixo relevo, mas diga-se em seu favor que, ao contrário de outros cristãos-novos, não procuraram fazer-se agradáveis ou espertos, indo denunciar correligionários. Fernão só compareceu perante Furtado de Mendonça quando convocado em conexão com o processo de Simão Falcão, cristão-velho, que Fernão procurou, aliás, defender da imputação de ter duvidado da competência do bispo para conceder dias santos. Demasiado breve, seu testemunho não conteve infelizmente, como tampouco o de Diogo, igualmente intimado, os elementos de identificação que permitiriam confirmar sua origem vianense e determinar filiação, idade, etc. No processo do seu escravo, Fernão não foi sequer incomodado, tendo Diogo se encarregado de dar as explicações ao Santo Ofício.

Fernão Soares empregou José como caldeireiro do engenho Velho, onde habitualmente residia com a família quando não se encontrava na sua casa de Olinda. Aqui nos defrontamos com uma questão de terminologia. Ocorre que a palavra "caldeireiro" passou por um enriquecimento de significado no Brasil. Em Portugal, ela designava o artesão que fabricava ou consertava caldeiras e instrumentos de cobre. Aqui, passou também a denotar o trabalhador que labutava nas caldeiras do engenho, e esta é a acepção que lhe confere Antonil nos começos do século XVIII: sua função consistia em escumar o caldo que fervia nas caldeiras. Neste sentido, distinguia-se do tacheiro, que se ocupava dos tachos. Mas em meados de Setecentos, Loreto Couto ainda utilizava a palavra caldeireiro, no contexto da fabricação do açúcar, no sentido primitivo do Reino. Foi nesta primeira acepção que José ainda a empregou e que posteriormente corresponderá à de ferreiro. É o que se depreende do passo do seu depoimento quando refere que "alguns quinze dias antes que fosse preso pelo Santo Ofício, estava trabalhando em um pouco de ferro, porque ele é caldeireiro no engenho do seu senhor", etc. Quinze dias da prisão, verificada a 21 ou 22 de junho de 1595, nos leva aos primeiros dias do mês, época de chuva, quando a moagem há muito já cessara, estando todo o engenho ocupado no "apontamento", isto é, na revisão e reparação do equipamento com vistas à próxima safra.

Sabemos por Antonil que as caldeiras e tachos desgastavam-se enormemente, especialmente na base, mais exposta às labaredas, razão pela qual "nos engenhos reais, que moem sete e oito meses do ano, se tornam a refazer todos os fundos das caldeiras e tachas". Por ano, chegava-se a gastar três fundos por caldeira, sem falar na quantidade de metal que se utilizava em outras atividades do engenho, suficientes para ocupar o tempo de trabalho de um homem. Em outras fábricas, ao tempo de Fernão Soares como depois, empregavam-se artífices brancos e homens livres no mister. Por outro lado, não é provável que a tarefa de escumador, das mais importantes no processo de produção, fosse confiada a um escravo vindo do Reino sem experiência do ofício. Para esta função, os africanos experientes importavam-se não de Portugal, como José, mas dos centros açucareiros da Madeira e São Tomé, como indicou Stuart Schwartz.

José não se deu bem no engenho Velho. Provavelmente estranhou, escravo nascido e criado em meio urbano, as formas ainda mais duras da escravidão rural, a convivência forçada com escravos índios e, quando africanos, portadores de uma cultura que seguramente já nada lhe dizia ou lhe dizia muito pouco. Em Beja e em Lisboa, ainda pudera desfrutar o módico de liberdade inerente à vida dos artesãos e dos negros de ganho, o espetáculo das ruas após as horas de trabalho, as cerimônias públicas e as festividades religiosas, os contatos com outros escravos já nascidos como ele em Portugal. Seu desajustamento só fez crescer. Esta nostalgia da vida citadina, que ironicamente José compartilhava não com os outros negros de Fernão Soares mas com os seus senhores, e, em geral, com a grande maioria da população reinol no Brasil, reponta nas entrelinhas de seu processo, indicando que ele vivia à cata de oportunidade e pretexto para viajar a Olinda, miniatura tropical de Lisboa.

Mas sua queixa principal dizia respeito à insuficiência da alimentação que lhe davam no engenho e aos castigos que recebia, donde a intenção que formou de livrar-se do senhor. Certo dia, ele mesmo é quem narra,

> estando trabalhando em um pouco de ferro [...] e tendo muita fome, mandou pedir de comer à sua senhora, dona Catarina, a qual lhe mandou dizer que comesse do ferro, pelo que ele, réu, sendo então à noite, com muita fúria e agastamento, disse que se dava a todos os diabos e que se pudesse dar um membro ao diabo por se tirar daquela casa, que o daria, as quais palavras disse então por três vezes, tendo tenção e propósito conforme as mesmas palavras soam, desejando de verdade que os diabos o viessem tomar e levar e desejando de propósito dar um membro ao diabo por se tirar de casa do dito senhor.

A blasfêmia a que era dado José constituía uma das mais graves no rico elenco de imprecações do português de Quinhentos. Perante o visitador, ele escusou-se da seriedade da falta, aduzindo que,

> como acabou de dizer as ditas palavras com dito propósito, começou ele, réu, a temer e haver medo, estando só, e chamou logo pelo mestre da caldeiraria, que estava seu vizinho parede em meio, que lhe tinha ouvido as

COMO MANIPULAR A INQUISIÇÃO

ditas palavras porque as disse ele, réu, tão altas que lhas ouviu ele [...], o qual mestre lhe acudiu logo e o repreeendeu [...] então ele, réu, entendendo seu erro, começou a chamar por Jesus e pela Virgem Maria.

Esqueçamos a desculpa meio esfarrapada para concentrar a atenção no essencial do texto, quando José deixa claro haver sido nesta ocasião que concebeu o projeto de escapar ao senhorio de Fernão Soares. Mas fugir para onde? Em 1595, não havia alternativas. Para o mato, não era tão óbvio quanto será alguns decênios depois quando existirem quilombos e fugas frequentes. Os mucambos que surgiam nos extremos da fronteira agrícola, ali onde os canaviais e as roças de mantimento cessavam, tinham vida curta nem ofereciam segurança contra o ataque dos senhores. Ademais, para José, escravo urbano, a mudança não representaria progresso comparada à existência no engenho. O provável é que lhe tivesse ocorrido a ideia de mudar de dono, passando ao serviço de um daqueles negociantes ou artesãos instalados em Olinda, onde as oportunidades tampouco eram boas pois a criadagem olindense compunha-se maciçamente de reinóis e de índias.

A entressafra oferecia a ocasião para a escapada, o que explica que José cale ao visitador a razão da sua presença na vila em meados de junho de 1595. Provavelmente, terá sido encarregado de buscar em Olinda alguma quantidade de ferro para seu ofício, tanto assim que se dirigiu à residência urbana de Fernão Soares.

Um dia sábado, tendo fome em casa de seu senhor, desceu a uma loja sua e tomou umas poucas de sardinhas de pilha para comer, pelo que, sendo visto, o dito seu senhor o mandou meter na cadeia pública desta vila.

A reação de Fernão Soares não deixa de surpreender, já que o normal teria sido castigá-lo privadamente em vez de entregá-lo à justiça pública como ladrão, privando-o dos seus serviços. O provável é que o senhor estivesse disposto a livrar-se de tão incômodo indivíduo, mesmo incorrendo em prejuízo. O recado de dona Catarina, que "comesse do ferro",[1] já manifestava a

---

[1] D. Catarina parece ter sido, aliás, pessoa de maus bofes. Em começos do século XVII, ela

grande irritação da casa-grande, irritação que Diogo Soares explica, ao informar o visitador de que "ao dito mulato dão de comer em casa de seu irmão mas [...] ele é mau e das más manhas e [...] por isso o castigam". Se José já tinha um plano, ele parecia ter ido por água abaixo, donde a cólera que o tomou na prisão, dando lugar ao incidente que o fará, pela primeira vez, prender e processar pela Inquisição. Na cadeia pública de Olinda, também se encontravam detidos Gonçalo Dias e Lourenço Rodrigues, alfaiates estabelecidos na ladeira da Misericórdia, o primeiro, reinol de Braga, o outro, natural de Pernambuco, acusados de não haverem comparecido à "vigia", isto é, ao serviço de sentinela que se organizara na vila para repelir o eventual ataque dos piratas ingleses de James Lancaster, que haviam ocupado e saqueado o Recife no mês anterior. Gonçalo e Lourenço delataram ao visitador

> um mulato chamado José, escravo de Fernão Soares [...] Uma noite, não lhe lembra qual, de um sábado, se agastou o dito José sobre sua prisão e, dizendo-lhe um preso que melhor estaria ele no chafariz d'El Rei em Lisboa [principal fonte pública da cidade e local predileto de ajuntamento de escravos], José respondeu que melhor estivera em casa de todos os diabos, e sendo repreendido que arrenegasse do diabo, disse mais que arrenegava de seu pai e de sua mãe e que arrenegava de Cristo e da Virgem Maria, e tornando a ser repreendido, tornou a dizer segunda vez que arrenegava de Cristo e da Virgem Maria.

Segundo o esclarecimento de praxe, "o dito José estava em seu siso e não estava bêbado". Com base nestas denúncias e nas correspondentes ratificações, o visitador expediu dias depois ordem de prisão contra o escravo, vista "a qualidade da culpa e do réu", sua condição de blasfemador e de escravo. Transferido para o cárcere do Santo Ofício, José será inquirido pela pri-

---

seria acusada pelo filho e pelo genro de cometer adultério com um médico, Manuel Nunes, que a fim de casar-se com ela teria ministrado a Fernão Soares certas mesinhas que o haviam matado. El Rei mandou o governador-geral apurar o assunto mas não se conhece o resultado. O certo é que, àquela altura, o engenho Suassuna era propriedade do filho de Fernão. Quanto ao "licenciado Manuel Nunes", surge em documento bem posterior como senhor de engenho na freguesia.

meira vez, não se fazendo de rogado e confirmando em detalhe a acusação dos alfaiates:

> disse que se dava a todos os diabos e que não era cristão e que era renegado e que renegava de Deus; e logo os presos [...] o repreenderam, dizendo-lhe que se encomendasse a Deus. Então ele, réu, tornou a dizer que tornava a renegar de Deus e que os diabos levassem a ele, réu, e que isto só é o que lhe lembra que disse, de maneira que a dita blasfêmia de arrenegar de Deus disse duas vezes [...] uma antes e outra depois de repreendido pelos presos; e que quanto ao dizer que os diabos o levassem, isto disse muitas vezes, antes e depois de repreendido. E assim também depois de repreendido, tornou a dizer que não era cristão e que era arrenegado, as quais palavras disse por três ou quatro vezes.

Como habitual nos processos inquisitoriais, José solicitou a benevolência do Santo Ofício, porque

> todo o sobredito ele disse com muita cólera, sem ter atenção, conforme o que as palavras soam e sem ser o que nelas dizia, porque ele é bom cristão e nunca foi arrenegado e sempre no seu coração teve firme a fé de Deus Nosso Senhor e nunca teve tenção de a deixar nem de descrer de Deus e sempre nele creu e crerá para todo sempre e que nunca teve tenção de se entregar aos diabos nem de querer que os diabos o levassem e que das ditas culpas pedia perdão.

Passado um mês, José confirmou o teor dessas declarações, na segunda sessão a que foi submetido, a chamada "sessão de genealogia", porque nela a prática inquisitorial procurava destrinçar os parentescos do réu, à cata de ligações de família que pudessem comprometer sua ortodoxia católica. José fez questão de notar que, se arrenegara de Deus, não o fizera de Jesus nem da Virgem Maria, referindo ademais as blasfêmias proferidas no engenho.

Convencida da sinceridade da sua confissão e tendo em vista "outras mais considerações pias que se tiveram", a mesa decidiu condená-lo a "abjurar *de levi*, suspeito na fé", a sair em auto público, no estilo de praxe, "descalço, a corpo desbarretado, com uma vara atravessada na boca e com uma vela acesa na mão", e, em seguida, a ser "açoitado publicamente por esta vila", além de pagar as custas do processo e de cumprir as penitências espirituais, confessando e comungando pelo Natal, Páscoa, Espírito Santo e Assunção de Nossa Senhora. A sentença foi executada por ocasião do segundo auto de fé celebrado em Olinda a 10 de setembro de 1595. Da flagelação, encarregaram-se as autoridades civis, o alcaide, o escrivão e os dois porteiros da Câmara Municipal, os quais, ao longo das ruas, vergastaram José ao som do pregão da "justiça que manda fazer El Rei Nosso Senhor, por sentença da mesa do Santo Ofício, manda[ndo] açoitar este homem por se oferecer aos diabos com desejo de ser levado dos diabos e de lhes dar um membro e por blasfemar blasfêmias heréticas".

Mas a estória não termina aqui e é partir de agora que recobra de interesse humano. José permaneceu em Olinda a fim de fechar suas contas, espirituais e financeiras, com a Inquisição. Eis que, decorridas duas semanas da punição humilhante, ele reincidia e, desta vez, não no recesso da cadeia ou da residência citadina do seu senhor, mas, o que é intrigante, publicamente, num dos lugares centrais da topografia social da vila, nada menos que o adro da igreja matriz do Salvador; e na presença, não de indivíduos obscuros ou de pessoas de condição subalterna, como o mestre caldeireiro do engenho ou os alfaiates que o haviam delatado, mas perante grupo seleto de notáveis locais. Na manhã de 26 de setembro, o padre Gaspar Soares Figueiroa, o juiz ordinário João Velho Prego, Francisco de Sá, Gaspar Maciel e o irmão de Fernão Soares, Diogo Soares, conversavam tranquilamente quando José passou por eles. Irritado por vê-lo, Diogo mandou-o de volta à casa, mas o escravo teve uma explosão de cólera, exclamando alto e bom som: "Dou-me a todos os diabos e arrenego de Deus e da Virgem Maria".

Ato contínuo, foi cercado pelos presentes que, indignados com o desaforo ao sagrado, que era também um desaforo a eles mesmos, homens de prol, "pegaram dele", isto é, bateram-lhe, conduzindo-o à residência do visitador, próxima dali, na rua Nova, onde foi recolhido ao cárcere inquisitorial. Desta vez, a incontinência blasfematória fora visivelmente calculada e é no decurso deste episódio que vislumbra o verdadeiro motivo da atitude deliberadamente provocativa de José. Segundo o depoimento de João Velho Prego, o escravo exprimira então o desejo de que "o mandassem logo para as galés", o que fez nascer no magistrado a convicção de que ele "de propósito busca ocasião de o tirarem da casa de Fernão Soares e de o mandarem caminho de Portugal". Ser mandado a galés significava ser condenado a remar nestas embarcações do serviço real, castigo reputado especialmente penoso e para os homens livres, irremediavelmente infamante.

O visitador, que já estava arrumando suas arcas de papéis para regressar a Portugal, teve de reabrir o processo de José, o que era obviamente o objetivo do escravo. Este apressou-se em reconhecer haver proferido novas blasfêmias, o que lhe era essencial mas, de passagem, ofereceu explicação que comprometia habilmente Diogo Soares. Tendo ido à casa do coadjutor da matriz para obter absolvição pelos anos que passara sem se confessar, este o mandara adquirir um arrátel de cera. Ao cruzar o adro, Diogo, "enfadado de ele, réu, se deter nesta vila e não ir para a fazenda, se agastou e lhe disse que o dava a todos os diabos", ao que ele, José, replicara no mesmo tom, dando-se também aos diabos e arrenegando de Deus, o que, confessou, "disse de propósito, querendo que os diabos o levassem, e isto pelo mau tratamento e má vida que leva na casa de Fernão Soares, o qual não dá de comer aos seus negros". A acusação de blasfêmia contra Diogo era provavelmente falsa; nenhum dos circunstantes reportou-a, mas ela implicava que Diogo, cristão--novo notório, o tentava impedir de cumprir com suas obrigações religiosas.

O visitador convocou, pois, Diogo, que esclareceu vir há dias insistindo com José para que se confessasse, seguramente menos por zelo católico do que para que retornasse prontamente ao engenho, que naquele final de setembro já estaria certamente moendo. O escravo, por sua vez, fazia corpo mole, procurando prolongar sua estada em Olinda, a pretexto das penitências a que ficara obrigado, na realidade para executar o plano que concebera. Na manhã do incidente no adro da matriz, e aqui retomamos o depoimento de Diogo, voltara a insistir para que se despachasse, ouvindo a desculpa de que "havia mister muitos dias para se aparelhar", ou seja, para preparar-se espiritualmente. Diogo admite haver-se irritado, após o que José começara a lançar suas maldições. À pergunta do visitador sobre as queixas de mau trato e de alimentação insuficiente, Diogo negou-as redondamente, aduzindo haver sido informado por

algumas pessoas [...] que o dito José dizia lá por fora que havia de fazer que o mandassem às galés e tirassem da casa de Fernão Soares, por onde lhe parece que o dito José com as ditas blasfêmias pretende que o mande fora da casa de Fernão Soares.

Novamente convocado, o escravo abriu finalmente o jogo, pedindo a Furtado de Mendonça que "mandassem a seu senhor que o venda, porque ele, réu, leva muito mau trato em sua casa", providência que não era propriamente da alçada do Santo Ofício, reconhecendo que "ele deseja antes de ir para as galés para sempre que estar em casa de Fernão Soares, mas que quando ele blasfemou não advertiu a este propósito", desculpa imprescindível ao êxito da sua manobra e aceitável para o episódio da cadeia mas não para o incidente do adro.

A mesa da Inquisição atendeu-lhe a reivindicação, degredando-o "para as galés do Reino para nelas servir e remar, sem vencer soldo", com a obrigação de se confessar nas quatro festas do ano e na Quaresma. Antes, porém, de lhe fazer a vontade, impôs-lhe, na missa do dia e na presença dos fiéis e dos curiosos, o castigo de assistir à celebração, de "vela na mão, descalço, despido da cinta para cima, com um baraço ao pescoço, com uma vara atravessada na boca, com uma carocha infame na cabeça". Para terminar, José foi segunda vez açoitado pelas ruas de Olinda, apregoando-se, para informação e exemplo dos transeuntes, tratar-se da

justiça que manda fazer El Rei Nosso Senhor, por sentença da mesa do Santo Ofício, [que] manda açoitar este homem pelas ruas públicas desta vila e degredá-lo quatro anos para as galés do Reino, porque tornou outra vez a dizer que se dava aos diabos, querendo que os diabos o levassem, e tornou a dizer que arrenegava de Deus e de Santa Maria, depois de ser já castigado uma vez por outras tais culpas.

José foi levado para a cadeia pública, de onde seguiria para o Recife a embarcar-se vá ver que no mesmo navio em que o visitador, que, encerrada sua missão na terra, regressava também a Lisboa.

O caso de José ilustra excelentemente a tese de Stuart Schwartz sobre a capacidade marginal de barganha do escravo face a seu senhor. "No interior da relação senhor-escravo havia espaço para manobras", escreveu. Na estória que narrei, o processo foi até mais complexo, ao envolver um terceiro parceiro, o Santo Ofício, cuja mediação José soube manipular em prol de uma mudança não da sua condição servil mas da sua melhoria dentro dela, ou do que ele acreditava ser uma melhoria, explorando em seu favor a posição embaraçosa de uma família cristã-nova perante a Inquisição. É, aliás, significativo que não conste do processo qualquer indício de resistência do proprietário à ideia de mandar sua propriedade para as galés, apesar das consequências financeiras. Seu estado de cativo não foi modificado pelo ato da mesa e, portanto e em princípio, deveria retornar à posse do senhor ao fim dos anos de galés. Não se conhece o fim da novela, mas pode-se apostar que José não reviu jamais o Brasil que detestou. O provável é que, cumprida a pena, Fernão Soares o tenha mandado vender por seu agente em Lisboa; ou que, ajudado pela mulher, que, como se recorda, era liberta, tenha conseguido sua manumissão; ou ainda que, esquecido de todo, tenha continuado a servir no setor público, pelo qual, como poderia observar um humorista, manifestara tão clara preferência.

15.

Republicanismo no Brasil holandês

Um dos mais tenazes tópicos historiográficos pretende que a precocidade do republicanismo pernambucano deveu-se à contaminação ideológica decorrente do domínio holandês. Creio que foi Robert Southey o primeiro a formulá-lo ao expor na *História do Brasil* a origem da sedição da nobreza de 1710, o que requeria, segundo ele, levar-se em conta "a longa convivência do povo com os holandeses". Da sua obra, a conexão transitou para os livros de viajantes estrangeiros, a começar pelo da sua compatriota Maria Graham. Em meados de Oitocentos, o historiador alemão Handelmann reelaboraria a ideia, afirmando que "a ligação havida com a República das Sete Províncias Unidas [dos Países Baixos] não estava esquecida em Pernambuco; e, embora nunca houvesse sido estimado o governo holandês, e a sua volta, jamais desejada, contudo as formas do Estado holandês, que se havia então aprendido a conhecer, achavam muitos adeptos". Em princípio, nada obsta a que um lugar-comum seja também veraz. Mas será o caso deste? A resposta deve começar pelo exame do que era o republicanismo neerlandês ao tempo da ocupação do Nordeste.

Nos Países Baixos, a formulação republicana a nível doutrinário deu-se tardiamente e de maneira *sui generis*. Os oitenta anos da guerra de Independência contra a Espanha (1568-1648) desviaram a atenção dos publicistas batavos para a defesa da legitimidade da revolta contra Felipe II, não para a justificação de um regime cuja cúpula permanecerá indefinida por algum tempo. Que as Províncias Unidas se tenham tornado república, não resultou de prévia opção ideológica mas só se impôs em face do esgotamento das alternativas monárquicas aventadas ao tempo de Guilherme o Taciturno e depois do seu assassinato. Ratificada a União de Utrecht (1579), que estabeleceu o mecanismo confederativo, com base nos Estados Gerais e criado com vistas à segurança externa contra o inimigo espanhol, a definição constitucional permaneceu durante muito tempo uma questão de somenos importância. Esta ficara reduzida à titularidade da chefia do Estado, do momento em que uma série de improvisações felizes haviam adaptado instituições puramente provinciais às necessidades nacionais, como ocorrera com as funções de *stathouder* e de Pensionário da Holanda, criando na prática um sistema próprio de equilíbrio de poderes.

Os pilares desta concepção da ordem política eram, de um lado, a recém-conquistada liberdade religiosa, a qual, mercê da Reforma, representou por excelência a modalidade conferida nas Províncias Unidas à noção de liberdade individual, ao invés do que ocorria com as doutrinas republicanas predominantes, de origem florentina, em que ela correspondia sobretudo ao conceito de autonomia do cidadão relativamente à teia de dependências que podia comprometê-la, afetando, por conseguinte, a qualidade da vida cívica. De outro, a preservação das antigas instituições representativas existentes nas cidades e nas províncias, as quais, havendo longamente coexistido com a monarquia da Casa de Borgonha e depois com o Estado supranacional de Carlos V, haviam sido atacadas pelo centralismo castelhano de Felipe II. Só quando, em meados do século XVII, aguçou-se o antagonismo entre a oligarquia urbana da província da Holanda e as pretensões dinásticas da Casa de Orange, que gozavam de grande apoio popular, é que veio a ser articulada uma doutrina rigorosamente republicana, na obra dos irmãos De la Court e sobretudo de Spinoza. A esta altura, porém, o Brasil holandês já era o *verzuimd Brazilie* do poema de Vondel, isto é, o Brasil perdido pela incúria.

O republicanismo pragmático das Províncias Unidas foi sempre para consumo doméstico, não para exportação, motivo pelo qual não se curou de fazer proselitismo republicano na colônia brasileira, da mesma maneira pela qual a política religiosa de Nassau e dos dirigentes da Companhia das Índias Ocidentais, a qual neste ponto seguia a atitude do patriciado citadino da República no tocante à substancial comunidade católica da metrópole, fez ouvidos de mercador às pressões da hierarquia calvinista para reprimir o catolicismo no Nordeste. Outro fator a inibir a transplantação de valores republicanos para o Brasil holandês consistia em que eles eram parte de uma cultura que a população de origem portuguesa repudiava em bloco, não só em nome das suas crenças políticas como também em defesa da sua religião e do seu estilo de vida. A ausência de monarca na cúpula do sistema intrigava os colonos luso-brasileiros; e eles viam nesta circunstância razão adicional para repudiar os holandeses, que, ademais de heréticos, eram também homens sem rei. Mais do que a condição de súditos de uma república, doía-lhes a de vassalos de uma empresa particular e mercantil, a qual, salvo Nassau, que soube tirar partido do seu rango aristocrático para tornar-se popular, achava-se representada, nos vários níveis institucionais, por indivíduos de extração popular, como foi particularmente o caso da junta que substituiu o conde e que estava composta daqueles "quatro pícaros flamengos", da indignação de Fernandes Vieira.

A despeito de domínio colonial de uma república, o sistema de governo implantado pelos batavos no Nordeste nada tinha de incomodamente republicano para sensibilidades monárquicas, pois não ocorrera transplantação de instituições políticas neerlandesas. Se a posição de Nassau como "governador, capitão e almirante general", detentor, portanto, do supremo poder político e militar, podia ser aproximada à do *stathouder* da metrópole, ela podia ser assimilada, por parte dos colonos portugueses, à do governador-geral da Bahia, personalidade que a capitania se habituara a ver periodicamente em Olinda nas primeiras décadas de Seiscentos. Sequer causou-lhes espécie a forma de governo civil colegiado que antecedera e sucedera o de João Maurício, de vez que, na ausência do soberano em Madri, Portugal fora governado por juntas no decurso do primeiro terço do século.

Por conseguinte, a insatisfação luso-brasileira no tocante ao governo holandês do Recife nada teve a ver com um caráter republicano inexistente na esfera administrativa, mas com a sua condição de domínio colonial dotado de aparelho burocrático, de complexidade desconhecida em capitania até então donatarial, acostumada, por conseguinte, ao exercício remoto e frouxo do poder central do monarca. Daí que, restaurado o domínio português no Nordeste e transformado Pernambuco em capitania régia, o descontentamento não será menor com os representantes d'El Rei do que havia sido com os agentes da Companhia das Índias Ocidentais, reputados pela cupidez insaciável atribuída à nação holandesa mas que nada ficará a dever à das autoridades portuguesas.

No tocante à administração local, os holandeses não implantaram no Brasil a administração municipal à maneira da metrópole, vale dizer, o *vroed-*

schap, que se encarregava da gestão citadina e que, através dos seus escabinos (*schepenen*), exercia também competências judiciárias de primeira instância. E não o fizeram seguramente pela simples razão de que um dos pressupostos do sistema constitucional das Províncias Unidas via nas cidades o depositário último da soberania, que, no caso de uma colônia como o Brasil, fora delegada na Companhia das Índias Ocidentais. O governo holandês do Recife limitou-se a instalar câmaras de escabinos, renovados anualmente. Aqui como nos Países Baixos, a função dos escabinos foi exclusivamente judiciária, correspondendo a um tribunal civil e criminal de primeira instância.

Ocorreu, portanto, que as preexistentes câmaras municipais portuguesas foram tranquilamente transformadas em câmaras de escabinos, segundo o modelo neerlandês, compondo-se geralmente de três luso-brasileiros e de dois holandeses, de cujas decisões podia-se recorrer ao Conselho Político, ou de Justiça, do Recife. Em livro intitulado *Fórmulas políticas no Brasil holandês*, Mário Neme assinalou, com razão, que, sob o domínio batavo, "a instituição do governo local perdeu a sua principal característica, a de órgão de administração da comuna", tornando-se órgão puramente judiciário, que julgava os litígios em pleno, ao passo que, sob o sistema português, as sentenças emanavam de juízes ordinários, deliberando cada um por si. Com efeito, competências administrativas foram negadas até mesmo à Câmara de Olinda, posteriormente transferida para o Recife, a qual, por ser a principal, havia pleiteado a criação de cargos de burgomestres. Se lhe foi permitido criar o cargo de pensionário, este, reduzido ao âmbito especializado dos escabinos, achou-se relegado ao papel de mero assessor jurídico, ao passo que nas Províncias Unidas a função possuía competências mais amplas, em que não cabe entrar aqui.

No empolgamento da sua tese, Mário Neme deu-lhe, porém, um escopo excessivo, pretendendo que "a instituição do governo local no Brasil holandês marcou um nítido retrocesso, do ponto de vista das *conquistas democráticas* [*sic*], em confronto com o regime vigorante no Brasil português". Ao reagir contra a idealização do "tempo dos flamengos", ele cometeu o pecado oposto de idealização do sistema municipal português, em que enxergou "um caráter democrático indiscutível, mas ainda um razoável grau de autonomia, desconhecido em países mais evoluídos da época [*sic*]". Na realidade, a ideia que ele fazia do regime lusitano de administração local parece inspirada em três fontes, todas passíveis de falsear-lhe a natureza pelo que toca ao Brasil seiscentista: em primeiro lugar, na leitura das *Ordenações*, texto normativo, que, por conseguinte, não determinava integralmente a prática; em segundo, noutra idealização, a liberal e oitocentista com que Alexandre Herculano descrevera não o regime municipal lusitano de Quinhentos e ou de Seiscentos mas o da Idade Média; e, em terceiro, na consulta das atas da Câmara de São Paulo. E, contudo, quando o livro de Mário Neme foi publicado em 1971, havia seis anos os estudiosos do tema já dispunham da análise comparativa de C. R. Boxer, intitulada *Sociedade portuguesa nos trópicos*, que teria desfeito muitas das ilusões do autor.

Mário Neme descambou assim para o otimismo de supor que a autonomia dos municípios portugueses fosse maior que a das próprias cidades holandesas, ou o de que, ao contrário dos escabinos, os vereadores possuíssem formação jurídica. Ou de afirmar a inexistência de intromissão dos representantes da Coroa na escolha dos vereadores, quando certas câmaras, como a da Bahia, tinham de submeter seus membros à aprovação do vice-rei, segundo a fórmula aplicada em Goa; e quando, no próprio Reino, a escolha dos vereadores das cidades mais populosas estava sujeita ao veto do Desembargo do Paço. Ou de pretender que os conselhos lusitanos gozassem de maior representatividade, sendo, portanto, mais favoráveis à mobilidade social numa época em que a ascensão pessoal era medida pela participação nos chamados cargos de honra. Daí que sua descrição do regime português resulte verdadeiramente idílica.

A única novidade institucional que parece ter calado no espírito dos colonos luso-brasileiros foi a assembleia realizada no Recife em 1640, como indica o fato de que, traduzidas para a língua portuguesa, suas atas ficaram conservadas por muito tempo nas câmaras ou em poder de particulares. Tanto bastou para que a historiografia nativista visse apressadamente a existência de instituições representativas de tipo oitocentista de que nos teria dotado o domínio batavo. Na realidade, os 56 participantes luso-brasileiros haviam sido escolhidos pelo governo holandês com base na sua condição de escabinos (12) ou de notáveis dos seus respectivos distritos (44). Ademais, para serem postas a voto as propostas formuladas pelos membros ficavam dependentes da aprovação da presidência neerlandesa. Quanto à exigência de se aprovarem preliminarmente as proposições governamentais para só então passar-se ao exame das reivindicações da Assembleia, cabe lembrar não ser outra a prática das Cortes portuguesas. A despeito destas e de outras limitações, à assembleia conferiram-se funções propriamente legislativas, de vez que, aprovadas, as proposições deviam vigorar como leis e ser observadas como tais.

É preciso, aliás, ter muito cuidado quando se utiliza o conceito de representação no tocante ao Antigo Regime. Nem as Cortes portuguesas nem os Estados Provinciais neerlandeses da época eram representativos na acepção atual da palavra, embora o fossem em termos de uma sociedade de ordens. As restrições estabelecidas pelas autoridades batavas às deliberações da Assembleia não foram certamente maiores que as impostas às Cortes portuguesas e aos parlamentos europeus pelas respectivas monarquias, ao menos naqueles em que, para usar a tipologia de Otto Hintze, prevaleceu o sistema das "três cúrias" (clero, nobreza e povo) sobre o bicameral triunfante na Inglaterra, no qual este autor enxergou o ascendente do sistema parlamentarista.

Em Portugal, malgrado uma consciência viva da diversidade física do Reino, não existiam, como assinalou Nuno Gonçalo Monteiro, "poderes formalizados de âmbito regional": nem "direitos regionais, nem instituições próprias das províncias, nem tampouco comunidades linguísticas acentuadamente diversificadas". Ora, como assinalou Joaquim Romero de Magalhães, "o poder local é a-regional e anti-regional". Não é para desdenhar-se, por conseguinte, o fato de que, graças à Assembleia de 1640, o âmbito municipal das câmaras portuguesas via-se, pela primeira vez, abrangido por uma estrutura de alcance territorial muito mais amplo, a qual se aproximava das assembleias coloniais do Império britânico no Caribe e na América setentrional. Naquela ocasião, os habitantes das capitanias sob domínio holandês usaram, também pela primeira vez, o direito de petição coletiva, não individualmente ou através das Câmaras, precedente que será seguido, quando da guerra de restauração e mesmo depois, pelos memoriais que os moradores das "capitanias do norte do Estado do Brasil" endereçarão a El Rei.

Neste sentido, o sistema conselhio português foi um obstáculo à articulação e à defesa de interesses (e eles eram fundamentais) que extrapolavam o círculo acanhado do município, constituindo-se em aliado importante do regime colonial. As consequências danosas de semelhante limitação só serão plenamente percebidas ao tempo da Independência, quando a Corte do Rio passar por cima das aspirações provinciais representadas nas juntas provisórias criadas pelas Cortes de Lisboa, para apelar diretamente às câmaras municipais. Mas em Pernambuco, no decorrer do período colonial, tentou-se em diferentes ocasiões recorrer a âmbitos de representação mais amplos, que englobassem a capitania. Em 1663, foi o próprio governador Brito Freyre, grande admirador de Nassau, que convocou uma reunião de todas as câmaras pernambucanas para discutir as modalidades da cobrança do imposto recém-lançado pela Coroa para o pagamento do dote de D. Catarina de Bragança, precondição da aliança inglesa, e para a indenização dos Países Baixos pela perda do Nordeste. No decurso da segunda metade do século XVII, foi a Câmara de Olinda que reivindicou poderes supramunicipais, com base nas competências fiscais que exercia desde a guerra holandesa. Por fim, foi a sedição da nobreza de 1710 que organizou o conclave de pró-homens de Pernambuco e de Itamaracá para discutir a solução institucional a ser dada à vacância de poder criada pela fuga do governador.

16.

O mito de Veneza no Brasil

A favor da tese de que o republicanismo dos Países Baixos não fez grande impressão entre seus ex-colonos do Nordeste, pode-se invocar o fato de que, quando se propuser, ao tempo da Guerra dos Mascates, o estabelecimento de uma república, o modelo que se terá em vista será o veneziano. Os historiadores nunca disfarçaram sua estranheza diante do fato. Afinal de contas, por que Veneza, quando se tinha a experiência ainda fresca de outro figurino republicano, o holandês, a quem, desde a obra de Southey, tendia-se a atribuir a precoce inclinação pernambucana pelo republicanismo? Na realidade, o projeto natimorto de 1710 oferece certo interesse em termos da história das ideias políticas, por constituir a única encarnação conhecida na América portuguesa do que se designou por "mito de Veneza". E digo única encarnação porque nossas inconfidências de fins de Setecentos, assim como a Revolução de 1817, já tiveram lugar sob o signo da Revolução Francesa e da Constituição americana.

No pensamento político dos séculos XVI e XVII, o regime veneziano constituiu o paradigma republicano por excelência, suplantando inclusive o precedente, mais ilustre, da Antiguidade clássica, que era o de Roma entre a abolição da monarquia e o principado de Augusto, o qual, aliás, merecera a preferência de Maquiavel, que nos *Discursos sobre as décadas de Tito Lívio*, considerara-o superior ao sistema institucional vigente na cidade de São Marcos. O mito de Veneza influenciou até mesmo a Holanda do Século de Ouro, a Inglaterra de Cromwell e, através dela, os pais fundadores dos Estados Unidos, consoante a genealogia doutrinária reconstruída por J. G. A. Pocock em obra fundamental de história da linguagem política.

Em que consistia este mito de Veneza, que vemos aflorar nas veleidades republicanas de um rico colono pernambucano da virada de Seiscentos para

Setecentos? Desde 1297, a Sereníssima, como ela virá a ser designada em homenagem à sua solidez política, era governada por um sistema composto de amplo órgão representativo, o Conselho Grande, a quem cabia eleger os ocupantes dos principais cargos da República; de um corpo limitado, o Senado, a quem competiam as decisões em matéria financeira e de política externa; e do chefe do Estado, o Doge, assessorado por seu conselho. O movimento oligárquico que produzira a Constituição de 1297 coroara sua obra mediante o fechamento do corpo eleitoral, que ficara definitivamente limitado aos membros das famílias que já o formavam àquela data. Por detestável que semelhante limitação pareça hoje à nossa sensibilidade democrática, tal regime deu a Veneza seis séculos de estabilidade política, o triplo do tempo que já vem durando a Constituição dos Estados Unidos, que representa para nossos contemporâneos o grande exemplo de continuidade institucional. Assim como esta última influenciará decisivamente os republicanos de 1817 e de 1824, a Constituição veneziana inspirou o projeto republicano de 1710.

Não seria crível, porém, que alguns colonos estivessem a par do sistema veneziano se uma prestigiosa corrente do pensamento político europeu não se houvesse encarregado de mitificá-lo, ao menos a partir de finais do século XIV, quando Vergerio escreveu seu *Fragmento sobre a República de Veneza*, em que explicava a superioridade de suas instituições pela combinação de monarquia, aristocracia e democracia, representadas respectivamente pelo Doge, pelo Senado e pelo Grande Conselho. Escusado aduzir que o republicanismo italiano do Renascimento continuava dominado pela teoria política de Aristóteles e pela elaboração que lhe dera Políbio, historiador grego do segundo século antes de Cristo. Aristóteles, como se sabe, distinguira três formas puras de governo, o governo de um, o governo de poucos e o governo de muitos, descrevendo igualmente suas formas degenerativas, a monarquia que se estiola em tirania, a aristocracia, em oligarquia, a democracia, em anarquia. A novidade de Políbio consistiu em acoplar à teoria aristotélica uma concepção cíclica, mediante a qual a monarquia degenerada em tirania seria necessariamente substituída por uma aristocracia, a qual, degenerada por sua vez em oligarquia, devia sucumbir a uma democracia, que, por último, convertida em anarquia, se veria suplantada pela monarquia, com o que o ciclo político começaria de novo.

Embora nem mesmo Savonarola escapasse à atração do regime veneziano, sua idealização foi sobretudo a obra de florentinos ligados ao círculo dos *ottimati*, isto é, das antigas famílias de origem mercantil que se haviam decantado em oligarquia política. Os *ottimati*, cujos doutrinários reuniam-se nas tertúlias do Orti Oricellari, buscavam desesperadamente desde o século XV estabelecer sua hegemonia na cidade mediante uma via média entre a monarquia dissimulada dos Médici e as repúblicas demasiado democráticas que para seu desgosto haviam sucedido efemeramente a queda da célebre dinastia tanto em 1494 quanto em 1527. Nos meados de Seiscentos, a publicação das obras de Giannotti e de Contarini, posteriormente as de Sarpi, Paruta e Boccalini, haviam vulgarizado na Europa a noção da superioridade das instituições venezianas, noção a que havia, porém, permanecido impermeável a teorização política portuguesa, se bem que D. Francisco Manuel de Melo incluísse Boccalini, juntamente com Justo Lípsio e Quevedo, como os interlocutores do seu diálogo intitulado *Hospital das letras* (1657).

Parece plausível que o mito de Veneza tenha aportado entre nós graças aos colonos florentinos fixados em Pernambuco desde meados do século XVI. O mais ilustre deles fora, como se sabe, Felipe Cavalcanti, cujos parentes se haviam estabelecido em Londres e Antuérpia, envolvendo-se também no comércio do açúcar. Certo mercador italiano escrevia de Lisboa que, no Brasil, Felipe tornara-se indivíduo de "vastíssimos cabedais", de "grande autoridade, quase sobranceiro a todos, até ao próprio governador", desfrutando de "grande estado, com muitos pagens e cavalos, gastando cada ano em sua casa mais de cinco mil escudos", pois "seus negócios são engenhos de açúcar". Felipe abandonara Florença, primeiro, por Portugal, depois, pelo Brasil, devido a seu envolvimento na conjura de Pandolfo Pucci contra os Médici, versão que permanecerá na tradição dos seus descendentes. Como indicou Sérgio Buarque de Holanda, o complô em apreço é posterior à chegada de Felipe a Pernambuco. O que não impede que ele se tenha metido em conspiração anterior pois estas não faltavam no ambiente trepidante da Florença renascentista com sua viva tradição republicana de oposição aos Médici.

Famílias oligárquicas, os Cavalcanti, como seus parentes Maneli e Acióli (portuguesismo para Acciaiuoli), cujos rebentos também se domiciliaram em Pernambuco, tinham uma longa crônica de ativismo político, como sabe o leitor das *Histórias florentinas*, de Maquiavel. No século XV, um Cavalcanti, Giovanni, descrevera o regime de Florença em termos de um processo de degeneração das instituições republicanas, o qual consistiria na substituição do sistema de relações políticas entre os cidadãos, único capaz de garantir seu funcionamento virtuoso, por relações privadas de clientelismo e dependência, que levavam inevitavelmente ao despotismo. Não fora outra a técnica de Cosmo, o velho, ou de Lourenço o Magnífico para se manterem no poder, que não exerciam diretamente mas manipulavam através de aliados e de testas de ferro, colocados nas posições-chave.

Escusado aduzir que o problema do *ottimati* era o mesmo, *mutatis mutandi*, com que se defrontará a oligarquia municipal de Olinda no período que precedeu a Guerra dos Mascates, o de impor seu domínio da capitania contra a Coroa portuguesa e contra os mercadores do Recife. É natural que o regime veneziano lhe parecesse atraente ao basear-se, como assinalado, no fechamento do corpo eleitoral da República. Ora, fora exatamente isto que ela lograra fazer em Pernambuco ao longo da segunda metade de Seiscentos, com vistas a barrar as pretensões dos reinóis recém-chegados em favor dos naturais da capitania, veteranos da guerra holandesa e de seus descendentes, assimilados a uma nobreza da terra. A extensa representação por ela enviada a El Rei em 1704 requeria a confirmação desta exclusão definitiva que vinha sendo contestada pelos homens de negócio com o apoio das autoridades da Coroa e a continuação da prática secular segundo a qual só podiam votar nas eleições municipais o povo "de dentro da cidade [de Olinda] com os homens da governação [i.e., da oligarquia municipal] de fora dela", domiciliados nos seus engenhos.

É revelador que as fontes ligadas aos portugueses, assim eliminados da representação política, tenham privilegiado o papel dos Cavalcanti na sedição de 1710. Uma dessas fontes chama-os de "principais cabeças e origens de tudo o que se tem visto em Pernambuco". Outra relação, igualmente anônima e pertencente à coleção Pedro Corrêa do Lago, é mais explícita. A vocação turbulenta da família parecia-lhe uma espécie de herança política, pois havendo o fundador da linhagem no Brasil sido expulso de Florença pelo Grão-Duque, contaminara a colônia com os germes da "cizânia perniciosa" mediante o casamento com linhagens de extração lusitana, proliferando com a "multiplicação de enxertos, nos quais dura o apelido com os costumes". Desta maneira, os vários ramos dos Cavalcanti se haviam constituído em focos de instabilidade institucional, de maneira que não havia governador ou outra autoridade régia "a quem semelhantes homens ou não custassem cuidados ou não fizessem oposições, porque o pouco sangue que ainda lhes resta de seus indignos avós lhes influi naturais desvanecimentos, com que sem olharem para a razão, se inclinam para as solturas". Daí a sugestão do mesmo autor no sentido de que El Rei não admitisse em seus domínios "estas plantas cortadas de outros reinos, porque os ramos nunca são leais se foram infiéis os troncos".

Que a república veneziana tenha surgido aos olhos de alguns dos pró-homens de 1710 como a fórmula ideal para assentar seu domínio da terra, confirma a suposição de que seu projeto político limitava-se a Pernambuco e, eventualmente, às capitanias que haviam constituído o Brasil holandês. Até a Independência dos Estados Unidos, o regime republicano era universalmente tido como apropriado tão somente aos pequenos Estados, como a mesma Veneza, Gênova, os Países Baixos, de vez que os Estados de maior extensão territorial só comportariam regimes monárquicos, como sustentariam, à época da Revolução Francesa, os partidários de uma realeza constitucional à moda da Inglaterra. Ninguém alimentaria assim a veleidade de formar uma república numa região das dimensões da América portuguesa.

E, com efeito, o projeto de Pedro de Rates Henequim nos anos trinta do século XVIII, objeto de livro esclarecedor recentemente publicado por Adriana Romeiro, previa a independência brasileira sob forma monárquica, no caso mediante a aclamação, como rei do Brasil, do infante D. Manuel, irmão de D. João V. O interesse do plano Henequim reside precisamente em que ele representa o elo entre a visão do sebastianismo seiscentista, de um lado, e, de outro, a concepção eminentemente prática de D. Luís da Cunha e do duque de Silva Tarouca, que inspirava seus programas de construção de um grande Império no Brasil. Se o sebastianismo de Seiscentos fora universalista, de vez que Portugal estava fadado a realizar o Quinto Império da profecia de Daniel, Henequim, pelo contrário, limitou essas ambições megalomaníacas, crescentemente incompatíveis com a atmosfera mental do século, localizando-as no Brasil. Adolescente, Silva Tarouca fugira do Reino na companhia do infante D. Manuel, em cuja companhia passou à Holanda, onde seu pai era colega de D. Luís da Cunha na delegação portuguesa ao Congresso de Utrecht. Curiosamente, será D. Manuel que Henequim procurará, como vimos, atrair para seu projeto de monarquia brasileira.

17.

Revolução em família

Um aspecto a explorar da história da Independência diz respeito à recepção dispensada no Brasil da época aos modelos revolucionários da França ou dos Estados Unidos; e à confrontação a que ela deu lugar entre os seus valores e aqueles que, herdados da ordem colonial e escravocrata, ainda eram maciçamente vigentes. A república pernambucana de 1817 proporciona o exemplo dos choques previsíveis mas também das cumplicidades inesperadas que se produziram entre uns e outros. O caso mais expressivo terá sido talvez o da instituição, a família, que mais que nenhuma outra dominava as atitudes e as mentalidades das camadas dominantes, fossem elas rurais ou urbanas. Paradoxalmente em termos de uma sociedade como a nossa, tão impregnada de familismo a ponto de família e Estado haverem sempre vivido em escandaloso contubérnio, a historiografia persistiu em encará-los como realidades antitéticas, em consequência talvez da influência da distinção, consagrada pelo direito romano, entre direito público e direito privado. Nos estudos de formação brasileira, essa dicotomia assumiu as formas alternativas de interpretar nosso passado seja pelo papel absorvente desempenhado pela grande família (Gilberto Freyre), seja pela ação tutelar do Estado sobre a sociedade civil (Raymundo Faoro), quando, na realidade, ambas as análises encontram-se mais próximas do que poderiam supor seus respectivos partidários.

Em princípio, ao sobrepor-lhe o valor, que considerava mais alto, da liberdade ou da pátria, o ativismo revolucionário comportava um desafio à posição da família e da solidariedade doméstica. Sob este aspecto, suas manifestações podiam tornar-se especialmente agressivas, como no caso do oficial do regimento de artilharia do Recife, acusado, diz-nos cronista da época, de haver brindado "às senhoras brasileiras que tivessem ânimo de matar seus maridos europeus", isto é, portugueses. Escusado aduzir que, após a derrota da revolução, o acusado negou de pés juntos a veracidade da informação, "pois era mister [esclareceu contritamente] ser um monstro para derrubar o edifício social, destruindo a confiança entre marido e mulher e provocando o assassínio do natural protetor da família pela sua companheira de leito". Certo cirurgião também seria denunciado por pretender matar o cunhado lusitano. De outro subversivo, a quem haviam recordado as obrigações primeiras do homem segundo a ética patriarcal, ficou conhecida a resposta estouvada: "Qual mulher nem filhos! Vivam as revoluções! Viva a liberdade!".

Mesmo quando se reconhecia o caráter sagrado dos deveres de parentesco, julgava-se que "o sentimento de família, bem que altíssimo, perde todo o seu valor quando é posto em contato com o dever patriótico, a salvação da pátria". Às vésperas da sua execução, frei Caneca versejará na sua cela, lembrando à mulher, invocada por pseudônimo de gosto arcádico, com a qual vivera havia anos e da qual tivera filhos, que "entre Marília e a pátria,/ coloquei meu coração./ A pátria roubou-mo todo,/ Marília que chore em vão". O frade sedicioso ia mais longe, induzindo Marília a convencer os rebentos a que "morram como eu pela pátria./ Apenas forem crescendo,/ cresçam com as armas na mão,/ saibam morrer como eu morro". Não será outro o comportamento de um revolucionário da Praieira, Antônio Borges da Fonseca, para quem "a pátria pede em mim mais que minha própria família". No manifesto que megalomaniacamente escreveu ao mundo ao desenhar-se a derrota do movimento, ele reiteraria que "sem pátria, nada valem família, parentes, amigos". Nada o faria desistir de continuar a luta, propósito de que só a morte era capaz de arredá-lo, "uma vez que minha mulher e meus filhos já estão entregues a Deus para deles ter compaixão".

Este choque entre fidelidades incompatíveis exprimiu-se não só sob essas formas declamatórias mas também de maneiras bem mais perigosas para a ordem familial e para o patrimônio doméstico, como no exemplo do senhor rural da Paraíba que se separou da consorte, "porque esta não gostara da rebelião", e que fez doação, à junta revolucionária da capitania, do seu engenho com quarenta escravos e quarenta bois. O revolucionário de Dezessete, futuro presidente da Confederação do Equador e futuro senador do Império, Manuel de Carvalho Pais de Andrade foi outro que por entusiasmo revolucionário abandonou a mulher de família principal da terra para casar-

-se com uma americana, com quem teve três filhas a quem deu os nomes de estados e cidades dos Estados Unidos. Os moradores do Brejo da Areia sofreram a afronta de terem suas mulheres e filhas solicitadas por certo morador do lugar, que andava "pelas casas com um papel para as mães de família se assinarem e obrigarem a prestar à pátria os serviços compatíveis com o seu sexo". Malgrado a contribuição de cada qual devesse ficar subordinada às limitações do sexo, a pátria, suposta obrigar a todos, homens e mulheres, criava assim a promessa de um espaço público da mulher, embora ainda se estivesse muito longe de pensar no sufrágio feminino, de que, aliás, sequer cogitara a Revolução Francesa. A formação da junta revolucionária da Paraíba foi encarada como um desafio ao poder patriarcal, pois, refere monsenhor Muniz Tavares, os seus membros foram escolhidos entre "alguns filhos de família", com exclusão dos pais, que contudo "se achavam presentes, os quais estupefatos viram aqueles encerrarem-se em uma sala" para tomarem as grandes decisões relativas ao movimento. O orgulho ofendido desses patriarcas, que contudo controlavam as milícias, foi causa de ficarem espreitando "o momento favorável de desfazerem-se de um governo para a criação do qual tinha-lhes sido negado o concurso e que diziam não corresponder às esperanças concebidas".

A verdade, porém, é que os conflitos entre ordem privada e ordem pública apenas disfarçam as conivências que em Dezessete teceram-se entre ambas. O próprio governo revolucionário do Recife utilizou o argumento do parentesco como prova da garantia que se dizia disposto a proporcionar aos portugueses. Estes nada deviam temer não só por não terem culpa nos abusos do extinto regime colonial mas sobretudo devido às "alianças recíprocas dos matrimônios" e "por serem pais e parentes de tantos bravos patriotas". Daí as festividades públicas destinadas a comemorar o casamento de um dos chefes revolucionários, Domingos José Martins, com a filha do maior comerciante lusitano da cidade. A fim de apressar o matrimônio, que o noivo extorquira a um sogro relutante mas amedrontado e cujo simbolismo de congraçamento "nacional" urgia manifestar aos olhos da população, o cabido da Sé de Olinda não hesitou em dispensar as exigências do direito canônico, por convir "à segurança e tranquilidade pública que se efetue sem perda de tempo".

Foi essencial o papel desempenhado pela solidariedade de família no desencadear da Revolução de 1817. Em Itabaiana, a adesão do capitão-mor, "homem ignorantíssimo e feroz", foi obtida graças ao filho. (Reciprocamente, um dos chefes da insurreição paraibana viu-se reconvertido à causa monárquica pelo pai.) A autoridade patriarcal foi inclusive mobilizada em prol da revolução contra a autoridade patriarcal maior, isto é, a d'El Rei Nosso Senhor. Certo *pater familia* da Paraíba, que "seduzia os povos para que fossem a favor da liberdade e isto por falas públicas que fazia nos dias santos à porta da igreja [...], dizia que estava pronto a derramar todo o seu sangue pelos patriotas", indo ao extremo de oferecer "um filho para o serviço da pátria" e de instar os mais chefes de família para que fizessem o mesmo, havendo quem alistasse um menor de sete anos. A importância do parentesco deveu-se sobretudo à preeminência de tais laços no comando das tropas de milícias rurais. Desde o século XVII, a segunda linha havia-se "privatizado", graças inclusive à renovação sistemática das nomeações de capitães-mores e outros oficiais, os quais, teoricamente trienais, tornaram-se de fato vitalícios e até hereditários. Daí que a análise da economia e da geografia remeta incessantemente a outro nível de explicação, o da parentela e da clientela.

É certo que a existência de um grande centro comercial no Recife representou empecilho de monta para que em Pernambuco os interesses agrários, ao contrário da visão convencional, controlassem diretamente o movimento, tanto mais que a mata sul açucareira não estava convencida das vantagens da independência, razão pela qual, relativamente a outros grupos sociais, como o comércio e o clero, a participação açucarocrática não foi tão ampla como se pretendeu. Em compensação, na mata norte e nas capitanias vizinhas, dominadas pelo algodão, a grande propriedade logrou imprimir um feitio eminentemente agrário à sedição. No Ceará, o Crato foi sublevado pelo padre José Martiniano de Alencar, cujo êxito, segundo Dias Martins, deveu-se ao auxílio dos "seus numerosos parentes e dependentes", em especial à ascendência local da sua mãe, D. Bárbara, e do seu tio. A densidade destas redes de parentela e de clientela explica que não o Aracati, como seria de esperar em face das relações íntimas que mantinha com a praça do Recife, mas o Crato é que se tenha constituído no foco revolucionário do Ceará.

Em Pombal (Paraíba), Dezessete foi inegavelmente assunto doméstico, sendo chefiada pelo vigário, pelo irmão capitão-mor, por outro irmão, oficial de milícias, e finalmente pelo pai, que lhes servia de mentor, patriarcalismo obriga. O caráter familista da revolução foi igualmente pronunciado no Rio

Grande do Norte, graças à adesão do morgado de Cunhaú, André de Albuquerque Maranhão, dono da maior fortuna da capitania. Como muitos açucarocratas da mata seca de Pernambuco e da Paraíba, o morgado tirara partido do *boom* algodoeiro até que a estiagem de 1810 pusera a perder suas extensas plantações. Além do engenho, seus haveres consistiam principalmente na criação de gado nas suas fazendas do sertão e em atividades comerciais e financeiras. Seu poder advinha sobretudo do controle da milícia rural numa capitania reduzida à pequena guarnição de Natal. Ademais de chefiar o regimento de cavalaria miliciana da capital, parentes chegados detinham o comando de outros contingentes da tropa de segunda linha e das aldeias indígenas de Arês e Vila Flor. Dos 37 implicados na revolução no Rio Grande, nada menos de quinze eram seus parentes e aderentes. Nestas circunstâncias, a única resistência que encontrou seu familismo sufocante partiu precisamente de outro grupo de parentesco, que formou a junta dissidente de Porto Alegre contra a designação de um familiar do morgado para capitão-mor da vila. No Rio Grande, a revolução não passou do levante de um grande senhor rural, de vez que nem correspondera a sentimentos generalizados de desafeição ao trono nem a população fora alvo da propaganda maçônica, embora o morgado tivesse sido aliciado por parentes próximos, pois a maçonaria, como outrora as ordens religiosas, utilizou sistematicamente as relações de família para atrair adeptos.

A instrumentalização das parentelas e das clientelas não foi fenômeno exclusivamente rural, verificando-se também nas camadas urbanas. Cem anos decorridos da Guerra dos Mascates, que opusera tantas famílias açucarocráticas ao comércio lusitano, os descendentes dos grandes homens de negócio recifenses mostravam-se tão contestatários da ordem colonial quanto outrora os inimigos dos seus avós. O patriciado citadino que se decantara no Brasil de Setecentos fora tão patriarcal no exercício da autoridade e no estilo de vida quanto seu congênere do campo, com o que as diferenças de atividade econômica quase não repercutiram na vida privada, como, aliás, bem compreendeu Gilberto Freyre, para quem a forma de organização da família foi comum a ambos os estratos, simbolizados pela casa-grande e pelo sobrado da cidade. À endogamia, que os havia separado durante o século XVII, vieram substituir-se as alianças matrimoniais. Desse patriciado recifense que apoiou a república de Dezessete, o caso mais conspícuo é o dos Pires Ferreira.

Três dos filhos do fundador, rebento de um lavrador de Trás-os-Montes, participaram da revolução, a começar por Gervásio Pires Ferreira, que, sendo um dos principais negociantes da praça, presidirá em 1821 o primeiro governo autônomo de Pernambuco.

Particularmente eficaz foi o clientelismo clerical que se organizara em torno do Seminário de Olinda, cuja atuação em Dezessete tem sido exclusivamente encarada sob o prisma da influência ideológica. Do padre Miguelinho, escreveu Dias Martins que "quantos mancebos se haviam instruído com ele, todos abraçaram ardentemente a causa da liberdade", inclusive o padre João Ribeiro, "seu arquidiscípulo", o qual, por sua vez, formaria sua própria *côterie*. A fundação do Seminário visara, como se sabe, a elevar o nível do clero, embora ele também admitisse alunos destinados a carreiras laicas. O clero secular do bispado de Olinda já estava então "nacionalizado" mas o recrutamento distava de ser exigente. Ao melhorar sua qualidade, o Seminário criou uma elite eclesiástica que se tornou a ponta de lança ideológica da contestação anticolonial na capitania, monopolizando a vida religiosa em detrimento do clero regular, onde ainda era grande a presença reinol. A despeito de fornecer a Dezessete uma figura do calibre intelectual de frei Caneca, os conventos contribuíram com apenas 14% dos sacerdotes envolvidos na sedição.

Família que faz revolução unida permanece unida. O papel da família não terminou com o fracasso da revolução. Pelo contrário, ele tornou-se particularmente ativo a partir de então. Os laços de parentesco seriam alegados no propósito de desmentirem intenções sediciosas. O deão da Sé, o Dr. Portugal, lembrava só ser pernambucano *jus soli*, não contando por parte de pai ou mãe "um só brasileiro". De regresso ao Recife após quinze anos de estudos no Reino, seus "principais amigos" eram reinóis e ele próprio, falecido o pai, tratara de casar todas as suas irmãs exclusivamente com portugueses. Por conseguinte, como suspeitar-se dele? O raciocínio não lhe serviu, em face da redação que fizera nos primeiros dias do movimento, de uma pastoral destinada a convencer os tímidos com os princípios do contrato social. A solidariedade doméstica foi maciçamente empregada em defesa de parentes perseguidos ou presos. O governador do Ceará queixava-se da intercessão de pessoas influentes que lhe vinham pedir por fulano ou beltrano, "em razão das relações de amizade e parentesco", prevendo que o governo da Paraíba teria dificuldade em limpar a capitania dos "muitos traidores que ali há", em consequência do mesmo gênero de influência. A mulher de Domingos José Martins, que será executado na Bahia, escrevia-lhe prometendo a influência do pai, em cujo sítio da Ponte d'Uchoa vinha tomar chá o almirante da armada fluminense que bloqueava o Recife.

18.

O mimetismo revolucionário

As revoluções adoram imitar-se. Já não me recordo que historiador escreveu que as chances de Luís XVI de escapar da guilhotina teriam sido melhores caso os ingleses não houvessem, cerca de 150 anos antes, executado Carlos I. A França, aliás, gastou boa parte do seu século XIX arremedando, em 1830 como em 1848 ou em 1871, a Grande Revolução de 1789. Os bolcheviques julgavam-se a reencarnação dos jacobinos. No Brasil o fenômeno do mimetismo revolucionário não é de observação tão fácil. O que deveria ter sido nossa revolução nacional, a Independência, foi, na realidade, uma contrarrevolução comandada do Rio por um príncipe e empreitada por uma elite de altos funcionários públicos ameaçada no seu meio de vida pelas Cortes de Lisboa. Nessa contrarrevolução emancipacionista, não sobraria, portanto, muito espaço para a imitação dos modelos revolucionários da Revolução Francesa ou da Revolução Americana, de modo que nosso jacobinismo não passará de espasmos inconsequentes, então e depois, na tardia versão florianista.

Se quisermos observar o fenômeno do mimetismo revolucionário, cumpre retroceder de alguns anos ao movimento republicano de 1817 em Pernambuco, muito embora, como veremos, ele tampouco achou-se inteiramente à vontade para seguir nos passos daqueles ilustres paradigmas. Oliveira Lima pretenderá que, em Dezessete, a influência da Grande Revolução foi maior que a da Independência americana ou a das colônias espanholas. Tollenare, o comerciante francês que então se encontrava no Recife e que privou da amizade do padre João Ribeiro antes e depois de deflagrado o movimento, descreveu-o como "um homem de ideias extremadas", que "estava alucinado pela leitura dos nossos filósofos do século XVIII", sobretudo Condorcet. Na sua

137

casa, antes do 6 de março, Tollenare promovera reuniões com indivíduos desejosos de conhecer "o estado das artes, das ciências e da filosofia na França", sem que, contudo, se tivessem externado "conceitos que pudessem me fazer supor intenções sediciosas". Tollenare aproveitara-se, aliás, dessas ocasiões para ressaltar os males dos regimes revolucionários e as vantagens que seu país então estava tirando da restauração bourbônica. Daí que, sabedor dessas opiniões moderadas, o próprio governador Caetano Pinto lhas mandasse agradecer. Outra testemunha de Dezessete chegaria ao extremo, que teria agradado um sociólogo como Tarde, de julgar que "o espírito da imitação foi o principal móbil de toda a desordem", de que as demais causas que ele apontava haviam sido apenas acessórias.

Contudo, no plano da organização constitucional, o exemplo da Revolução Americana devia necessariamente pesar mais que o da francesa. O mesmo Tollenare depararia na sala de sessões do governo provisório com as constituições francesas de 91, 93 e 95, sendo que a última, a constituição termidoriana, agradava especialmente os seus membros. O francês acreditava, porém, que as reticências explicavam-se pelo problema de como integrar a população de cor no sistema representativo. Na verdade, havia outro motivo que escapou à sua argúcia. As constituições revolucionárias da França continham todas um elemento capaz de alienar as simpatias dos membros da junta pernambucana e de seus conselheiros: a concepção unitária com que a Grande Revolução pretendia liquidar os particularismos regionais identificados até então com o poder da aristocracia. Neste sentido, era o federalismo da Constituição americana que se impunha naturalmente à sua preferência. Nos primeiros dias do movimento, já o cônsul inglês informava ao *Foreign Office* que se tencionava organizar o novo regime de acordo com "o modelo dos Estados Unidos da América", isto é, segundo o figurino federativo. No mesmo sentido, manifestava-se o Cabugá, enviado da junta a Washington. "Pernambuco, Paraíba, Rio Grande e Ceará devem formar uma só república, devendo-se edificar uma cidade central para capital", escrevia o padre João Ribeiro.

A brevidade da insurreição não deu tempo ao processo constituinte, que ficou truncado, sem que se concluísse sequer a primeira etapa. O governo revolucionário tivera duas alternativas. A primeira consistia, como sustentará monsenhor Muniz Tavares, em seguir o exemplo das treze colônias norte-

O MIMETISMO REVOLUCIONÁRIO

-americanas, convocando imediatamente um corpo constituinte e legislativo, à maneira do Congresso Continental norte-americano, de modo a formar "uma liga federal", para prover à segurança externa. Destarte, como nos Estados Unidos, o processo constituinte teria caminhado paralelamente tanto a nível das ex-colônias, transformadas em estados, quanto entre elas, reunidas primeiro em confederação e posteriormente em federação. A esta primeira opção, corresponderia o projeto, cujo texto é ignorado, redigido por Pereira Caldas, mas de cuja existência se conhece pela defesa do próprio Caldas perante a Alçada. Acusado pelo dicionarista Morais Silva de elaborar projeto de lei constitucional, esclarecia Caldas havê-lo efetivamente mostrado a Morais, sem que tivesse sido oficialmente encarregado da tarefa. Ocorrera apenas que confidenciando-lhe certo membro da junta a esperança de que Caldas fosse o Benjamin Franklin de Dezessete, ele retrucara-lhe não dispor da sabedoria do americano, ocasião em que lhe fora mostrado "o livro das constituições" que o mesmo Franklin compusera para as colônias da América inglesa.

O governo provisório optou, contudo, pela segunda alternativa, mais prudente, do projeto de lei orgânica de 29 de março de 1817, atribuído a frei Caneca mas na realidade da lavra de Antônio Carlos Ribeiro de Andrade. Tratava-se aqui exclusivamente do estabelecimento de uma Constituição pernambucana, a ser aprovada por Assembleia que se convocaria tão logo obtida a adesão de todas as comarcas da capitania. Até a vigência da carta magna, o governo provisório enfeixaria os poderes executivo e legislativo. Como assinalou Oliveira Lima, a lei de 29 de março forma "apenas um conjunto de disposições constitucionais transitórias", representando no máximo as bases da futura Constituição provincial. A junta provisória deve ter calculado que, distando a revolução de estar firmada em Pernambuco, pois as comarcas do sertão e a de Alagoas opunham-lhe resistência, e à espera de que a nova situação também se consolidasse nas três capitanias ao norte, conviria dar tempo ao tempo. A convocação da Constituinte pernambucana, a eleição dos deputados e sua reunião no Recife poderiam levar até um ano, e a discussão e votação do texto, até três. Tal estimativa explica que a lei orgânica valeria até a entrada em vigor da Constituição, mas que, no caso de qualquer dos prazos não ser cumprido, o governo provisório ficaria automaticamente dissolvido, entrando "o povo no exercício da soberania para o delegar a quem melhor cumpra os fins da sua delegação".

Afinal de contas, como Roma e Pavia, tampouco os Estados Unidos se haviam feito num dia, mesmo quando se leva em conta que as colônias americanas dispunham de uma experiência de governo representativo graças às assembleias coloniais (o que não era o caso no Brasil, onde o poder local era apenas exercido pelas câmaras municipais dispersas no seu isolamento rural); e que, antes de 1763, a administração do Império britânico, como era agora o caso do Reino Unido, podia ser considerada federal de fato embora não de direito, razão, aliás, pela qual os *founding fathers* pensaram inicialmente não em termos de independência mas de uma constituição federal para o Império britânico. Os homens de Dezessete, com os olhos voltados para o norte do continente, se bem não dispensassem a cenografia revolucionária da França, deviam estar conscientes das delongas verificadas entre os que eles chamavam "ingleses americanos". O primeiro Congresso Continental reuniu-se em setembro de 1774, a declaração de Independência data de julho de 1776, e o Massachusetts, malgrado contar com congresso próprio desde outubro de 1774, somente seis anos depois aprovara sua constituição estadual. A primeira constituição americana, os *Articles of Confederation*, começaram a ser discutidos em julho de 1776, sendo adotados em novembro de 1777, para entrarem em vigor em março de 1781. Por sua vez, a elaboração da Constituição federal só concluiu em setembro de 1787 e sua ratificação teve ainda de esperar dois anos.

O fato de que os Estados Unidos fossem a única nação de quem os revolucionários de Dezessete podiam razoavelmente esperar auxílio material e político, a Inglaterra sendo suspeita devido à sua velha aliança com os Braganças, e a França, pela restauração dos Bourbons, explica igualmente a preferência pelos "ingleses americanos". Na sua história do movimento, acentuava Muniz Tavares que a influência americana devia-se à "gloriosa fortuna" de que gozavam, "a sua segurança e ordem legal", que os faziam especialmente atraentes aos "pernambucanos que anelavam o melhoramento da pátria". É que "ainda não bem versados no estudo da política [mas a reflexão agora é a do revolucionário convertido tardiamente à causa da ordem] eles imaginavam que qualquer instituição caracterizada útil, era aplicável a todos os povos, sem se lembrarem que com facilidade pode-se transplantar a lei mas não o espírito da nação; não pensavam que no Brasil existia um trono e ocupado por um rei naturalmente bom, circunstância que muito diversificava a posição respectiva", isto é, que muito nos diferenciaria da grande república do norte. Por conseguinte, a revolução equivocava-se quando julgava obter o apoio norte-americano, sem levar em consideração que "o espírito desta nação é mercantil; os mercantes são avaros; o seu governo é tanto livre quanto prudente".

Mas se a Independência americana tinha com o que atrair o punhado de elitistas que discutiam fórmulas constitucionais incompreensíveis para a esmagadora maioria dos seus concidadãos, a cenografia da Grande Revolução era passível de inflamar imaginações brasileiras, por ser bem mais rica e atraente que a da sua pragmática antecessora, marcada pela secura emocional e pela carência do senso do espetáculo desses anglo-americanos. Foi assim que Domingos José Martins e sua mulher incitaram as senhoras da sociedade a se descartarem dos seus barrocos estilos de penteado lusitano, que não condiziam com a "austeridade republicana", sugerindo-lhes que "fizessem cortar os seus cabelos" à maneira de Tito, ressuscitada pela Grande Revolução na sua busca de precedentes romanos. A moda pegou; e após o fracasso da república, os agentes da Coroa ainda tiveram de reprimi-la. O próprio suicídio do padre João Ribeiro parece um gesto sugerido pelos modelos estoicos da Antiguidade clássica requentados pela Revolução Francesa, não sendo em todo caso de inspiração cristã. Cabe mencionar também a inclinação a estabelecer comparações desvanecedoras entre os homens da hora e os personagens franceses, como o lusitano a quem, devido ao radicalismo das medidas que propunha contra seus compatriotas, foi dado o apelido de "o Robespierre de Pernambuco".

Entre os oficiais, Pedroso e Teotônio Jorge copiaram os comportamentos da época do Terror, ordenando fuzilamentos, sem conhecimento do governo provisório, com o argumento de que "as revoluções sustentam-se de sangue". O velho campo do Erário, rebatizado de campo da Honra, tornou--se o equivalente funcional do Campo de Marte parisiense, de vez que ali se realizavam as festividades revolucionárias, a primeira vez em que se conferiu conotação cívica às designações de logradouros públicos, numa cidade cujas ruas ainda se chamavam prosaica e lusitanamente de beco das Miudinhas ou de corredor do Bispo. O governo também proscreveu, por considerá-los servis, certos costumes patriarcais que acentuavam as distâncias entre classes ou entre avós, pais e filhos. Assim é que o castiço tratamento de "vossa mercê" foi substituído pelo de "vós"; e que em lugar de "senhor", dizia-se "patriota". Muniz Tavares, que publicou sua história da revolução quando seu conterrâneo, o regente Araújo Lima, dera ao regime a guinada conservadora de 1837, considerará retrospectivamente que semelhante política representara um imperdoável equívoco, pois se "a igualdade em presença da lei é base da prosperidade de um Estado, em presença das pessoas é o germe da anarquia e dissolução social"; e se os franceses haviam adotado o "tu" num momento de paroxismo revolucionário, logo o suprimiriam, sem que, portanto, se tornassem menos livres. Naturalmente proibidas foram a cruz da Ordem de Cristo e outras condecorações; e quando os oficiais mais graduados do exército arrancaram as armas reais que decoravam suas barretinas, a tropa imitou espontânea e entusiasticamente o exemplo.

Escusado assinalar que a intoxicação ideológica com os precedentes franceses antedatou de muito a eclosão do movimento revolucionário. Basta lembrar a este respeito que a residência recifense de um dos seus corifeus, o Cabugá, que como representante da república pernambucana seguirá para os Estados Unidos, onde se deixará ficar mesmo após a anistia de 1821, achava-se não só ornada, diz o padre Dias Martins, que a frequentou, "com delicados painéis em que se viam retratados os varões mais insignes das revoluções francesa e inglesa", mas continha, "nas suas estantes, os livros que mais encausticamente referiam os princípios e vantagens da liberdade". "A consultar uns e outros [aduz o cronista] concorriam personagens de toda a jerarquia", os quais eram ademais "regalados com profusos e delicados banquetes". Para muitos dos republicanos de Dezessete, o mimetismo revolucionário também terá operado como uma compensação pelo fato de existirem limitações muito concretas à ação revolucionária, ao menos aquela de que eles se haviam impregnado mediante a leitura da história da Grande Revolução.

Não se podia reeditar em Pernambuco o *beau geste* da Assembleia Nacional ao reconhecer os direitos políticos dos africanos de Santo Domingos, a aspiração de igualdade democrática sendo incompatível com uma sociedade escravocrata, de cujo excedente os revolucionários também viviam, embora esta incompatibilidade tenda a ser exagerada, como indica o precedente norte-americano entre a Independência e a Guerra de Secessão. Tampouco se podia contrafazer a Convenção no tocante às relações entre o Estado e a Igreja, de vez que da liderança de Dezessete participava conspicuamente a elite saída do Seminário de Olinda. Em matéria religiosa, Dezessete não foi apenas conformista mas buscou ativamente mobilizar o sentimento católico de uma população previsivelmente desconfiada dos protestos de ortodoxia religiosa de um regime que abolira a figura do rei. Nem havia aristocracia local, no sentido jurídico da palavra, encarnada em títulos de nobreza, a ser combatida em nome de um Terceiro Estado que englobava quase todo mundo, à exceção dos escravos. É certo que, como observava Muniz Tavares, "três ou quatro casas [i.e., famílias] em vão aspiravam à homenagem por velha tradição", mas, aduza-se, seus varões estavam certamente ao lado da revolução, como o morgado do Cabo, os Cavalcanti de Albuquerque ou os Carneiro da Cunha. Por fim, as grandes fortunas não sobreviviam ao longo prazo, de vez que eram logo devoradas pelas regras sucessórias.

19.

A cabotagem no Nordeste oriental (1)

A economia colonial brasileira organizou-se sob a forma de um arquipélago de mercados regionais vinculados aos portos principais, o Rio, Salvador, o Recife, São Luís e Belém, que detinham sobre as respectivas hinterlândias um monopólio comercial de fato exercido por cima das divisões administrativas, capitanias da América portuguesa e, depois, províncias do Império. O Recife deveu sua fortuna histórica à função de entreposto e à dominação comercial da área que se poderia designar por Nordeste recifense, de vez que seus limites geográficos ultrapassaram os do Nordeste chamado oriental pelos geógrafos. Essa dominação, esboçada desde finais do século XVI e consolidada ao longo da centúria seguinte, prolongou-se sob vários aspectos até os começos do XX, reproduzindo em escala local o mesmo esquema de relações que subordinava o Recife à metrópole colonial, que, por sua vez, respondia aos centros da "economia-mundo" ocidental. Um centro urbano domina uma região de fronteiras razoavelmente estáveis, que vão além ou ficam aquém das jurisdições formais políticas e administrativas, mediante cidades transmissoras, sócias menores da cidade dominante, configurando-se uma hierarquia espacial, composta do núcleo, representado pela mata pernambucana com seu grande produto de exportação, o açúcar, o qual na "mata seca" e sobretudo no agreste pode ser também o algodão; e da periferia, constituída a oeste, norte e sul pelas áreas colindantes, especializadas na pecuária ou na agricultura de subsistência.

A primeira área que o Recife submeteu à sua dominação foi a zona da mata, cerne do Nordeste recifense ainda em começos do século XIX, quando há muito já se desenvolvia a economia das capitanias subalternas na esteira da euforia algodoeira. *Grosso modo*, os limites do Nordeste recifense iam do

Ceará ao baixo São Francisco (Penedo). Limites, porém, permanentemente postos em causa pelo equilíbrio instável entre o Recife e os entrepostos vizinhos, o Maranhão e a Bahia. Havia assim áreas de conflito mas também de interpenetração. Era o que ocorria no norte do Ceará, que também sofria a atração do porto de São Luís, ou, reciprocamente, no Piauí, extremo a que podia chegar o influxo do Recife. Fenômeno idêntico ocorria ao sul: se o comércio recifense podia esporadicamente alcançar Sergipe, enfeudado à praça de Salvador, o entreposto baiano disputava ativamente o comércio de Alagoas e o do sertão pernambucano, podendo excepcionalmente, como em meados do século XVIII, imiscuir-se no *sanctum sanctorum* do Recife, como em Sirinhaém, cujo porto era então frequentado por embarcações da Bahia. Acossado a sul e a oeste pela concorrência de outra praça poderosa, o Recife compensou-se estendendo-se ao norte pelos "portos do sertão", isto é, do Rio Grande do Norte e do Ceará, para transformar-se naquele "armazém geral" que gabava o autor anônimo das *Revoluções do Brasil*. Partilhando o comércio dos "sertões de dentro", o Recife reservou-se a dominação mercantil dos "sertões de fora". Destarte, a identificação das fronteiras do entreposto recifense entronca-se com a velha querela historiográfica relativa à atuação de Pernambuco no povoamento do interior do Nordeste.

Na mata açucareira como na costa leste-oeste, o entreposto recifense foi mediatizado por uma rede de cúmplices, de sócios menores, centros locais que operavam como agentes comerciais do Recife. Eram portos de mar, como Fortaleza ou Maceió, ou então aquelas "cidades de fundo de estuário" da designação dos geógrafos, como a Granja no Camocim ou Sobral no Acaraú ou Rio Formoso, ou centros localizados à beira de rios navegáveis por embarcações de porte médio e pequeno: o Aracati, no Ceará, Mossoró e Macau, no Rio Grande, Mamanguape e a própria cidade da Paraíba, Goiana ou Sirinhaém, em Pernambuco, Porto Calvo, São Miguel e Penedo, em Alagoas. Foi a pequena cabotagem que criou esta rede local de intermediários, assegurando relações regulares com o Recife, mercê da facilidade e barateza do transporte costeiro em séculos de comunicações terrestres difíceis ou simplesmente penosas — até que, transpostos os meados do século XIX, os caminhos de ferro e as estradas de rodagem vieram interiorizar os circuitos e vincular o Recife a seu interior através de outros eixos, marginalizando os antigos parceiros em favor de novos sócios.

Pode-se ter uma ideia aproximada da importância relativa da pequena cabotagem e do transporte terrestre no Nordeste recifense. A longo prazo, a tendência foi evidentemente no sentido de o transporte terrestre sobrepujar o marítimo mas esta vitória constituiu acontecimento tardio. Ainda no segundo quartel do século XVIII, metade do açúcar fabricado na mata pernambucana era conduzido ao Recife em carros e a outra metade em barcos e sumacas; e em meados do século XIX, estimava-se em três quartos o transporte por mar, para o Recife, do açúcar e de seus derivados produzidos na província. Caso se incluíssem as exportações da Paraíba, do Rio Grande e do Ceará através do Recife, a participação da pequena cabotagem no tráfego do entreposto teria sido superior. Para os anos finais do Segundo Reinado, dispõe-se de algarismos precisos relativos ao transporte de açúcar e de algodão. A pequena cabotagem ainda correspondia então a 41,5% do açúcar e a 43,4% do algodão.

E, contudo, a esta altura, já se faziam sentir os efeitos do sistema de ferrovias, iniciado nos anos 1850, e de estradas de rodagem, encetado nos anos quarenta; e mais, já repercutiam os efeitos do processo de provincialização do comércio regional, mediante o qual o Ceará, o Rio Grande, a Paraíba e Alagoas haviam começado a dispensar a tutela recifense em favor de relações diretas com o exterior. Mesmo assim, a cabotagem ainda transportava mais de 2/5 do volume dos dois principais produtos de exportação. Por conseguinte, não seria exagerado supor que, até meados do século XIX, esta participação tenha sido da ordem de 2/3 ou 3/4. A vitória do transporte terrestre só se verificou na segunda metade do século XIX e começos do XX. Por volta de 1910, a pequena cabotagem ainda representava o segundo meio mais importante de transporte de açúcar em Pernambuco, muito embora sua participação houvesse declinado para cerca de 1/5.

Esse papel da pequena cabotagem na história do Nordeste recifense contrastava com a modéstia do sistema hidrográfico da região, inclusive na zona da mata, o qual se compõe dos rios que o divisor da Serra da Borborema encaminha para leste, sendo poucos os que, como o Paraíba, o Capibaribe e o Ipojuca, percorrem longas distâncias para desaguarem no Atlântico. A maioria, quer os afluentes do curso inferior destas bacias, quer os rios que desembocam diretamente no oceano, como o Mamanguape, o Goiana (sistema Tracunhaém-Capibaribe Mirim), o Sirinhaém, o Una, o Manguaba, o

Camaragibe, o São Miguel, para só mencionar os principais, apenas se adentram pela vertente oriental da Borborema, quando não nascem na própria zona da mata. Na sua maior parte, tal sistema possui condições físicas pouco favoráveis à navegação, seja devido à estreiteza da faixa litorânea e da zona da mata, situada entre o mar e os contrafortes da serra, seja devido aos desníveis gerados pelo relevo de tabuleiros sedimentares e de colinas cristalinas. Os rios de navegação mais fácil são, na realidade, vales inundados pela transgressão marítima, submetidos, portanto, à ditadura das marés.

Daí o pessimismo do engenheiro L.-L. Vauthier quando teve de formular, nos anos quarenta do século XIX, o plano de comunicações da província, em que deu prioridade à construção de um sistema radioconcêntrico de estradas de rodagem baseado no Recife. Segundo sua avaliação, a regularização dos rios da zona da mata seria dez vezes mais dispendiosa do que a abertura de estradas. As condições hidrográficas não estimulavam a construção de canais, de vez que apenas o rio Una conservava água no verão e que os cursos d'água eram frequentemente interrompidos por cachoeiras. Previa Vauthier que o futuro dos transportes na província não passaria pela navegação fluvial, ao contrário do que muitos pretendiam então.

Foi a despeito da mediocridade dos seus meios que a navegação fluvial, ou antes fluviomarítima, teve um relevo desproporcionado na vida econômica do Nordeste recifense e, em especial, da mata açucareira. Ao tempo do domínio holandês, o cronista Nieuhof já acentuava:

> Entre todos os portos e regiões das Índias Ocidentais nem um só existe que se possa comparar ao Brasil, quer na produção de açúcar, quer nas facilidades que oferece para o seu transporte. Todo o litoral [do Nordeste] brasileiro está literalmente tarjado de pequenos cursos d'água que se vêm lançar ao mar após terem banhado extensos vales. Por isso os engenhos de cana erigidos nas regiões ribeirinhas desfrutam grande economia tanto no transporte como na mão de obra. Além de moverem esses rios os engenhos instalados em suas margens, servem eles para o transporte do açúcar e constituem via fácil para o abastecimento das usinas. Condições assim tão vantajosas não se encontram em nenhum outro país das Índias Ocidentais.

Duzentos anos depois, Henrique Augusto Milet descrevia nestes termos a importância do transporte marítimo na mata açucareira:

> Cerca de 800 engenhos, cuja produção total pode ser avaliada em 4 milhões de arrobas de açúcar além do mel e da aguardente, ocupam nesta província [de Pernambuco] uma zona paralela ao litoral e cuja largura varia entre 6 e 15 léguas. Esses engenhos constituem a mais abundante e quase única fonte de riquezas que por ora possui esta província [...] O transporte do açúcar e dos seus derivados, mel e aguardente, desde os engenhos onde são produzidos até esta praça [do Recife], onde são vendidos para a exportação ou o consumo, efetua-se parte às costas de cavalos, parte por meio de barcaças que os vão procurar nos pequenos portos do litoral [...] A carne seca, o bacalhau, a farinha e mais gêneros necessários para o sustento das fábricas dos engenhos e dos povos que habitam a beira mar; as madeiras de construção e marcenaria que abundam nas matas ao sul da província; o milho, o feijão e outros gêneros dão igualmente lugar a consideráveis transportes marítimos.

A história da cabotagem no Nordeste recifense pode ser narrada sob a forma da sucessão de tipos de embarcação predominante, mas não exclusivamente, utilizada: caravelão-sumaca-barcaça. As grandes mutações consistiram na transplantação da sumaca durante o período holandês e na generalização da barcaça nos anos quarenta do século XIX, substituições que responderam a mudanças específicas no sistema de relações entre o Recife e a área do seu entreposto e a circunstâncias de natureza ecológica. Por paradoxal que pareça, a navegação a vapor não teve o impacto outrora das sumacas e depois das barcaças, que resistiram galhardamente à concorrência dos pequenos vapores da Companhia Pernambucana, surgida nos anos 1850. O grande rival da barcaça não foi "o vapor do mar" mas "o vapor de terra", vale dizer, o transporte ferroviário. Quando se examinam o volume de açúcar e o de algodão enviados por mar ao Recife, compendiados por Alfredo Lisboa na sua *Memória* sobre o melhoramento do porto (1886), constata-se que as barcaças se talharam a parte do leão, acaparando praticamente a totalidade no caso do açúcar, 99,4%, contra apenas 0,6% transportado por vapores; e reservando-se, no tocante ao algodão, a fatia principal do bolo, 58,7%.

A CABOTAGEM NO NORDESTE ORIENTAL (I)

Até a ocupação holandesa, as comunicações marítimas do Recife, mero anteporto de Olinda, com o litoral do Nordeste dependeram de uma improvisação, o emprego em nossas águas dum tipo de barco, o caravelão, concebido não para a navegação de cabotagem mas para as tarefas de ligação, em alto-mar, entre os navios de uma frota. O aumentativo não deve desorientar o leitor. O caravelão não era uma caravela grande mas sua miniaturização, dotada de dois ou três mastros de vela triangular e também de remos, deslocando entre 40 e 50 toneladas, de pequeno calado, coberta única e muitas vezes castelo de popa. Graças a ele, esboçou-se no litoral brasileiro uma incipiente diferenciação entre a cabotagem e as comunicações transoceânicas, a cargo, estas últimas, de caravelas, naus, urcas, galeões. Especialização que já se consegue discernir através da obra de Gabriel Soares de Sousa, que distingue, ao longo da costa, os pontos apenas acessíveis ao que designa por "navios da costa" ou "caravelões da costa", expressão que utiliza sinonimicamente, e os pontos abordáveis pelas embarcações que faziam a navegação com o Reino, os "navios de honesto porte", os barcos de "mais de 200 tonéis" ou mesmo de "cem tonéis" ou entre "cem tonéis até 200".

No caso do caravelão, ao invés do que ocorrerá com a sumaca ou a barcaça, a especialização foi antes espacial do que funcional. Ainda insuficiente para gerar um tráfego importante, a cabotagem recifense podia utilizar os serviços de um tipo de embarcação adequado a outras necessidades. As tarefas marítimas não eram apenas as prosaicas ou rotineiras de transporte de mercadorias mas sobretudo as militares, oficiais, de povoamento e conquista; e a todas elas o caravelão se prestava imparcialmente. Nos anos quarenta do século XVI, já era amplamente empregado no litoral pernambucano e o primeiro donatário aludia aos "caravelões dos moradores [que] andam a maior parte do ano por toda a minha costa". Até o período holandês, o caravelão continuou a ser empregado nos misteres mais díspares: expedições ao sertão do São Francisco, conquista da Paraíba e do Rio Grande do Norte, expulsão dos franceses do Maranhão, exploração e sondagem do litoral e dos seus rios, ajuda militar (soldados, munições e víveres) à Bahia ocupada pelos neerlandeses, transmissão de correspondência e transporte de numerário ou de tecidos para pagamentos de soldos e vencimentos.

O caravelão estava longe, portanto, de oferecer serviços especializados. Mas não era apenas essa fatigante versatilidade que tendia a desencorajar o aparecimento de um barco exclusivamente voltado para as fainas da cabotagem. Ademais da concorrência que a caravela lhe podia eventualmente oferecer nos percursos litorâneos mais longos, como a navegação da costa leste-oeste, o caravelão da costa sofria a concorrência dos seus congêneres que, viajando do Reino de conserva com as frotas, eram despachados aos pequenos portos para recolher-lhes a carga, regressando para a jornada a Portugal, como ocorria, por exemplo, em começos do século XVII, com o sal do Rio Grande do Norte, como se infere de frei Vicente do Salvador: da Paraíba e de Pernambuco, as naus enviavam seus caravelões carregarem o produto. Por conseguinte, o primeiro século de colonização foi de domínio da pequena cabotagem pelos caravelões. As "barcas" citadas no relatório de Adriaan Verdonck eram deste tipo.

Como já observou Carlos Francisco Moura, os holandeses não dispuseram de palavra com que distingui-los das caravelas, o termo *carveel* cobrindo ambos. Via de regra, designavam os caravelões pela expressão desesperadoramente vaga de "barcas" (*barcken*), também aplicada às suas próprias embarcações de pequeno ou de médio porte, como a sumaca. Segundo Verdonck, estas "barcas" ou caravelões, com capacidade máxima para 100 a 110 caixas de açúcar, transportavam ao Recife, além do açúcar, o pau-brasil de Itamaracá, o sal do Rio Grande e os víveres para consumo de Olinda e do Recife. Geralmente limitadas aos trajetos marítimos, elas faziam alguns percursos fluviais como o Sirinhaém, o Goiana, o Cunhaú, o exemplo mais conspícuo sendo o do rio Beberibe, navegado pelos caravelões que baldeavam do porto do Recife para o Varadouro de Olinda a carga das naus e das urcas do Reino.

20.

Aparição da sumaca (2)

A partir da ocupação holandesa, cai um silêncio definitivo sobre os caravelões da costa. Nas fontes luso-brasileiras, só aqui e ali aparece algum retardatário. O caravelão desaparecera do Nordeste. Os anos de conflito naval haviam-lhe sido fatais. Mais exposta e vulnerável do que a navegação oceânica, a cabotagem terá sido decimada pelos cruzeiros neerlandeses. Ademais, nas condições da guerra, a própria caravela atendia melhor à dispersão geográfica dos pequenos portos onde, perdido o Recife, os luso-brasileiros procuravam, a duras penas, manter suas comunicações com o Reino, pois permitia integrar os percursos costeiro e oceânico, dispensando as operações de baldeação da carga, sempre arriscadas face à vigilância dos iates e chalupas inimigas. Quando a navegação de cabotagem renascer no governo nassoviano, o caravelão terá sido abandonado em favor de uma embarcação de origem neerlandesa, a *smak*, que frei Calado ainda designará por "barcos rasteiros", mas que foi logo aportuguesada em "esmaca" e, depois, em "sumaca".

Aporte da civilização material dos conquistadores do Nordeste, onde ela se instalará comodamente ao longo de duzentos anos, a sumaca predominará no tráfego costeiro da região, para daí ganhar todo o litoral brasileiro, do Ceará ao São Francisco. Datam da restauração de Pernambuco as primeiras referências a este tipo de embarcação. A relação de Francisco de Brito Freyre alude ao papel desempenhado no bloqueio do Recife por cinco delas, "vindas dos portos de Pernambuco", isto é, dos portos do sul da capitania sob controle do exército restaurador. A narrativa também refere, entre os barcos inimigos, patachos e sumacas encontrados em Itamaracá e na Paraíba. Outra relação registra duas sumacas apresadas pela armada de Pedro Jaques de Magalhães. Terceira fonte consigna a captura de uma sumaca de mantimentos pertencente aos holandeses. Salta à vista a circunstância de já então se haver aportuguesado, na ortografia definitiva, o vocábulo neerlandês *smak*, o que pressupõe o transcurso de certo tempo desde a sua transplantação para o Nordeste. Brito Freyre também registra que as primeiras haviam sido trazidas no bojo das naus neerlandesas, sendo montadas aqui.

De Pernambuco, a sumaca ganhou a costa leste-oeste no trajeto entre o Ceará e o Maranhão; e os percursos da Bahia às capitanias de baixo. Em finais de Seiscentos, ela assegurava as comunicações marítimas entre o Recife e a Bahia ou entre a Bahia e Sergipe, viagem em que gastavam menos de três dias, ou ainda entre a Bahia e Penedo. Um documento setecentista do arquivo da Casa de Cadaval afirma que o tráfego marítimo entre o Rio e Santos era feito "em sumacas e outras embarcações semelhantes, incapazes para navegação de tanta importância", donde a frequência dos naufrágios, arribadas e apresamentos por corsários, frente aos quais eram especialmente indefesas. A linha Rio-Santos seria, aliás, bem lucrativa, transportando anualmente cerca de 10 mil pessoas e rendendo 40 contos de frete. Do Recife e da Bahia, graças ao tráfico negreiro, a sumaca alcançou a costa ocidental da África, se é que os holandeses já não a haviam levado originalmente para lá. Em meados do século XVIII, uma investigação oficial transmitida pelo governador de Pernambuco, Luís Diogo Lobo da Silva, com data de 12/11/1758, constatava as condições penosas a que eram submetidos os escravos transportados nessas embarcações. Os regulamentos eram sistematicamente desrespeitados, a ponto de uma sumaca que deveria conduzir 237 indivíduos transportar 368. Os africanos acomodavam-se pela tolda, castelo e convés, ademais do porão, onde se armava um bailéu, "em que vêm os escravos, sem mais ar que o das escotilhas".

Ao cabo de dois séculos nas nossas águas, perdeu-se a memória da sua origem holandesa. O almirante francês, barão de Roussin, que realizou sua expedição hidrográfica ao Brasil de 1819 a 1820, quando se valeu do conhecimento e da experiência dos pilotos e práticos brasileiros, mencionou-a, sem aludir à procedência, pela expressão inglesa *smack*, a despeito de a língua francesa já conhecer a voz *sémaque*. Segundo Roussin, tratava-se de embarcação muito encontrada no litoral brasileiro, assemelhando-se, na mastreação e velame, aos brigues-escunas do seu país. Seu compatriota, Boileau, cônsul no Recife, ao escrever a palavra exótica em ofício ao quai d'Orsay, explicava

APARIÇÃO DA SUMACA (2)

tratar-se de embarcação local, um *bâtiment du pays*. Outro francês, certo Dupré Ebrard, que um século antes redigira uma *Instruction hydrographique de la côte du Brésil* (1711), anotou haver topado, na altura dos Abrolhos, uma *soûmaq*, "um navio português de fabricação brasileira". Restrita aos percursos da cabotagem do Mar do Norte à costa da França, a sumaca não foi utilizada em Portugal, tanto assim que, em trânsito pelo Recife, Sá da Bandeira deu-se ao trabalho de descrevê-la no seu diário, comparando-a ao iate, que era então a principal embarcação utilizada entre Lisboa e o Porto. Anos antes, Henry Koster contentara-se com mencioná-la, sem entrar em detalhes, dispensáveis para o leitor inglês, familiarizado com aquele gênero de barco.

Um historiador da cabotagem nas ilhas britânicas, Robert Simper, observou ser a sumaca a grande esquecida dos tempos da navegação à vela. "Descreveram-se devidamente os clipers oceânicos, as escunas mercantes e a maioria dos numerosos tipos locais, mas as sumacas ficaram esquecidas, já que não batiam recordes de travessia nem eram típicas de qualquer localidade." Algo parecido ocorreu entre nós, com a agravante de que o seu desaparecimento em meados do século XIX verificou-se antes que a fotografia lhe houvesse captado o perfil, ao contrário da costa escocesa, onde, havendo tardiamente capitulado frente aos concorrentes, sobrou tempo de se reunir abundante iconografia. A sumaca, que se espalhou por quase todo o norte da Europa, do Báltico ao Cantábrico, originara-se no litoral dos Países Baixos, em função de cujas características físicas de pouca profundidade e extensa rede hidrográfica, fora construída com vistas a integrar a navegação marítima e a fluvial.

A sumaca inscreve-se em toda uma tradição da arquitetura naval holandesa, a mesma que produziu a *fluyt* ou o *koff*, barcos de fundo chato e grande capacidade de carga, exigências comerciais a que sacrificavam a elegância do casco, a rapidez e a maneabilidade. As sumacas operavam especialmente no tráfego entre os Países Baixos, de um lado, e Antuérpia e os portos flamengos, de outro, servindo também na carga e descarga dos grandes navios. Um dicionário de marinha de começos do século XVIII distinguia o *smakschip*, em flamengo *wydtschip*, ou embarcação larga; e o *smalschip*, ou embarcação estreita, diferença apenas de largura, a construção e a armação sendo idênticas. A distinção nascera de circunstância local, o *smalschip* sendo suficientemente estreito para singrar através das comportas de Gouda, ou Tergonde, na

153

Holanda, ao passo que o *smakschip*, mais largo, não podia utilizá-las, vendo-se na contingência de navegar por fora das muralhas urbanas, através de outra comporta.

Da Holanda, a *smak* emigrou para a costa oriental da Inglaterra e da Escócia, cujas relações marítimas com os Países Baixos eram estreitas; e dali para a costa ocidental, em torno do Firth of Clyde, onde a população se adensava, como no litoral neerlandês, ao longo de uma rica rede hidroviária de rios, camboas e braços de mar. Sua grafia foi anglicizada em *smack*. Na Grã-Bretanha, ela prestou-se a uma série de usos, desde a pesca e o transporte de carvão à condução de passageiros. Foi na região do Clyde que as sumacas resistiram mais demoradamente à concorrência dos barcos a vapor. Cerca de 1920, ainda existiam, embora já substituídas, no resto do litoral escocês, pelos *puffers*. Nos portos do norte da Alemanha, elas também sobreviveram no decurso de Oitocentos, como indica uma bela gravura da coleção do Musée de la Marine (Paris). Do seu papel na cabotagem europeia, basta dizer que mereceu a honra de reprodução no *Recueil de planches sur les sciences, les arts libéraux et les arts mécaniques*, anexo à *Encyclopédie*.

A armação da sumaca compunha-se de mastro de vante ou traquete, dotado de vela latina, vela de estai (polaca), mastro de mezena com vela redonda ou quadrada, e gurupés; dispunha também de castelo de popa. Ela também arrastava escaler. Mastreação e velame não parecem ter sofrido modificações de importância durante dois séculos de Brasil, se nos fiarmos na gravura de Debret relativa a Olinda, o que não se verificou com os congêneres holandês e inglês, que se beneficiaram da sofisticação crescente do velame que marcou as técnicas de construção naval na Europa do século XVIII, como se constata na sumaca representada por Pieter Le Comte em gravura existente no Musée de la Marine e em azulejo holandês que pode ser visto no convento de Santo Antônio do Recife.

O *Dictionnaire de Marine*, que proporciona as dimensões médias do *smalschip*, dá-lhe um comprimento de 18 metros e uma boca de 5 metros. Vistoria em cinco sumacas que faziam o tráfico de escravos entre a costa ocidental africana e o Recife (1758) indica que variavam entre 22 e 15 m de comprimento por 6,6 e 5 m de boca. De maior interesse é sua capacidade de carga, cujo exame é factível graças ao registro portuário do *Diário de Pernambuco* de 1830 a 1850, período que coincidiu com a gradual substituição da sumaca pela barcaça no Nordeste recifense. Roussin, por exemplo, atribuíra--lhe a média de 80 toneladas mas o exame de 37 unidades engajadas na navegação entre o Recife e os portos do Ceará ao São Francisco e entre o Recife e os principais portos do litoral brasileiro, especialmente o Rio de Janeiro, aponta uma média de 92 toneladas, as de maior capacidade servindo aos percursos mais longos. Se as eliminarmos do cálculo, teremos que a média das sumacas empregadas no Nordeste recifense girava em torno de 77 t, numa faixa entre 50 e 197 t. Mais de 2/3 situavam-se na faixa de 50 a 100 t, apenas o terço restante dispondo de capacidade superior.

Inicialmente utilizada pelos holandeses nas comunicações entre o Recife e as guarnições ao longo da marinha, seu domínio prendeu-se à estrutura da navegação e do comércio luso-brasileiros após a restauração do Nordeste e à consolidação do papel de entreposto regional do Recife. Por motivos de segurança das comunicações marítimas entre Portugal e o Brasil, a navegação livre foi substituída por um sistema de comboios anuais que privilegiavam os portos de Salvador, Recife e Rio. Ele pressupunha a infraestrutura duma cabotagem ativa ligando os núcleos populacionais dispersos pelo litoral ao grande porto mais próximo, encarregado de mediatizar o comércio com a metrópole. Teve-se assim de recorrer a um barco especializado, embora se deva ter em mente que a especialização da marinha mercante nos séculos XVII e XVIII e começos do XIX era bem relativa, como indica o fato de que as embarcações podiam ser facilmente convertidas ao atendimento de necessidades bélicas e outras.

Para atender o aumento do tráfego decorrente não só do incremento físico da produção exportável mas sobretudo da concentração no Recife de todo o comércio exterior de Pernambuco e das chamadas "capitanias anexas", era necessário dispor de barco de maior capacidade de carga, a média da sumaca sendo o duplo da do caravelão, 80 t contra 40 ou 50 t. Sobre este, a sumaca também dispunha da vantagem do fundo chato, de "prato", apropriado aos pequenos portos. Por fim, podia ser utilizada no tráfico africano. Seu domínio tornou-se assim fato consumado desde a restauração pernambucana (1654), ampliando-se e consolidando-se com o progresso do povoamento do Rio Grande e do Ceará e o aparecimento dos "portos do sertão", que vinculavam essas capitanias ao entreposto recifense. Na área a norte do cabo de São Roque, em que as distâncias aumentavam, a ocupação humana rarefazia-se e as condições de navegação tornavam-se precárias, a sumaca passou a gozar de um monopólio que não conseguiu adquirir ao longo do litoral pernambucano e paraibano, onde devia contar com a concorrência ativa de embarcações menores, como as "canoas do alto" e outras.

Nos "portos do sertão" ou costa de sotavento, o papel da sumaca foi, por conseguinte, ainda mais relevante. Ao invés da marinha açucareira, isto é, da costa oriental ou de barlavento, ao longo da qual disseminavam-se os engenhos, no Ceará e no Rio Grande a produção concentrava-se ao longo de "ribeiras" servidas através de portos de mar ligados ao Recife: a ribeira do Acaraú, cujo centro era Sobral e que dispunha de três portos distintos (o Camocim, o Acaracu e o Mundaú); a do Ceará, cujo porto era Fortaleza; a do Jaguaribe, a mais importante, cujo porto, o Aracati, servia de entreposto ao Icó e ao sertão do Crato e dos Cariris; a do Apodi, com centro em Mossoró; e a do Açu. A economia das ribeiras cearenses repousava sobretudo na pecuária, com a exportação de couros e de charque para o Recife; e a das do Rio Grande, no sal e na pesca. Quando a grande seca de 1777 desferiu um golpe mortal na produção e no comércio da carne-seca, o algodão a substituiu nos porões das sumacas. Em meados do século XVIII, o comércio do Recife com esses portos e com o litoral do Piauí (Parnaíba) estava a cargo das "sumacas dos sertões", as únicas de porte que podiam alcançar aquelas paragens. Em começos do século XIX, Koster, de passagem pelo Aracati, se valeria dos préstimos de um rico comerciante local, armador de sumacas. Pela mesma época, armava-as também um dos mais prósperos homens de negócio do Recife, Bento José da Costa, que explorava pesqueiros e salinas no Rio Grande. Ao estourar a Revolução de 1817, uma das primeiras providências do governador do Rio Grande consistiu em embargar as sumacas fundeadas nos portos da capitania.

Na mata açucareira, a sumaca não pôde desfrutar dessa posição. Ali o transporte marítimo atendia a centros de produção, os engenhos, dispostos num contínuo à beira do litoral ou a pequenas distâncias. Os trajetos eram menores e as condições de navegação, mais fáceis. Na costa de barlavento, a sumaca não eliminou as embarcações menores, canoas do alto, balsas, lanchas e jangadas. A fronteira entre elas e a sumaca girava em torno das 50 caixas de açúcar, a caixa correspondendo então a 40 arrobas. Entre os barcos recenseados no governo do conde dos Arcos, 2/3 tinham capacidade para entre 50 e 145 caixas; e o terço restante, para 15 a 45 caixas. Esses dados só incluíam, porém, os barcos de proprietários domiciliados no Recife, com exclusão dos que se armavam em outros portos regionais, nem cadastravam barcos de capacidade inferior a 15 caixas. É, aliás, revelador da sua primeira utilização comercial em águas brasileiras que a capacidade das sumacas, como a das embarcações de menor porte, seja medida em caixas de açúcar, praxe herdada do século XVII, quando haviam transportado o produto antes de carregarem o couro, a carne de sol ou o algodão. Sendo poucos no litoral da mata os rios que lhes davam acesso, elas não puderam integrar os percursos fluvial e marítimo, como fará sua sucessora, a barcaça, exceto em alguns pontos, como no Paraíba, por onde podiam subir até a cidade; no Goiana, onde chegavam às proximidades da vila; no São Miguel, 4 léguas até a vila do mesmo nome; e no São Francisco até Penedo. Tampouco eram numerosos os portos de mar em que pudessem ancorar: a baía da Traição, Itamaracá, Porto de Galinhas, Maracaípe, Barra Grande e Jaraguá (Maceió).

Nos portos de rio e mar que não davam acesso às sumacas, os barcos de pequeno porte proliferaram até o triunfo da barcaça em meados do século XIX. Destarte, elas próprias requeriam os serviços de pequenas embarcações. As fontes atestam a vivacidade desse tráfego fluvial, subsidiário da cabotagem. Ali onde as sumacas podiam subir parte do rio, como no Potengi, no Paraíba e no Goiana, lanchas, canoas e balsas encarregavam-se do restante do trajeto e, em certos casos, penetravam mesmo pelos afluentes. O algodão paraibano, por exemplo, era transportado para o Recife em embarcações que o vinham buscar no porto da província, aonde era trazido parte por via fluvial, parte em lombo de animais. Os percursos fluviais que negavam acesso às sumacas e que eram a grande maioria estavam dominados pelos pequenos barcos. Assim na freguesia do Cabo, cujo açúcar descia em canoas pelo Jaboatão ou pelo Pirapama até a barra de Jangadas; no Sirinhaém, no Formoso e alguns dos seus afluentes; no Una, no Camaragibe, no Santo Antônio Grande; nos cursos d'água que desembocavam nas lagoas de Mundaú e Manguaba; no São Miguel. No São Francisco, navegava-se em canoas até o porto de Piranhas, ao pé da cachoeira de Paulo Afonso. Nos portos do sertão, a sumaca também teve de recorrer às embarcações menores: no Camocim, navegado pelas canoas; no Ceará, onde chegavam até a Soure; no Jaguaribe, entre a foz e o Aracati; no Apodi, até Santa Luzia, 6 léguas da costa.

A cabotagem recifense adotou assim um modelo dual em que a embarcação dominante de porte médio, como outrora o caravelão e depois a sumaca, convivia com os pequenos barcos de origem portuguesa ou nativa. Mesmo quando a substituição da sumaca pela barcaça resultou, num primeiro momento, na abolição do dualismo, ele foi logo restabelecido pela introdução dos barcos a vapor. Graças ao regime de ventos e correntes no litoral do Nordeste, a sumaca pôde ser alternativamente utilizada nos percursos da mata e dos portos do sertão. A fabricação do açúcar e seu transporte para o Recife tinham lugar nos meses de verão, ao passo que a navegação da costa leste-oeste dependia das monções de sudeste, isto é, dos meses de inverno, as sumacas partindo em maio para regressar em outubro, com os primeiros alísios. Elas aproveitavam assim na costa do sertão os meses da entressafra açucareira. A cabotagem regional tinha também de levar em conta o calendário das frotas que ligavam o Recife a Lisboa. Aos produtores de açúcar e aos comerciantes da terra, convinha que elas velejassem do Reino em inícios do outono para alcançar Pernambuco pelo Natal e retornar à metrópole em finais de março, começos de abril. Esta rotina era frequentemente perturbada pelos atrasos no apresto dos comboios, de modo que os navios só chegavam muitas vezes em fevereiro ou março ou até mais tarde, com os inconvenientes que se adivinham, inclusive para a navegação dos portos do sertão.

Nos anos trinta e quarenta do século XIX, a sumaca desapareceu do litoral. Quando, no decênio seguinte, Vital de Oliveira realizou seus trabalhos de hidrografia, já a menciona como coisa do passado, exceto no tocante às pequenas sumacas que sobreviviam em áreas meridionais da província de Alagoas, a barra do São Miguel e o porto de Coruripe, onde se construíam. É sempre difícil averiguar os porquês numa história silenciosa e humilde como é a da pequena cabotagem. A explicação comumemente dada na época apontava o assoreamento que teria atingido indiscriminadamente os ancoradouros e os rios. Segundo Fernandes Gama, "em outros tempos, esta província oferecia abrigo em diversos pontos do litoral a grandes vasos; hoje, porém, apenas conta, além do porto da capital, uma só baía própria para ancoragem de navios de alto porte: a de Tamandaré". E invocava a autoridade do cosmógrafo Pimentel e do barão de Roussin e "o testemunho de pessoas que ainda vivem" para provar que Pau Amarelo, Itamaracá, Catuama e Goiana haviam sido outrora frequentados por navios de "muito maior porte". A situação era idêntica com referência aos cursos d'água: "abandonados à natureza, sem o menor socorro d'arte, os rios de Pernambuco, obstruídos todos os anos pelas enchentes, cada dia vão oferecendo maiores dificuldades na sua navegação".

Destarte, a sumaca teria sido vitimada pelo assoreamento resultante de três séculos de monocultura canavieira e de depredação dos recursos naturais. A este fenômeno não se pode, contudo, atribuir a responsabilidade principal pela sua desaparição. A noção dum litoral frequentado por barcos de grande porte parece ter sido idealização alimentada na tradição oral dos moradores locais e, na melhor das hipóteses, na dos práticos, um resíduo do imaginário popular do "tempo dos flamengos". Trata-se de algo que vai a contrapelo do que dizem as fontes entre o período holandês e o século XIX. A realidade foi que, a partir da formação do entreposto recifense em meados de Seiscentos, a sumaca constituiu a embarcação de maior porte utilizada na cabotagem. A *Informação geral da capitania de Pernambuco* (1749) é bastante conclusiva: a lista de barcos registrados no porto do Recife indica que sua capacidade de carga não ultrapassava as 150 caixas de açúcar, quando a capacidade média das naus portuguesas da época correspondia a pelo menos o dobro.

A realidade foi outra. Na zona da mata, o assoreamento não foi, via de regra, suficiente para estorvar a navegação de sumacas. Nos começos do século XIX, elas continuavam a tocar os poucos portos de rio e mar que haviam frequentado desde Seiscentos, como a Paraíba, as barras de Itamaracá, a de Catuama e a do sul, que dão acesso ao canal entre a ilha e o continente, chamado rio de Itamaracá, de Santa Cruz ou de Itapissuma; o rio Formoso até a distância de 1 légua da foz; a Barra Grande, Porto de Pedras e Jaraguá, em Alagoas. Por outro lado, tinham desaparecido de portos cujas profundidades haviam permanecido praticamente as mesmas do período holandês, como Porto de Galinhas ou Maracaípe. O abandono desses ancoradouros devera-se não ao assoreamento mas à precariedade das estradas que os serviam. No tocante à barra de Sirinhaém, a comparação dos dados fornecidos por Johannes de Laet no século XVII com os de Vital de Oliveira no XIX indica que as condições dos fundeadouros não se haviam modificado substancialmente e que, por conseguinte, quando as sumacas cederam o lugar, ainda existiam surgidouros aptos a acolhê-las. Na barra do Gamela, o canal entre a foz e as camboas que se abriam ao norte, a do Passo, ao sul, a de Ariquindá e as próprias camboas tinham profundidades para barcos de porte médio. O que também ocorria na barra do rio Una, cujo porto, Abreu do Una, declinara devido às mesmas carências constatadas em Maracaípe ou em Porto de Galinhas.

Os acessos do litoral alagoano tampouco se haviam deteriorado. O único ponto de onde as sumacas foram expulsas pelo assoreamento foi o rio Goiana, devido à obra impensada da Câmara Municipal, que aterrara o braço principal do Capibaribe-Mirim. Muito menos nos portos do sertão o assoreamento constituiu o fator decisivo na desaparição da sumaca, como indica o *Roteiro da costa do norte do Brasil desde Maceió até o Pará* (1877). O Camocim, que era o porto da Granja, contava nos anos setenta do século XIX com fundos para os vapores das companhias Pernambucana e Maranhense, que faziam escala rotineiramente. Era idêntica a situação no Acaraú, porto de Sobral, centro do norte cearense, no Mundaú e em Fortaleza, que dispunha do porto da cidade e do de Mucuripe. No Jaguaribe, as sumacas nunca haviam subido o Aracati, situado 4 léguas a montante, fundeando, do lado de dentro da barra, no porto do Cajueiro, onde eram servidas pelas canoas que viajavam entre a foz e a vila; ali, nos anos setenta do século XIX, ainda ancoravam os vapores da Companhia Maranhense. No litoral do Rio Grande do Norte, a barra de Mossoró recebia os vapores da Companhia Pernambucana, igualmente servidos pelos barcos que subiam até Jurema, a 4 léguas da foz. No Açu, as sumacas haviam navegado até 3 milhas da foz, altura de Macau, os navios de maior calado completando o carregamento fora da barra, que também será frequentada pela Companhia Pernambucana. Em resumo, de um lado, havia portos que, a despeito do assoreamento, continuaram a ser frequentados pelas sumacas; e, de outro, portos em que elas haviam cessado de tocar, malgrado as condições de navegabilidade não se haverem marcadamente deteriorado. Na segunda metade de Oitocentos, as escalas da Companhia Pernambucana eram praticamente as mesmas das utilizadas outrora pelas sumacas.

Outra indicação de que a sumaca não foi vítima do assoreamento reside no fato de que sua atuação cresceu substancialmente nos últimos decênios de Setecentos, subsequentemente ao *boom* algodoeiro, como demonstra a comparação entre a *Ideia da população* (1749) com o roteiro de Paganino (1784) e fontes da primeira metade do século XIX. Conhece-se a *razzia* que durante a guerra de independência das repúblicas do Prata fizeram nas nossas sumacas de algodão os corsários norte-americanos a quem Artigas havia concedido cartas de marca. Há que buscar, portanto, as razões do seu desaparecimento nas novas circunstâncias que passaram a condicionar as relações entre o Recife e seus entrepostos nos primeiros decênios de Oitocentos, entre as quais a autonomia conferida aos portos provinciais ainda no quadro do monopólio comercial português, ao abolir-se a subordinação do Ceará, Rio Grande e Paraíba a Pernambuco, e ao abrir-se o Brasil ao comércio estrangeiro (1808). A sumaca surgira para atender às exigências de especialização e volume de carga impostas pela concentração do comércio colonial em meados do século XVII, induzida pelo sistema de comboios e pelo monopólio exercido pelo Recife sobre as comunicações regionais com Portugal.

Sua eliminação resultou do fenômeno inverso de desconcentração, reforçado, a partir dos anos vinte do século XIX, pelo declínio das exportações de algodão e pela queda do preço do açúcar. Descentralização, diminuição do volume exportado pelos portos do sertão e declínio do preço do produto exportado pelos portos da mata deram-se as mãos para substituí-la pela barcaça. Por outro lado, cumpria liberar a navegação entre o Recife e os portos do sertão dos ônus do sistema de monções, para que fosse feita no decorrer de todo o ano, o que requeria embarcação habilitada a tirar partido dos ventos litorâneos e da navegação entre os arrecifes. A barcaça responderá melhor a essas exigências. Abertos os portos das capitanias anexas ao comércio com a metrópole e, depois, com o estrangeiro, a sumaca recuou para seu hábitat original, o litoral da mata açucareira. Contudo, a modéstia destes percursos tornava-a pouco ou nada rentável face à multidão de pequenos barcos que lhe faziam concorrência e que penetrando os pequenos rios podiam integrar, a menores custos, a navegação fluvial e a marítima. Dispensada dos portos do sertão, a sumaca tornou-se onerosa nos portos da mata.

21.

A vitória da barcaça (3)

Ao reinado da sumaca sucedeu o da barcaça, tipo de embarcação assim descrito por Pereira da Costa:

> Pequeno barco de navegação costeira, de transporte de gêneros diversos entre os portos do estado [de Pernambuco] e outros dos vizinhos, com um ou dois mastros, fundo de prato, armação de cavernas, camarotes internos na proa e popa, com escotilhas de descida para alojamento da tripulação, cobertura e embonos laterais, de pau de jangada, para manter o seu equilíbrio em marcha. Movida a velas no mar e a varas à entrada e saída dos portos, constitui um gênero de embarcação só conhecida desde o Ceará até uma certa parte do litoral da Bahia.

As velas eram latinas. O meio da embarcação era destinado à carga, depositada através de uma grande escotilha, a "sepultura". Dispondo em média de 21 m de comprimento por 4 m de boca, a barcaça deslocava cerca de 45 toneladas métricas, dentro de uma faixa de 25 a 50 toneladas. Aduzia Pereira da Costa que "a notícia mais remota da barcaça entre nós consta do ataque do forte do Cabedelo, na Paraíba, em 1634, acometido por uma esquadrilha de sete navios [holandeses] e seis barcaças, expedida do porto do Recife". Na realidade, essas barcaças não eram aquela descrita pelo historiador pernambucano, que só surgiu ou, ao menos, só se generalizou no decorrer dos anos quarenta do século XIX. Em 1849, o engenheiro Milet, ao apresentar projeto de criação de companhia de vapores, assinalava que o transporte de gêneros para e do Recife "efetua-se, parte às costas de cavalos, parte por meio de barcaças, que os vão procurar nos pequenos portos do litoral". Ao dar parecer contrário à proposta, o engenheiro Mamede Ferreira referia, como a acontecimento recente, "o estabelecimento das conduções por barcaças hoje geralmente adotado em todo o litoral da província". O triunfo da barcaça consumara-se rápida e completamente.

Contudo, o leitor não a encontrará nas páginas dos viajantes estrangeiros que visitaram o Nordeste naqueles anos, embora Gardner mencione um "pequeno navio carregado de algodão" em que velejara de Maceió ao Recife em quatro dias. A embarcação não era uma canoa do alto, em que já viajara e que descreverá em minúcias, nem uma lancha, que vira singrar na lagoa Manguaba. Caso se tivesse tratado de alguma sumaca retardatária, o inglês Gardner a teria reconhecido. O provável, por conseguinte, é que a "pequena embarcação carregada de algodão" tenha sido uma barcaça. Que ele não conhecesse sua designação é, aliás, significativo da hesitação terminológica que presidiu à aparição deste tipo de barco, revelada, aliás, pela própria capitania do porto do Recife ao demorar em encampar a denominação pela qual já era conhecida. De outra maneira, não se explicaria que somente a partir de 1855 tenha sido cadastrada pelas autoridades portuárias. Esses registros, publicados em anexo aos relatórios anuais do Ministério da Marinha, só aludem de 1848 a 1853 a lanchas, canoas e alvarengas; o de 1854 contém ademais referência a "barcos". É o de 1855 que alude pela primeira vez a "barcaças", juntamente com as canoas do alto, omitindo-se a alusão anterior a "barcos". Os barcos de 1854 eram, portanto, as barcaças do ano seguinte.

Para afirmar a existência da barcaça nordestina nos começos do século XVII, Pereira da Costa fiou-se num especialista da história da construção naval no Brasil, o almirante Alves Câmara, quem, por sua vez, baseara-se nas *Memórias históricas da província de Pernambuco*, de Fernandes Gama. Este repetira a narrativa da perda do Cabedelo (1634), feita por fonte coeva, as *Memorias diarias de la guerra del Brasil*, de Duarte de Albuquerque Coelho (1654). Aí se acham diversas menções a *barcazas*. Delas, depreende-se que via de regra eram utilizadas no transporte de tropas holandesas, constituindo uma embarcação auxiliar da guerra naval, o que não se coaduna nem com a função nem com a arquitetura da barcaça nordestina. O cotejo das versões que desses episódios proporcionam as *Memorias diarias* e a principal fonte holandesa da época, o *Iaerlyck verhael*, de Johannes de Laet, leva à conclusão de que o barco que Duarte de Albuquerque Coelho chamava *barcaza* era o que os neerlandeses designavam por *jacht*.

O iate, vocábulo de origem holandesa, originara-se ao menos no século XVI e, como a sumaca, passara da Holanda à Inglaterra. "Por volta de 1600 [escreve Alan McGowan], era usado para uma variedade de propósitos, envolvendo o Estado, o governo, o comércio ou o ócio, mas sempre tendo em vista o desejo de velocidade." A *barcaza* de Duarte de Albuquerque era, portanto, o *jacht* holandês, não a nossa barcaça oitocentista. Confrontado por um tipo de embarcação desconhecido na Península Ibérica e ainda sem designação em castelhano ou português, o cronista recorrera ao termo que na Espanha como em Portugal era indiferentemente utilizado seja com o significado lato de barco grande, seja na acepção estrita de embarcação apropriada ao serviço portuário. Deste modo, a repetição acrítica de um texto do século XVII resultou num anacronismo que fez recuar de mais de duzentos anos o aparecimento da barcaça nordestina. Não ocorrera a Alves Câmara ou a Pereira da Costa que o mesmo vocábulo pudesse designar tipos diferentes separados no tempo. Com efeito, nem as demais fontes luso-brasileiras do período holandês nem as de história do Nordeste referem-se a barcaças nos dois séculos seguintes.

Terão as barcaças existido sob outra designação? Os "barcos" matriculados no porto do Recife (1749) constituíam, como já se assinalou, quase todos sumacas. Não é crível que o documento tivesse omitido uma embarcação de pequena cabotagem, caso desempenhasse papel relevante. Cumpre ainda examinar a hipótese de que, por contaminação semântica, a palavra "alvarenga" tenha designado também a barcaça, como atesta para os anos vinte do século XX o belo poema de Joaquim Cardozo. O fenômeno, contudo, parece ter sido recente. Em fins de Oitocentos, Alves Câmara e Pereira da Costa ainda definiam a alvarenga como uma embarcação exclusivamente portuária, destinada à carga e descarga dos navios, movida a remo e só excepcionalmente a vela. O registro do porto do Recife (1855) distingue claramente barcaças e alvarengas. Só excepcionalmente, como em 1821 quando da insurreição de Goiana, foram utilizadas alvarengas em percursos marítimos. Outro exemplo: em 1875, o engenheiro Victor Fournié mencionava a existência, no ancoradouro do Recife, do "porto interior ou porto das alvarengas". Tratar-se-ia, nestes casos, de barcaças? À primeira vista, considerando o vocábulo no sentido estrito de embarcação portuária, como justificar que as alvarengas dessem nome ao ancoradouro interno, fronteiro aos armazéns de açúcar onde as barcaças descarregavam o produto chegado dos engenhos?

Esses problemas de origem dão lugar com frequência a questões insolúveis. É mais importante compreender as razões da rápida vitória das barcaças. Segundo Mamede Ferreira, elas possuíam "a grande vantagem de subirem pelos rios acima e receberem os gêneros nos próprios lugares da sua produção, ou ao menos muito próximo, facilitando e diminuindo as despesas de transporte". Isto se devia ao "poderem navegar em pequena profundidade d'água e mesmo aproveitarem as enchentes das marés para subirem mais pelo interior do rio, por isso que, pela sua forma de construção, nada sofrem ficando em seco, embora carregadas". As barcaças tiravam assim todo o partido das oportunidades de uma rede hidrográfica limitada. Por fim, exigiam "um pequeno pessoal e quase nenhuma despesa de custeio, donde resulta oferecerem os transportes por preços muito baixos". Graças ao quê a barcaça sobreviverá à concorrência dos vapores da Companhia Pernambucana de Navegação. Estes, como outrora as sumacas, estavam restritos aos portos de mar, além de implicarem investimento mais alto e maiores despesas de manutenção. Mercê do seu fundo chato ou "de prato", assimilado da própria sumaca e das embarcações portuárias como a lancha, a barcaça pôde integrar os percursos marítimo e fluvial, até então separados, num único trajeto, abolindo o transbordo e reduzindo as despesas do transporte de açúcar e de outros gêneros, que não constituíam uma rubrica inconsequente nos custos de produção.

O cordão de arrecifes que borda nosso litoral tornava a navegação dependente das barretas, isto é, de interrupções da linha de pedras, ou esteiros alagados, muitas das quais só transponíveis por barcaças. Daí que Vital de Oliveira siga a praxe de referir, ao lado da barra de rio, a barreta acessível apenas às pequenas embarcações, a alternativa preferida dos barcaceiros ou a que recorriam segundo a estação do ano. Veja-se o caso da barra de Suape, com seus rios que drenavam uma das importantes áreas açucareiras de Pernambuco. Antes da ocupação batava, os caravelões penetravam no surgidouro, subindo à foz do Ipojuca. Durante a guerra holandesa, Suape constituiu a alternativa luso-brasileira à perda do Recife, principal ancoradouro da capitania. Mas a despeito da capacidade do seu fundeadouro, já havia queixas acerca das dificuldades de acesso, devido à estreiteza das barretas e à existência de secos e coroas. Nos anos *post bellum*, abandonado pelas embarcações oceânicas que haviam regressado ao Recife, Suape transformou-se em porto de sumacas, como era ainda ao tempo do roteiro de Paganino.

Mas quando Tollenare visitou a região (1817), só viu "jangadas miseráveis sobre as quais os açúcares ficam expostos a mil acidentes". Era crença arraigada que o ancoradouro tornara-se impraticável por haverem os holandeses afundado três navios na barreta. Um oficial português informara-lhe, contudo, que isso não passava de lenda: a barreta estaria desimpedida e o porto ainda daria acesso a embarcações de 150 toneladas. Pouco depois, o governador Luís do Rego Barreto, em excursão pelo sul da capitania, assegurava achar-se a barreta efetivamente impraticável, o que atribuía não ao afundamento de navios mas à elevação do arrecife. Graças à barcaça, Suape pôde ser reutilizada, embora, mesmo para ela, a navegação fosse difícil. Como indica Vital de Oliveira, é certo que a entrada exigia apenas a preamar e o vento feito, mas a saída era complicada pela força das correntes no fundeadouro, que só permitia largar com bons ventos ou com terral constante, que habilitavam a barcaça a vencer o vagalhão da barra e impedir que fosse atirada contra as pedras do Cabo de Santo Agostinho ou sobre o "sombreiro" ou "tartaruga", os esteiros alagados das proximidades do forte de Nazaré. Quanto aos rios que deságuam em Suape, somente o Ipojuca era regularmente utilizado por barcaças, os engenhos da área contando com as opções do transporte terrestre para o Recife próximo e do embarque do açúcar pelo Jaboatão ou o Pirapama.

Como se vê ainda do roteiro de Vital de Oliveira, ao longo de todo o litoral, barras e barretas davam acesso aos ancoradouros, aptas umas para navios, outras boas somente para barcaças e canoas, como na foz do Sirinhaém. A norte da barra de Tamandaré, a barreta do Bobó, uma anchura de 900 metros no arrecife, era utilizada em tempo de ventos bonançosos. No rio Formoso, durante o inverno, as barcaças preferiam a barreta do Tijucoçu. No Recife mesmo, além da barra grande e da barra pequena, havia, ao sul, a "barreta das jangadas", fechada em meados do século XIX e já representada na cartografia holandesa sob a designação de "barreta do francês". Em muitos casos, transpor essas barretas só era factível nas preamares. Os ancoradouros reproduziam frequentemente a mesma especialização espacial, as barcaças singrando comodamente por canais inacessíveis a embarcações maiores. Os fundeadouros só utilizáveis pelas barcaças tinham a vantagem de ser os mais próximos à praia e os mais bem abrigados da força dos ventos e das marés.

Mediante o uso da vara, a barcaça pôde ocupar percursos fluviais estorvados pela estreiteza do leito ou pelos meandros do curso, como no rio Goiana. Da foz à cidade, o rio dava 7 léguas de voltas, o que quase duplicava a distância direta entre os dois pontos. A mais penosa dessas curvas, conhecida como "volta mofina", era, ainda segundo Vital de Oliveira, "um curto espaço que as embarcações de pequena cabotagem custam a vencer porquanto a viração é sempre pela proa e com a correnteza do rio é difícil bordejar". Neste trecho, não se podia sequer recorrer ao varejão pois o fundo de lama mole não oferecia resistência. A montante, à altura da desembocadura do Tracunhaém, a profundidade impedia a utilização de varas. Dificuldades dessa natureza repetiam-se nos rios Igaraçu e Mamanguape. Neste, as barcaças subiam até Jaraguá, a 4,5 léguas da foz, mas só com dificuldade atingiam a cidade. Outra vantagem da barcaça era a de penetrar meros riachos, gamboas e braços de rio: o Garaú na Paraíba, e também os afluentes do Paraíba, como o Gurgaú e o Guia. O mesmo acontecia no delta do Capibaribe-Beberibe. Riachos, muitos deles, que só podiam ser navegados no inverno, como o Camaçari, na Paraíba, e o Mambucabas e o das Ilhetas, que desaguavam em Tamandaré. No Recife, as barcaças subiam até os armazéns de açúcar do cais do Apolo, dispensando a intermediação de embarcações portuárias, ou descarregavam diretamente nos navios que transportariam o produto aos mercados consumidores.

Na mata sul, a concorrência do transporte terrestre foi tardia. Basta dizer que em 1857 a construção da chamada "estrada do sul" ainda não ultrapassara a comarca do Cabo. Mesmo a estrada de ferro Recife-Palmares não competiu com a barcaça, pois seu traçado, planejado no rumo do médio São Francisco, adentrava-se em sentido sudoeste. Aos engenhos do "velho sul", concentrados na faixa litorânea ou nas suas proximidades, a barcaça continuou a oferecer a melhor alternativa, malgrado a necessidade de efetuar em animais a parte do trajeto entre o centro de produção e o porto de rio ou de mar mais próximo. Em 1865, o engenheiro Barros Barreto observava que a ferrovia não transportava "a centésima parte dos gêneros trazidos ao mercado [do Recife] de diferentes pontos do interior desta província e das províncias limítrofes, cujos produtos são quase todos transportados por mar".

Veja-se o caso do Sirinhaém, que drenava um dos importantes distritos açucareiros. Sua barra permitia apenas a navegação por barcaças e canoas.

Mesmo no verão, que era a época de moagem, elas podiam descer desde o porto da vila, 3 léguas acima da foz, com carregamento de 15 caixas de açúcar, de 40 a 60 arrobas cada uma. Com 10 caixas a bordo, podiam singrar desde o porto de Pedras, 4 léguas mais acima. Da foz até o engenho do Anjo, extensão de légua e meia, navegava-se independentemente das marés; daí para cima, só na preamar. "Este rio na sua extensão [informava um corógrafo local] tem diversos portos ou enseadas, onde recebem as barcaças os gêneros que transportam para esta capital [i.e., o Recife], empregando-se nesse tráfico mui crescido número delas." Não só os engenhos ribeirinhos mas também os vizinhos, os vizinhos dos seus vizinhos e outros mais afastados valiam-se destas facilidades, ou alternativamente expediam seus açúcares por terra à povoação existente na barra do Sirinhaém, de onde "muitas barcaças viajam para o Recife [...], pelo que é mui frequente a comunicação com esta cidade". Na barra, existia "estaleiro de fazer barcaças, sob a direção de um carpinteiro hábil". Entre os afluentes do Sirinhaém, o riacho do Trapiche, designação reveladora, era muito procurado, comunicando-se também com o Sirinhaém através de camboa, da preferência dos barcaceiros.

O diário de um senhor de engenho da ribeira do Sirinhaém deixa entrever o papel da barcaça na vida cotidiana da propriedade. O engenho Goicana, escusado assinalar, dispunha de porto próprio, de modo que, iniciada a moagem, reparava-se a estrada que ia da casa de purgar ao rio. Mas a barcaça, meio de transporte de carga, servia também ao deslocamento do proprietário e família. Com ventos favoráveis, a viagem ao Recife era feita em doze horas. Quando, no fim da vida, o senhor de engenho resolveu residir na capital, no bairro da Torre, ribeirinho do Capibaribe, a mobília seguiu por mar em duas barcaças que a foram descarregar no porto do sítio. Contudo, bastava uma sucessão de dias de vento irregular ou tormentoso para que as atividades se desorganizassem. Em novembro de 1887, um nordeste incessante imobilizou as barcaças, acumulando-se grandes estoques de açúcar nos engenhos e povoados litorâneos. Após três semanas de ventania, o autor do diário mandou fretar em Tamandaré uma barcaça, que carregou inteiramente com 400 caixas de açúcar, carga inédita na experiência do engenho. Em janeiro, a situação melhorara mas a navegação continuava "morosa e quase impossível". Seu irmão, senhor de engenho vizinho, possuía barcaça própria, chamada *Libertadora* numa alusão às tendências abolicionistas do proprietário. Nela despachava seu açúcar, recebia os suprimentos do Recife ou viajava à capital mas também dava fuga a escravos, à maneira das célebres congêneres que, sob o patrocínio de José Mariano e de dona Olegarinha, desciam na mesma época o Capibaribe com pretos destinados ao Ceará.

Um viajante que se deslocou do Recife ao Aracati em barcaça, certo R. da Cunha, publicou no *Jornal do Recife*, de 25/6 e 9/7/1859, o relato da experiência:

> Nossa marinha de cabotagem, como todas as marinhas de tal espécie é composta de pequenos barquinhos, sem acomodações, fétidos e imundos, tendo o convés empachado por milhares de fardos, que tomando todo o espaço de bordo a bordo e quase que de proa a popa, tornam difícil a manobra, correndo-se o risco de sossobrar, por pouco que o mar seja cavado e sopre vento rijo [...] As refeições são feitas a pé, comendo alguns *à árabe* [i.e., acocorados], a mesa posta *aux étoiles* e sofrendo-se alguns tombos quando as guinadas são mais fortes. Nesses barcos infelizmente as regras higiênicas não são as mais observadas e nossos marujos não ostentam essa limpeza que se nota em outras marinhas e muito menos o pitoresco do traje [...] Nossas equipagens primam pela subordinação e quase inteira sobriedade [...] Os pequenos barcos que se ocupam no comércio de cabotagem navegam sempre mais ou menos à vista da costa [...] Os passageiros, quase sempre negociantes ou criadores, conversam sobre os objetos de sua profissão.

O engenheiro Milet queixava-se também dos percalços da navegação a vela mas é necessário dar às suas alegações o desconto de que se tratava de um advogado da navegação a vapor. Segundo escrevia,

> estes transportes por barcaças, cuja saída é demorada às vezes por espaço de 8 dias em consequência dos ventos, cujas viagens não são regulares e onde os gêneros correm risco de avaria, são mui imperfeitos para os objetos materiais e tornam-se intoleráveis no que diz respeito aos passageiros, a tal ponto que quase todos preferem andar por terra apesar das despesas e incômodos que ocasiona qualquer viagem a cavalo por estradas péssimas, tornadas intransitáveis no inverno pelas cheias dos rios e se-

meadas de extensos lodaçais onde os cavalos atufam-se até os peitos. E por isso é somente em caso de absoluta necessidade que os negociantes e outras pessoas que precisam visitar os diversos portos do litoral se resolvem a tentar a viagem.

Mas ao contrário do que prometia o engenheiro francês, a navegação a vapor não será capaz de garantir a regularidade prometida, como indicam as reclamações contra a impontualidade dos vapores da Companhia Pernambucana. Precisando urgentemente seguir para o Recife, o senhor do Goicana deslocou-se a Tamandaré, onde faziam escala. Pena perdida; o navio não veio e ele afinal embarcou na barcaça do irmão. Um forte vento norte obrigando-a a aportar a Serrambi, ele avistou finalmente o vapor que chegava atrasado a Tamandaré, para onde se dirigiu. Novo contratempo, pois o vapor fez-se ao largo sem cumprir a obrigação de escala de 24 horas. Final da estória: o viajante decidiu-se a tomar o "vapor de terra" em Gameleira. De outra feita, ele foi tomar à tarde o "vapor de mar", que se atrasou mais de 24 horas. A viagem ao Recife fez-se em cinco mas o navio teve de esperar a noite inteira no lagamar, pois só podia tomar porto durante o dia. Os vapores eram lentos e faltos de conforto e asseio. Nestas condições, era mais prático tomar a barcaça que o levava do porto do engenho ao porto do seu sítio do Recife.

Na segunda metade do século XIX, a barcaça tornou-se onipresente, de Alagoas ao Rio Grande do Norte. Dadas as dificuldades de navegação do rio Igaraçu, Itapissuma, sobre o canal de Santa Cruz, que separa a ilha de Itamaracá do continente, "porto de mar excelentíssimo para navios e sumacas", já era descrito num relato de fins do século XVII acerca do governo de Câmara Coutinho como "o verdadeiro porto do termo de Igaraçu". Segundo Vital de Oliveira, ali acorria "quantidade imensa de barcaças e canoas", que frequentavam os riachos e braços de mar que deságuam no canal, o Tromba-las-Águas, o Araripe e o Tejucopapo. Na ilha de Itamaracá, as barcaças navegavam o Jaguaribe em busca do seu sal; e a norte da barra do Catuama, o Itapessoca e o Abiaí. No Paraíba, fundeavam no Varadouro da cidade e subiam os principais afluentes. O Cunhaú era frequentado em extensão de 5 léguas; o Potengi, na de 4. A ausência ou raridade de barcaças em certos pontos da costa decorria não de condições físicas mas da falta de carga decorrente da inexistência de boas estradas ou da pouca importância produtiva da área adjacente, como nas barras de Pau Amarelo, de São José, do rio Doce ou do rio Tapado, ao norte de Olinda. Em lugares tais, só ancoravam à procura de escala tranquila para o pernoite ou para fugir de alguma tempestade. Seria impossível imaginar o tráfego de barcaças sem o rosário de povoações litorâneas que lhe serviam de escala.

Ao sul do Recife, o Pirapama, que, como o Jaboatão, desemboca em barra de Jangadas, era trafegado por canoas e barcaças até o engenho Velho, mais de 2 léguas da foz. No Jaboatão, porém, o assoreamento só permitia o acesso de canoas. Pela barra de Jangadas transitava boa parte da carga procedente da freguesia do Cabo, de modo a evitar as atribulações da estrada que a ligava ao Recife. Dos quatro rios que deságuam em Suape, apenas o Ipojuca era regularmente utilizado por barcaças, que alcançavam o engenho Trapiche sem necessidade da maré; os outros bifurcavam-se em riachos que, embora utilíssimos aos engenhos, eram inaptos para a navegação. No rio Formoso, barcaças e canoas chegavam até a cidade homônima, cerca de légua e meia acima da foz, que oferecia as facilidades de duas grandes camboas. No Una, evitando as pedras do seu leito, as barcaças navegavam em extensão de 2 léguas. Daí por diante, as dificuldades provinham da topografia, pois a 1/4 de légua o relevo começava a dar lugar a pequenas quedas d'água. No litoral alagoano, as barcaças subiam na preamar o rio Manguaba ou das Pedras até a vila de Porto Calvo, 6 léguas da foz. O Camaragibe lançava um braço ao norte, outro ao sul, o Meirim, este navegável até o Passo de Camaragibe. Ao sul de Jaraguá, a "barra velha" dava acesso às barcaças que carregavam nas margens das lagoas açúcar, algodão e madeiras. No São Miguel, barcaças e sumaquinhas alcançavam a vila ou iam mais além. No Coruripe, preferiam ancorar na enseada ao sul do pontal, para onde também se trazia a carga. Ancoradouros marítimos, como o Porto Francês, outrora frequentados por sumacas, foram abandonados em função das facilidades de acesso da barcaça.

O reino da barcaça circunscreveu-se à costa de barlavento. Ao norte do cabo de São Roque, ela ficou reduzida à função de assegurar o transporte de mercadorias no porto de Fortaleza ou entre o Aracati e a barra do Jaguaribe. No Apodi, navegava por espaço de légua mas não era utilizada no Açu. Devido às grandes distâncias, não lhe foi possível sustentar a concorrência da grande cabotagem, especialmente dos vapores das companhias Maranhense e Pernambucana. Ao contrário da organização espacial predominante na mata açucareira, a economia de ribeiras caracterizava-se pela concentração das atividades de transporte naqueles pontos do litoral cearense e rio-grandense (o Acaraú, Fortaleza, o Aracati), que drenavam o interior pastoril e algodoeiro, estimulando embarcações de maior porte. Na costa do sertão, a barcaça não teve, por conseguinte, a fortuna da sumaca. Quando ela generalizou-se na mata, o comércio cearense já escapara em boa parte à dominação do entreposto recifense, o que não ocorrera, entretanto, com os centros salineiros de Mossoró e Macau, cujas comunicações marítimas com o Recife ela assenhoreou. Nos anos 1850, as barcaças de sal constituíam categoria à parte, tendo direito a espaço próprio no porto do Recife. Quanto ao limite sul da barcaça, ele coincide *grosso modo* com o São Francisco, passando a dominar, abaixo dele, as embarcações de pequena cabotagem típicas do Recôncavo baiano; e a montante, as da navegação do baixo São Francisco. A geografia da barcaça correspondeu assim à área do entreposto recifense em meados do século XIX, de Mossoró a Penedo.

Sabe-se que o sistema hidrográfico da mata seca ao norte do Recife e dos seus prolongamentos paraibano e rio-grandense não tem a diversificação do da mata úmida ao sul e da sua extensão alagoana. Nem dispunha da oferta de madeira abundante. Foi portanto nesta última subárea, especialmente em Alagoas, que se concentraram os estaleiros de barcaças. A disponibilidade de madeira apropriada à construção naval já constituía importante vantagem comparativa nos meados do século XIX, quando ela já rareava na região costeira. A proximidade de matas ricas em madeiras nobres e a possibilidade de transportá-las por via fluvial tornaram a antiga comarca pernambucana o centro natural de fabricação de pequenos barcos, escavando-se ali no século XVIII canoas não de pau-carga ou amarelo, como em Pernambuco, mas de vinhático, madeira reservada ao mobiliário das casas da gente de prol. Ao invés das canoas monóxilas ou das jangadas, a barcaça exigia uma variedade de madeirame, como o angelim-amargoso e o amarelo ou a maçaranduba para mastreação; a oiticica, o pau-carga, o cedro, o vinhático, a peroba para tabuados; a sucupira para cavernas ou vãos; o barabu e a batinga para cavilhas; o jenipapo, a oiticica, o pau-d'arco para liames; o louro-de-cheiro verdadeiro para forro. Onde obter tal variedade a preços razoáveis senão nas cercanias da faixa de matas que se estendia do sul de Pernambuco a Alagoas? Daí a possibilidade de que a barcaça tenha sido concebida e originalmente executada no litoral alagoano, de onde se irradiou para o norte.

Sua maior adaptação, ecológica e econômica, às fainas da pequena cabotagem ao longo do litoral de Pernambuco, da Paraíba e de Alagoas, habilitou-a a sobreviver à concorrência, que deveria ter sido esmagadora, dos navios a vapor da Companhia Pernambucana. Para a barcaça a competição mortal adveio não do "vapor de mar" mas do "vapor de terra". Entre 1885 e 1910, sua participação no transporte de açúcar declinou de mais de 1/3 a menos de 1/5 embora continuasse a representar, como indicou Peter L. Eisenberg, "o principal transporte alternativo". Por outro lado e a despeito de oferecer, do ponto de vista do transporte por água, a melhor solução a uma área de rede hidrográfica diversificada mas modesta e de produção distribuída por faixa relativamente estreita, ela teve de competir com barcos inferiores no tocante à capacidade de carga e à sua proteção. As "canoas do alto" resistiram por algum tempo. Nos anos 1850, para 189 barcaças, nada menos de 149 canoas a vela estavam registradas na capitania dos portos de Pernambuco. Mas nos anos setenta haviam sido eliminadas, as jangadas constituindo o segundo tipo de barco empregado pela pequena cabotagem. Quanto à sua contraparte, as canoas de rio, sobreviveram no serviço das barcaças e em outros. No Paraíba, ao passo que estas se detinham no Varadouro, as canoas subiam até o Pilar. No Pirapama, as barcaças ficavam no engenho Velho, sendo revezadas a partir daí pelas canoas; e no Ipojuca, no engenho Salgado, onde rendiam-nas as canoas que subiam até Escada.

As descrições da canoa do alto datam de fins dos anos trinta, começos dos quarenta do século XIX, descrições que coincidem notavelmente, sugerindo tratar-se de tipo bastante caracterizado. A canoa do alto em que viajou Kidder era a menor, medindo 7,5 m de comprimento por 2 m de largura; e ele mesmo registra haver cruzado com canoas mais longas. As dimensões das canoas de Gardner e de Vauthier eram próximas: 12 m por 0,90 m uma; 10 a 13 m por 1 m, a outra. Todas ainda eram monóxilas num período em que a palavra canoa, mesmo no caso das menores, de rio, já se modificava sensivelmente no sentido de incluir o barco encavilhado. A disposição interna era simples: cabines na proa e na popa (a de Vauthier apenas na proa), deixando-se aberto todo o espaço intermediário, destinado à carga ou aos passageiros. A mastreação compunha-se de vela triangular e de bujarrona. Para evitar a

Um imenso Portugal

adernagem, dispunham de "embonos", paus de jangada atados longitudinalmente ao seu bordo superior, donde a expressão "canoa de embono" com que também se designavam. "O leme [aduz Vauthier] é um remo largo com que se pode mover e dirigir a embarcação." Kidder menciona a tripulação composta de mestre e dois auxiliares. Havendo feito percurso mais longo, Gardner registrou particularidades da navegação, como a de que preferia singrar entre a praia e a linha de arrecifes. A etapa do Recife a Jaraguá (Maceió) foi vencida em cinco dias, velejando-se de dia e pernoitando-se em povoações praieiras ou na própria embarcação ancorada em alguma enseada remansosa.

Era em balsas que os moradores do sul da capitania de Pernambuco comerciavam com o Recife nos derradeiros decênios do século XVIII. Por balsas, designavam-se as jangadas maiores, em que a carga era posta sobre estrado suspenso à altura de meio metro e protegida por esteiras. Elas podiam ser construídas mediante a adição de jangadas, à maneira das "canoas de ajoujo" do São Francisco. Na travessia dos rios, eram movidas a remo ou a vara. Uma gravura de Koster no-la apresenta: "a sela [do cavalo] é colocada sobre ela e o cavalo nada ao lado, enquanto o cavaleiro, de pé sobre a balsa, segura as rédeas". Segundo o autor, "as balsas empregadas em pequenos rios são de construção similar à daquelas já descritas anteriormente [i.e., as jangadas], exceto que sua feitura é ainda menos cuidada". Mas o cavalo nem sempre era obrigado a nadar. As tropas de algodão recorriam a essas jangadas fluviais, cada uma com capacidade para dois ou três fardos.

Quanto à lancha, empregada sobretudo no tráfego portuário, trata-se de expressão equívoca. Uma pintura do último quartel do século XVIII, representando o porto da Madeira (Recife), identifica três embarcações como "lanchas com madeiras para terra", uma movida a remo, outra a varejão e um veleiro de mastro único. Mas desde o século XVII, a palavra era também utilizada para designar uma pequena embarcação a vela. Gardner avistou-as numerosas na lagoa Manguaba, "um pequeno tipo de veleiro de fundo chato". Mas foi no sentido de embarcação portuária que Vital de Oliveira e os registros de embarcações do porto do Recife empregaram a palavra. Ela nada tinha a ver, por conseguinte, com a lancha baiana, que se assemelhava ao barco baiano na mastreação e na construção, com a diferença de ter a popa fechada. Que este tipo de lancha era invulgar no Nordeste, infere-se da sua designação de "lancha da Bahia".

Ademais do seu uso preferencial na pesca litorânea, a jangada foi o *ersatz* universal, a embarcação que substituía, quando necessário, todas as outras. Em 1881, mais de trinta anos depois que a barcaça se havia apossado dos percursos regionais, a jangada era caracterizada como "o segundo elemento de nossa pequena cabotagem entre as províncias da Paraíba e Alagoas". Em começos do século XIX, o açúcar dos engenhos do Cabo era, em parte, transportado em jangadas, do Pontal ao Recife. Pela mesma época, elas serviam ao transporte de algodão como também do pau-brasil pertencente ao monopólio régio. A carga era colocada sobre um estrado, de modo a preservá-la das ondas. Aires de Casal notava que, em jangadas, "passageiros transportam-se com sua mobília dum para outro porto". Para conforto do viajante, usava-se o jirau, uma "cabine suspensa" e móvel, que podia ser retirada. Na descrição de Kidder:

> A uma altura de cerca de 45 centímetros do piso da jangada, amarram-se dois fortes esteios, cujas extremidades opostas descansam sobre os toros da jangada, junto ao mastro. Sobre esses esteios, colocam-se tábuas no sentido transversal, de maneira a formar um soalho. Por sobre isso, vai uma armação para sustentar o toldo, parecida com a dos carretões de viagem, de maneira que o passageiro dispõe de um espaço de 90 centímetros de altura por 1 m 20 de largura para se abrigar. Sobre as tábuas, vai uma esteira grossa, que serve de cama, e, sobre a armação, outra que serve de teto, sobre a qual atiram um encerado quando chove.

Foi num desses jiraus que Gardner e um amigo fizeram a viagem do Recife a Itamaracá. Também em jangada, seguiu de Maceió a Peba, ponto obrigatório de desembarque, de vez que ela não podia vencer o quebra-mar do São Francisco. No Piaçabuçu, o botânico inglês arranjou canoa que o levou a Penedo. No retorno a Maceió, o percurso foi feito em ordem inversa: em canoa até o Piaçabuçu; e a partir de Peba, novamente em jangada, "uma ótima e grande jangada que nunca navegara", em cujo jirau, ecologicamente coberto de palha de coqueiro e não de vulgar encerado, defendeu-se confortavelmente de prolongado aguaceiro. A jangada teve também função fluvial. Em meados do século XIX, ela transportava o algodão do Aracati barra afora, onde era baldeado para os navios. Nos portos, havia jangadas de até vinte

UM IMENSO PORTUGAL

paus, expressamente construídas para as fainas da carga e descarga das embarcações maiores. Mercê do jirau, eram igualmente usadas no embarque e desembarque de passageiros, como em Fortaleza e na ponta do Jenipapo (Natal), e pelos práticos dos portos, embora no Recife, como medida contra o contrabando, estivessem proibidas de abordar os navios.

A esses usos rotineiros, somavam-se os excepcionais. Foi em jangada que o presidente da Confederação do Equador, Manuel de Carvalho Pais de Andrade, refugiou-se a bordo de fragata inglesa. Mais do que a barcaça, a jangada prestou-se à fuga de escravos ou à transmissão de comunicações oficiais. Durante a guerra holandesa, já fora utilíssima. Para os corsários desejosos de se inteirarem das condições de defesa do litoral, os jangadeiros constituíam a principal fonte de informações. Reciprocamente, serviram de espia às autoridades coloniais à cata de notícia sobre movimentos ou indivíduos suspeitos; e no combate ao contrabando, o governador Luís do Rego Barreto (1817-1821) organizou um serviço de jangadas nos portos da capitania. A despeito da sua fragilidade, a jangada foi empregada em operações militares, transporte de mantimentos e de auxílio bélico; e mesmo em ações ofensivas de guerrilha naval: incêndio de naus inimigas e abordagens temerárias.

22.

O sinal verde d'El Rei

No inverno de 1643-1644, D. João IV, rei de Portugal, decidiu-se finalmente. Após dois anos de protelações, deu a ordem para o levante dos colonos luso-brasileiros do Nordeste contra a Companhia das Índias Ocidentais. Pode-se inferir tal resolução, necessariamente secreta, dos papéis do Conselho Ultramarino, que assessorava Sua Majestade em matéria colonial, papéis que foram pela primeira vez utilizados por J. A. Gonsalves de Mello na sua biografia de Fernandes Vieira. Em janeiro de 1644, os conselheiros dirigiram ao monarca consulta relativa a umas cartas da Paraíba, que encaminhavam em anexo, em vez de resumi-las de acordo com a praxe burocrática, que previa que os pareceres do Conselho mencionassem sucintamente o assunto que se elevava à consideração do soberano, antes de lhe sugerir o alvitre a adotar. Neste caso, porém, todo cuidado era pouco para que não vazassem informações capazes de comprometer a trégua assinada três anos antes entre Portugal e as Províncias Unidas dos Países Baixos. Tendo ouvido a opinião de certo frei Estêvão de Jesus, propunha o Conselho que Sua Majestade respondesse aos missivistas, fazendo-lhes promessas, "assim como fez aos mais", isto é, aos de Pernambuco. A 1º de março, no canto superior esquerdo, destinado aos despachos régios, o secretário registrou a real aprovação, que aduzia "e a frei Estêvão se diga da minha parte, se parta [para o Brasil] com a brevidade que lhe for possível", tudo rubricado por D. João IV.

Quem era frei Estêvão e o que fazia em Lisboa? Esclarece-o outra consulta do Conselho do mesmo mês. Frei Estêvão, que se encontrava na Corte há ano e meio, viera como "procurador de Pernambuco" para comunicar a El Rei a disposição dos seus moradores de, por bem ou por mal, se libertarem do domínio holandês. O frade apresentara um plano de compra do Nordeste à Companhia das Índias Ocidentais, para o qual eles se comprometiam a contribuir a prazo com 2 milhões de cruzados, dinheiro que podia ser alternativamente empregado no envio de armada restauradora. Já anteriormente, os colonos haviam tomado a iniciativa de estabelecer contato com o novo monarca que o golpe de Estado de 1º de dezembro de 1640 colocara no trono de um Portugal independente da sujeição castelhana em que vivera durante seis décadas. No decurso de 1641, ao receber-se a auspiciosa nova em Pernambuco, João Fernandes Vieira apressara-se em enviar o cunhado a Lisboa, o qual, a pretexto de solicitar colocação no real serviço, fora portador de carta de alguns pró-homens luso-brasileiros em que cumprimentavam D. João IV pela sua aclamação, lamentando-se de não o terem por rei e senhor natural, como os demais colonos do Brasil. No decorrer da viagem do Recife a Amsterdá, de onde o emissário embarcara para Lisboa, ele confidenciara ao acompanhante holandês que, na realidade, Fernandes Vieira e parceiros se ofereciam a El Rei para entregar-lhe o Nordeste. Sua chegada a Lisboa, no segundo semestre de 1641, coincidiu com a decepção criada, à raiz da assinatura em junho do tratado de trégua entre Portugal e os Estados Gerais dos Países Baixos, pela recusa do governo neerlandês em devolver os territórios lusitanos que conquistara no Brasil e no Oriente.

A esta altura, o marquês de Montalvão, que ocupava o governo-geral do Brasil quando da Restauração portuguesa, havia regressado ao Reino com seu próprio plano de reconquista do Nordeste. Em Salvador, a circunstância de que Portugal passara da condição de inimigo dos Países Baixos à de aliado favorecera os contatos secretos que, desde 1640, mantinham Nassau e Montalvão, com vistas a uma trégua nas atividades dos campanhistas que, enviados da Bahia, penetravam no Brasil holandês para queimar os canaviais e depredar os engenhos de açúcar. Nassau tomara a iniciativa dos entendimentos e Montalvão reagira favoravelmente, despachando emissários ao Recife, com instruções de sondar João Maurício acerca de uma barganha pela qual ele promoveria a devolução do Nordeste à Coroa, em troca da sua nomeação como comandante em chefe do exército português no Reino e de vantagens de natureza patrimonial. Tais ofertas datavam ainda de antes da Restauração de Portugal, de acordo com instruções de Felipe IV que orientavam o conde da Torre, antecessor de Montalvão, a subornar Nassau. Por seu lado, Nassau estimulou o relacionamento, presenteando o marquês com um par de selas holandesas e enviando Eckhout para lhe pintar o retrato, seja para conhecer melhor as intenções portuguesas seja na expectativa de que Portugal lhe oferecesse alternativa satisfatória à sua carreira militar nos Países Baixos. Nada indica, porém, que houvesse levado as proposições a sério, embora Montalvão voltasse a escrever-lhe do Reino, com sua nova autoridade de presidente do Conselho Ultramarino.

Em Portugal, a frustração com o fato de que o acordo luso-holandês de 1641 não previra a restituição do Nordeste transformou-se em ódio ao saber-se que a Companhia das Índias Orientais negava-se a interromper as hostilidades no Ceilão e que a própria Companhia das Índias Ocidentais, aproveitando-se do prazo transcorrido entre a firma do tratado de trégua e a chegada no ultramar da notícia da sua ratificação, ocupara o Maranhão, Sergipe, Angola e São Tomé. Em Lisboa, onde não se ignorava o descontentamento da comunidade luso-brasileira do Brasil holandês, dizia-se publicamente que "sem [todo] o Brasil, [D. João IV] não era rei". No Recife, por sua vez, Nassau ouvia a opinião de que, sem o Brasil e sem Angola, El Rei não se poderia manter no trono. Foi então que começaram os manejos de uma cabala de cortesãos ligados a D. João IV desde seus tempos de duque de Bragança e para quem a atitude pérfida dos Países Baixos só deixava ao Reino a alternativa de dar-lhe o troco pela força. Atuando informalmente à margem do sistema institucional, eles planejaram reaver o Nordeste mediante uma insurreição luso-brasileira no Brasil holandês. Entre eles, contava-se o conde de Penaguião, camareiro-mor, a quem El Rei doara o engenho do Moreno em Pernambuco, confiscado a seus proprietários que haviam permanecido na Espanha. Seus colegas de conjura eram Antônio Pais Viegas, secretário particular do monarca, D. Henrique da Silva, marquês de Gouveia e mordomo-mor, o secretário de Estado, Pedro Vieira da Silva, e um parente de Penaguião, Antônio Teles da Silva, nomeado governador-geral do Brasil com vistas à execução do plano.

A este grupo, opunha-se um partido da paz, encabeçado pelo conde da Vidigueira e futuro marquês de Niza e pelo padre Antônio Vieira, já então muito escutado por D. João IV, para quem, mesmo que o movimento pernambucano desse certo, Portugal não poderia, além do conflito na fronteira com Castela, sustentar segunda guerra, desta vez contra as Províncias Unidas, que retaliariam contra as possessões lusitanas no ultramar. Malgrado disporem de maioria no Conselho de Estado, órgão principal do mecanismo conciliar, eles não lograram deter a iniciativa de Penaguião. Não havia, portanto, consenso na Corte. Mesmo Matias de Albuquerque, cuja família sofria os ônus patrimoniais da perda de Pernambuco, sugeria prudência, opinando em favor da recuperação dos territórios ultramarinos, mas pensando que se devia transferir ao governo holandês a iniciativa do rompimento da trégua. Havia igualmente quem, como Salvador Correia de Sá, embora propondo ataque frontal aos castelhanos de Buenos Aires, que haviam interrompido o contrabando de prata do Peru para o Rio de Janeiro, preferisse que, no tocante aos Países Baixos, apenas se reiniciassem, a partir da Bahia, os ataques dos campanhistas contra os canaviais e engenhos do Brasil holandês, de modo a encorajar a Companhia a desistir dele.

Mas que pensava El Rei de tudo isto? Dois eminentes historiadores, João Lúcio de Azevedo e Charles R. Boxer, pretenderam que Sua Majestade, cuja indecisão era notória, não deu jamais seu consentimento expresso à revolta de Pernambuco, de modo a poder desautorizá-la em caso de insucesso. Semelhante asserção não pode ser aceita, de vez que, como indica o depoimento de Fernandes Vieira, já em maio de 1643 ele havia recebido ordens régias por emissários vindos da Bahia. É inegável, porém, que em 1641-1643 D. João IV ainda acreditava nas chances de uma solução diplomática, com a esperança no êxito dos entendimentos de Haia, que, com o apoio da França, destinavam-se a persuadir ambas as companhias coloniais a devolverem os territórios que haviam tomado após a assinatura da trégua, bem como a convencer os Países Baixos a cederem o Nordeste contra indenização da parte de Portugal. Entrementes, o projeto de insurreição luso-brasileira era posto em banho-maria, para a hipótese do fracasso das negociações.

A insurreição daria a El Rei o cacife para levar os holandeses a uma solução negociada da disputa; ou, malograda esta possibilidade, o habilitaria a resolvê-la pelas armas. A Coroa jogava assim em dois tabuleiros, no terreno mediante a preparação do levante, cuja deflagração ficava na dependência da decisão final do monarca; e diplomaticamente em Haia, para onde enviara em meados de 1643 Francisco de Sousa Coutinho, homem da confiança pessoal d'El Rei, que servira outrora como representante em Madri, mas que foi mantido oficialmente na ignorância do que se tramava para o Brasil. Malgrado a fama de cauteloso e de hesitante atribuída a D. João IV, é de justiça reconhecer-lhe a visão do homem de Estado ao combinar a iniciativa militar com a diplomática, embora incorresse em enormes riscos, tendo em vista que o êxito da insurreição poderia levar os Estados Gerais a negociarem, ao passo que seu insucesso, mesmo parcial como viria a ocorrer, colocaria o Reino na penosa situação internacional em que se encontrará nos anos seguintes.

Quando, em meados de 1642, Antônio Teles da Silva partiu para assumir o governo-geral na Bahia, viajara em sua companhia o sargento-mor André Vidal de Negreiros, veterano da guerra de resistência. Dali, Vidal seguira para o Recife, com a incumbência oficial de propor a regulamentação do artigo do tratado de trégua que previa a liberdade de comunicação entre o Brasil holandês e a América portuguesa, na realidade para iniciar as articulações políticas e militares com os potenciais insurretos. Após o retorno de Vidal à Bahia, Antônio Teles despachou secretamente um pequeno contingente de soldados que percorreu o sul pernambucano, do Cabo de Santo Agostinho à Barra Grande, disseminando boatos acerca da próxima vinda de uma esquadra para recuperar a capitania. Ademais, em maio de 1643, o governador-geral enviou segunda missão ao Recife, a cargo do mestre de campo Martim Ferreira e do Dr. Simão Álvares de La Penha Deusdará, exilado pernambucano, procurador da Coroa e cunhado do padre Antônio Vieira, os quais foram incumbidos de protestar contra o apresamento de navio português mas que, por sua vez, contataram também os descontentes.

Foi também em meados de 1642 que Nassau se deu conta do verdadeiro estado de espírito da população luso-brasileira, enviando seu secretário particular à Holanda a fim de expor a situação real do Brasil holandês. Em carta aos Estados Gerais, tanto mais corajosa quanto ela implicava o reconhecimento do seu fracasso em consolidar o domínio batavo, Nassau previa uma insurreição iminente, pois "os habitantes portugueses já tomaram no fundo do coração a resolução de recorrer a esta extremidade", estimulados pela independência recém-conquistada do Reino e insatisfeitos com o tratado de trégua, a quem acusavam de prorrogar por dez anos "o jugo dos holandeses". Além de prever a rebelião, João Maurício diagnosticou-lhe as causas com uma lucidez que ainda hoje poupa trabalho aos historiadores do período: descontentamento religioso, devido às limitações relativas à prática do catolicismo; insanável aversão cultural dos luso-brasileiros aos neerlandeses; e pesado endividamento em se achavam para com a Companhia e os comerciantes batavos e judeus. Soubera-se então da carta levada a Lisboa no ano anterior pelo cunhado de Fernandes Vieira, que foi chamado a explicar-se. Em dezembro, recebia-se a nova do levante do Maranhão e da revolta de São Tomé; e no ano seguinte, Nassau prendia e enviava à Holanda o capitão da sua guarda que, marido de uma senhora de engenho pernambucana, sondara os conjurados acerca da possibilidade de permanecer na terra, na hipótese da restauração do domínio português.

Ao longo do segundo semestre de 1643, a atitude protelatória do governo dos Países Baixos liquidou as derradeiras esperanças de solução diplomática, levando El Rei a optar pela força. Na esteira da decisão de 1º de março, o Conselho Ultramarino convocou frei Estêvão de Jesus, que, há ano e meio, mofava pelas antecâmaras do paço e que deu um papel expondo o projeto de retornar ao Brasil, com escala no Recife, "para obrar ali o serviço de Sua Majestade". Para tanto, o frade já tinha em mãos uma carta do monarca para Nassau, a pretexto de lhe agradecer "o bom termo com que eram tratados os católicos". Passando a Salvador, o frade deveria dar "prontamente à execução a ordem que leva, tendo pela campanha [i.e., pelo interior do Brasil holandês], em que há-de andar disfarçado, comunicação com os moradores [a fim de haver] a inteira inteligência e notícia de todos os negócios convenientes ao intento". Para tanto, solicitava frei Estêvão a nomeação de administrador-geral da gente de guerra do Brasil, de maneira a exercer sobre a tropa, "em cuja companhia há-de andar", a autoridade indispensável a "conseguir os intentos que espera em Deus lograr". O parecer favorável do Conselho, datado de 18 de março, foi encaminhado a D. João IV. Quatro dias transcorridos, ele rubricava o despacho com um críptico: "Já não tem lugar". Tratava-se de um recuo do monarca? Nada disto. Ocorrera que, neste ínterim, frei Estêvão falecera na cela do convento beneditino de Lisboa. Para substituí-lo foi escolhido seu colega de hábito, frei Inácio de São Bento, que tinha família em Pernambuco e que desembarcou em Salvador em meados de 1644, com a régia autorização para que se encetasse o levante.

Por conseguinte, a partir de começos daquele ano, pode-se afirmar que D. João IV convencera-se por fim da necessidade de deflagrar a insurreição pernambucana como condição indispensável a forçar os Estados Gerais a negociarem o contencioso. Não há razão para pôr em dúvida o depoimento de Fernandes Vieira quase três decênios decorridos da capitulação holandesa de

O SINAL VERDE D'EL REI

1654, tanto mais que seu testemunho redundava em prejuízo do papel que ele se arrogara na restauração do Nordeste em crônicas pagas de seu bolso:

> A Majestade que está em glória, por secretos avisos que me mandou, me ordenou que fizesse a guerra aos holandeses, para com ocasião de eu a fazer obrigar aos flamengos a alguma conveniência [i.e., acordo] ou por via das armas serem restauradas estas capitanias de Pernambuco [...] Quem me trouxe vocalmente os avisos de Sua Majestade foi um frade de São Bento por nome frei Inácio, que há poucos dias morreu nesse Reino eleito bispo de Angola por este serviço. Foi o mestre de campo Martim Ferreira e Simão Álvares de La Penha que naquele tempo estavam na Bahia e vieram disfarçados em embaixadores ao Recife, aonde me falaram, e também noutra ocasião veio o governador André Vidal de Negreiros a trazer-me o mesmo aviso em companhia do frade bento.

Escusado aduzir que foram tomadas todas as cautelas para evitar que as provas da régia resolução caíssem em mãos dos neerlandeses ou fossem objeto de indiscrições luso-brasileiras. Ainda segundo Fernandes Vieira, tais ordens ou eram transmitidas oralmente ou lhe eram mostradas por escrito, tendo, porém, os emissários da Coroa o cuidado de mantê-las em seu poder.

Do estilo sibilino de tais instruções, pode-se fazer uma ideia quando D. João IV escrever em maio de 1645 a Salvador Correia de Sá, recomendando-lhe nestes termos dar apoio naval ao plano insurrecional: "Se enquanto vos detiverdes nesse Estado [do Brasil], houver nele avisos por que se haja por certo será cometido dos inimigos desta Coroa e vo-lo requerer o governador Antônio Teles da Silva, vos detereis nele enquanto durar a ocasião, e bem creio eu de vós que sem esta ordem minha o fareis, se houver causa que o peça". Embora a linguagem se preste à interpretação de que Sua Majestade tinha em vista a possibilidade de ataque holandês contra a Bahia, tratava-se de eventualidade que, provável em 1641, já não o era em 1645. Que se tratava de alusão velada ao plano de Antônio Teles, conclui-se da carta deste último ao almirante Jerônimo Serrão de Paiva, em que dizia não acreditar que Salvador Correia deixasse de "obedecer às minhas instruções, bem como a carta de Sua Majestade, que agora lhe envio". Ora, tais instruções referiam-se precisamente ao bloqueio naval do Recife para apoiar a insurreição em terra.

Um imenso Portugal

As provas do envolvimento de D. João IV na insurreição pernambucana constavam também dos papéis encontrados na cela de frei Estêvão de Jesus quando do seu falecimento. Tais documentos haviam sido despachados para Gaspar Dias Ferreira na Holanda, que, os havendo lido, referiu ao embaixador português em Haia, Sousa Coutinho, que "o negócio de Pernambuco se intentara por ordem de Sua Majestade". Quando Gaspar for preso pelas autoridades holandesas por alta traição, Sousa Coutinho se verá em palpos de aranha para impedir que o dossiê seja descoberto pelas autoridades locais, o que embaraçaria ainda mais El Rei junto aos holandeses, a quem, àquela altura, procurava-se vender a versão de que era completamente alheio à recém-iniciada insurreição. Felizmente, Gaspar Dias Ferreira tivera o cuidado de esconder a papelada no depósito de lenha de uma pensão de Amsterdã, o que permitiu ao embaixador reavê-la após algum tempo, provavelmente não sem pagar bom dinheiro à dona da casa. Que os papéis do frade houvessem sido enviados a Gaspar Dias Ferreira explicar-se-ia pelo fato de que este, comerciante português em Pernambuco e testa de ferro de Nassau, em cuja companhia viajara à Holanda quando do regresso do conde, fora quem financiara a viagem do beneditino a Lisboa, embora não pertencesse ao grupo de luso-brasileiros de que frei Estêvão era o emissário, o que, aliás, se compagina com a incoercível vocação de Gaspar para o jogo duplo.

A citada carta de Antônio Teles da Silva a Serrão de Paiva virá a cair em poder dos holandeses, quando a força naval deste último for acuada e destruída na barra de Sirinhaém, convencendo as autoridades dos Países Baixos da cumplicidade de D. João IV. O monarca tratou, portanto, de acautelar-se; e em 1647, ao ordenar a reconquista de Angola, fê-lo não por escrito mas em conversa de viva voz com Salvador Correia de Sá, encarregado da missão. Quando do bloqueio naval do Recife pela armada da Companhia Geral de Comércio do Brasil, episódio que pôs termo ao Brasil holandês, é provável que tenha feito o mesmo com o almirante Pedro Jaques de Magalhães, embora panfleto neerlandês alegasse que lhe teria sido dada ordem por escrito, firmada da real mão. Quanto ao exército luso-brasileiro, foi previamente avisado por cartas para pôr-se de prontidão de maneira a combinar as operações terrestres com a chegada da expedição.

23.

Minha formação (1)

Um antropólogo populista escreveu a respeito de *Minha formação*: "Autobiografia clássica e chata de um alienado". E citava o trecho que ofendera sobremaneira seus brios nacionalisteiros: "O sentimento em nós é brasileiro; a imaginação, europeia. As paisagens todas do Novo Mundo, a floresta amazônica ou os pampas argentinos não valem para mim um trecho da Via Appia, uma volta da estrada de Salerno a Amalfi, um pedaço do cais do Sena à sombra do velho Louvre". Ora, para quem acredita que, populista ou não nas suas opções políticas, o essencial da atividade do antropólogo reside na capacidade de compreender valores culturais diferentes dos seus, a afirmação resulta pelo menos surpreendente. Tinha-se o direito de esperar de um antropólogo que, em vez de reservar sua empatia às tribos indígenas, a aplicasse também a um autor brasileiro de finais de Oitocentos que, à maneira de muitos dos seus contemporâneos brasileiros, preferia muito naturalmente a visão do cais do Sena à sombra do Louvre. Mas a compreensão dos antropólogos parece, por vezes, estranhamente especializada. E a isto não escapam sequer os mestres do ofício como Lévi-Strauss, que havendo também guardado a sua para as sociedades primitivas do Brasil central, descreveu os intelectuais paulistas que conheceu nos anos trinta do século XX com a impertinência, muito pouco antropológica, de um intelectual da *rive gauche*.

Muitos dos compatriotas de Nabuco deste início de século XXI continuam a ter preferências semelhantes às suas, comovendo-se antes com a paisagem provençal vista da ponte de Avignon do que com a do Pantanal mato-grossense, embora possam sentir alguma inibição em confessá-lo por temor ao patrulhamento ideológico, que já não tendo regime militar descobriu nova causa a que dedicar seu ativismo congênito, a defesa da nossa sacrossanta identidade nacional, considerada delirantemente como vítima dos ataques mais soezes, a ponto de se proclamar que ela estaria irremediavelmente comprometida pelo último acordo com o Fundo Monetário Internacional. Realmente, não valeria a pena lutar por uma identidade nacional que não conseguisse resistir a um acordo de estabilização cambial.

Ao contrário do que pensava Darcy Ribeiro, não se tratava de alienação, pois é intelectualmente desonesto acusar de alienado o autor de *O abolicionismo*. Tratava-se apenas de um gênero de emoção estética, tão legítima quanto a outra: a inclinação pelas paisagens impregnadas de história secular, ou inversamente, pelo espetáculo da natureza virgem ou quase intocada pelo trabalho humano. Daí que em termos estritamente brasileiros e, por conseguinte, não alienados, o poeta Joaquim Cardozo preferisse a visão do alto da Sé de Olinda no começo do verão, que Guimarães Rosa teria alegremente concordado em trocar pela dos campos gerais. O que não significa, contudo, que Nabuco tivesse sido carente de emoções brasileiríssimas. Bastaria lembrar outros trechos de *Minha formação*, que nosso antropólogo não leu, como aquele onde acentua que, tendo contemplado a *Criação* de Miguel Ângelo e a de Rafael, não lograva "dar a nenhuma o relevo interior do primeiro paraíso que fizeram passar diante dos meus olhos em um vestígio de antigo mistério popular". Tendo escutado o *Angelus* em plena campanha romana, seu "muezin íntimo", seu "Millet inalterável" continuou a ser o toque do sino na casa-grande de Massangana, enquanto os escravos murmuravam o "Louvado seja Nosso Senhor Jesus Cristo". Malgrado a travessia repetida do Atlântico, a imagem do oceano que se lhe gravou na retina ficou sendo sempre "a da primeira vaga que se levantou diante de mim, verde e transparente como um biombo de esmeralda", no dia em que excursionou a certa praia das redondezas do engenho e recebeu "a revelação súbita, fulminante, da terra líquida e movente".

Boa parte do interesse de *Minha formação* consiste precisamente em exprimir a antiga sensibilidade brasileira da Monarquia e da República Velha, repudiada pela sua sucessora, a cultura que se tornou hegemônica a partir dos anos vinte e trinta do século XX e que atualmente ainda é a nossa, embora caiba indagar por quanto tempo ainda. Daí que muitos trechos do livro soem de maneira estranha aos ouvidos do brasileiro de hoje, que tem dificuldade em entendê-los. Toda a anglomania de Nabuco parece naturalmente defasada numa conjuntura em que o Império transferiu-se para a outra margem

Minha formação (I)

anglo-saxônica do Atlântico. Mas um brasileiro que tenha visitado Nova York na década de 1950 compreenderá a impressão que causou em Nabuco o descobrimento da Londres do tempo da Rainha Vitória, impressão que descreveu nestes termos:

> Londres foi para mim o que teria sido Roma se eu vivesse entre o século II e o século IV, e um dia, transportado da minha aldeia transalpina ou do fundo da África romana para o alto do Palatino, visse desenrolar-se aos meus pés o mar de ouro e bronze dos telhados das basílicas, circos, teatros, termas e palácios; isto é, para mim, provinciano do século XIX, foi como Roma para os provincianos do tempo de Adriano ou de Severo: a Cidade.

Também pode-se descontar seu elogio do parlamentarismo, que se choca com o lugar-comum sociológico que há tempo brada por instituições adaptadas às realidades nacionais, eufemismo que pode esconder a reivindicação de regimes autoritários, como se não os houvéssemos tido na Constituição de 1824, no Estado Novo e na autodesignada "democracia relativa" do período militar. Igualmente a contrapelo dos hábitos mentais mais inveterados dos nossos homens públicos, afirmava Nabuco: "Sou antes um espectador do meu século do que do meu país; a peça é para mim a civilização e se está representando em todos os teatros da humanidade".

O que *Minha formação* articula mais certeiramente do que qualquer outra obra de autor nacional é o que se poderia chamar o dilema do mazombo, isto é, do descendente de europeu ou reputado tal, com um pé na América e outro na Europa, e equivocadamente persuadido de que, cedo ou tarde, terá de fazer uma opção. Nas palavras de Nabuco, "nós, brasileiros, o mesmo pode-se dizer dos outros povos americanos, pertencemos à América pelo sedimento novo, flutuante do nosso espírito, e à Europa, por suas camadas estratificadas". Daí que "desde que temos a menor cultura, começa o predomínio destas sobre aquele". E para indignação da fauna dos Policarpos Quaresmas, ele continuava:

> A nossa imaginação não pode deixar de ser europeia [...] ela não para na Primeira Missa no Brasil, para continuar daí recompondo [ape-

nas] as tradições dos selvagens que guarneciam as nossas praias no momento da descoberta; segue pelas civilizações todas da humanidade, como a dos europeus, com que temos o mesmo fundo comum de língua, religião, arte, direito e poesia, os mesmos séculos de civilização acumulada, e, portanto, desde que haja um raio de cultura, a mesma imaginação histórica.

Ambivalência que não foi só latino-americana. Se os Estados Unidos da segunda metade de Oitocentos produziram Mark Twain ou Walt Whitman, também contaram com certos anfíbios, geralmente intelectuais da costa leste, a exemplo de Henry James, que sofriam igualmente do que Mário de Andrade chamava "a doença de Nabuco". Dessa contradição do mazombo, nascia "a mais terrível das instabilidades", embora Nabuco admita que essa instabilidade já "está grandemente modificada". Não era apenas uma questão de "rastaquerismo", isto é, das manifestações de novo-riquismo das classes altas brasileiras em Paris. (As de hoje preferem Miami, o que já diz tudo.) Pensava Nabuco que

> a explicação é mais delicada e mais profunda: é a atração de afinidades esquecidas mas não apagadas, que estão em todos nós, da nossa comum origem europeia. A instabilidade a que me refiro provém de que na América falta à paisagem, à vida, ao horizonte, à arquitetura, a tudo o que nos cerca, o fundo histórico, a perspectiva humana; e que na Europa nos falta a pátria, isto é, a forma em que cada um de nós foi vazado ao nascer.

E numa antecipação do sofrimento do personagem sul-americano da novela de Valéry Larbaud, Nabuco encapsula: "De um lado do mar, sente-se a ausência do mundo; do outro, a ausência do país". E continuava:

> Não quero dizer que haja duas humanidades, a alta e a baixa, e que nós sejamos desta última; talvez a humanidade se renove um dia pelos seus galhos americanos; mas [e aqui Nabuco se exprime em tom hegeliano] no século em que vivemos, o "espírito humano", que é um só e terrivelmente centralista, está do outro lado do Atlântico; o Novo Mun-

Minha formação (1)

do para tudo o que é imaginação estética ou histórica é uma verdadeira solidão.

Ora, sem compreender o dilema do mazombo, é a própria cultura brasileira do século XX que se torna ininteligível, pois ela foi deliberadamente criada com vistas a cicatrizar nossa grande ferida oitocentista, mediante a invenção de uma identidade destinada a romper com a Europa, ou, para empregar os termos de Nabuco, parar na Primeira Missa. Desde a década de 1920, tudo o que fazemos é aguar, com assiduidade rara em face da proverbial inconstância brasileira, as nossas mais recentes raízes, como se não houvesse outras. O predomínio dos valores herdados do Modernismo simplesmente nos impede de imaginar, através da fórmula simplista que a estigmatiza como alienação, outra sensibilidade que não seja a consagrada a partir dos anos vinte.

Ironicamente, o mazombo pernambucano que preferia a contemplação da Via Appia ou do cais do Louvre a qualquer panorama que lhe pudesse oferecer a pátria, atinou com a explicação do que, ainda hoje, para os epígonos do nosso ensaísmo identitário, permanece o alvo de intermináveis elucubrações. Numa curva inesperada do capítulo de *Minha formação* intitulado "Massangana", o leitor esbarra nessa frase surpreendente, escrita um decênio após a Abolição: "A escravidão permanecerá por muito tempo como a característica nacional do Brasil". Procuremos entendê-la, sofrendo o primeiro impulso de tachá-la de reacionária. O que designamos por caráter ou por identidade nacional seria, na perspectiva de Nabuco, tão somente os resíduos deixados pelo trabalho servil no *ethos* das gerações que se seguiram à emancipação. Em *O abolicionismo*, ele já acentuara que a herança escravagista hipotecara o futuro do Brasil, não se fazendo ilusões sobre os efeitos imediatos da emancipação, que devia ser apenas o começo da reconstrução nacional, de vez que "acabar com a escravidão não nos basta; é preciso destruir a obra da escravidão", o que não podia esgotar-se na "democratização do solo" através do imposto territorial. Havendo deformado toda a existência nacional, a escravidão, mesmo destruída como instituição, ainda planaria por muito tempo como uma ave de rapina sobre o país. Donde ser "ainda preciso desbastar, por meio de uma educação viril e séria, a lenta estratificação de trezentos anos de cativeiro" mediante o aprendizado coletivo da liberdade.

Ora, se, como pretendia Nabuco, "a escravidão permanecerá por muito tempo como a característica nacional do Brasil", nossa identidade não é tão nacional assim, pois a compartilhamos com todas as sociedades do Novo Mundo outrora organizadas na base do trabalho escravo de origem africana, da monocultura e da grande propriedade. Todo o vasto arco geográfico, do velho sul dos Estados Unidos aos cafezais paulistas, passando pelo Caribe e pelo Nordeste açucareiro, constituiu um único sistema escravista. Ainda hoje, o parentesco supranacional entre essas regiões sobrepõe-se às variações culturais decorrentes dos sistemas coloniais europeus, das comunidades indígenas originais e das matrizes africanas da mão de obra servil. Só o desconhecimento da história comparada das Américas tem impedido que nos demos plenamente conta dessas afinidades. É provável, portanto, que a Nabuco tivesse surpreendido a atitude da atual geração de modernizadores brasileiros que, de esquerda ou de direita, se têm associado unanimemente ao culto da identidade nacional. Provavelmente, ele não se deixaria enganar pelas faces democráticas desse culto, o carnaval, a música popular e o futebol. Essa obsessão identitária, ele a teria encarado como o último e patético soluço da nossa sociedade escravocrata.

Em nossos dias, esse culto da identidade mesmerizou os brasileiros, manifestando-se em estridência e exibicionismo ingênuo. Ele nos permitiu trocar nossos antigos complexos de inferioridade nacional pelo seu oposto, igualmente falso. Já houve quem dedicasse um livro inteiro a desvendar o sentido do Brasil, ideia que parece antes uma questão metafísica na acepção pejorativa da palavra e, como tal, surpreendente na cabeça de um marxista. Afinal de contas, o sentido da história só se revela quando ela conclui; e a do Brasil, apenas começa. Já se descobrem até identidades estaduais, em breve teremos também identidades municipais e no Rio de Janeiro existe mesmo quem as detecte nos bairros. A história recente dessa moda esteve ligada, aliás, à existência dos regimes totalitários, embora o vocabulário fosse obviamente outro. O nazismo preferia falar de raça mas é evidente que, na sua ideologia, a raça era a base da identidade alemã, donde a obstinação com que seus teóricos se dedicaram ao estudo do que reputavam seu texto fundador, a *Germânia*, de Tácito. O fascismo italiano tentou reviver, com mais senso operático do que histórico, a Roma antiga. E segundo o generalíssimo Franco, a Espanha era diferente.

Com razão, Paul Valéry, que como bom cartesiano detestava a história, partilhando o preconceito anti-historicista de um Nietzsche nada cartesiano, pretendeu que ela constitui a mais perigosa invenção da química do intelecto. Não se precisa chegar a tanto mas é inegável que, sob as mais variadas etiquetas, o passado nacional pode servir aos fins mais equívocos. Os historiadores, como indivíduos que lidam profissionalmente com ele, têm a responsabilidade especial de denunciar sua instrumentalização em matéria-prima de mitos políticos e ideológicos. Um eminente oficial do ofício, Eric Hobsbawm, alertava recentemente para o fato de que a exploração ideológica da história nunca se apoia em ficções sem evidência; ao invés, recorre preferencialmente aos anacronismos. "Temos de resistir [concluía] à formação de mitos nacionais, étnicos e outros, no momento em que estão sendo formados. Isso não nos fará populares [...] mas isso tem que ser feito."

24.

Um livro elitista? (2)

Há mais de vinte anos, procurei numa biblioteca de Brasília um exemplar de *Um estadista do Império*. Responderam-me que estava emprestado ao então presidente Ernesto Geisel. Regozijei-me interiormente com o fato de o primeiro magistrado da nação o estar lendo. Hoje, me pergunto quantos homens públicos brasileiros dos nossos dias terão lido ou sequer ouvido falar da obra. O embaixador Maurício Nabuco costumava confidenciar que a literatura brasileira só possuía duas biografias importantes, a do seu avô pelo seu pai e a do seu pai pela sua irmã. Desde o aparecimento das biografias de autoria de Luiz Viana Filho (inclusive sobre Nabuco) e de Afonso Arinos de Melo Franco, *Um estadista do Império* passou de obra singular a livro fundador do gênero entre nós. O leitor de hoje tende a considerá-lo elitista. A biografia dá obrigatoriamente à ação individual um relevo excessivo, que nas memórias pode atingir a megalomania ou a tentativa pura e simples de reescrever a história em seu próprio favor. De conhecido memorialista brasileiro, reporta-se que havendo um amigo objetado à versão que dera a certo episódio, retrucara-lhe o autor que se não estivesse de acordo, escrevesse ele também suas reminiscências. Sem chegar a este extremo, há que reconhecer, a superestimação do indivíduo é inerente a esses gêneros. Nabuco, aliás, não ficou estritamente na biografia pois a sua é do modelo *life and times*, que se vinha difundindo nos países de língua inglesa.

Nas páginas de *Um estadista do Império*, a ênfase na ação dos políticos do Segundo Reinado não resulta das preferências individuais ou das limitações ideológicas de Nabuco mas do fato bem conhecido de que o regime constituiu o que se designa por sistema de cooptação. É sabido que o traço fundamental do sistema de cooptação reside precisamente em que a participação política é controlada de cima, eliminando-se ou atenuando-se a pressão dos interesses de grupo, classe e região que possam eventualmente surgir. Para usar a terminologia da antiga filosofia política, ressuscitada há anos, o Estado predomina sobre a sociedade civil, molda-a a seu talante, impedindo-a de desenvolver-se na direção de um sistema autenticamente representativo. O sistema político do Segundo Reinado foi deste feitio, como sabe o leitor de Sérgio Buarque de Holanda, Raymundo Faoro e José Murilo de Carvalho. Por conseguinte, Nabuco tinha necessariamente de atribuir lugar modesto às forças que se encontravam fora dele, as quais ou não atuavam ou eram atuadas mais que atuantes.

Quando essas forças irromperam nas raríssimas ocasiões em que o jogo político extrapolou suas balizas, Nabuco as trouxe para o palco. Um exemplo é sua análise da Revolução Praieira (1848-1849). Quando *Um estadista do Império* saiu do prelo nos primeiros anos do regime republicano, o movimento ainda era encarado com desinteresse ou hostilidade. O próprio Nunes Machado fora esquecido pelos liberais fluminenses que capitaneara nas eleições de 1848, antes de regressar a Pernambuco para o sacrifício. Quanto a Pedro Ivo, seu nome só perdurara na poesia condoreira. O federalismo de 1891 não abalara a velha concepção saquarema segundo a qual as rebeliões regenciais e do decênio inicial do Segundo Reinado haviam sido movimentos anárquicos e irresponsáveis, que teriam comprometido irremediavelmente a unidade nacional, feito do centro-sul e pelo centro-sul, se não fosse a sabedoria política de Eusébio, Paulino e Rodrigues Torres. Essa concepção estritamente fluminense e imperial impedia de enxergar nas revoltas regionais mais do que a expressão de interesses locais, como se o interesse local fosse obrigadamente ilegítimo, e do gosto pela turbulência, sem perceber o que elas representaram como reação dos Brasis ao fenômeno descrito por Maria Odila da Silva Dias como "a interiorização da metrópole", isto é, a transplantação do aparato estatal português para a colônia. Nabuco não escapou à ditadura da versão saquarema da nossa história política mas não é menos certo que o capítulo que dedicou ao período regencial é seguramente o mais compreensivo de tudo o que se escrevera até então sobre o assunto.

O tratamento que ele dispensou à Praia nos deve, por conseguinte, pôr de sobreaviso contra as suspeitas de elitismo que pairam sobre a obra. A historiografia recente veio confirmar, embora extremando-a, a interpretação que

Nabuco avançou não só acerca da rebelião como também da instabilidade política em Pernambuco durante toda a primeira metade do século XIX. Por trás do movimento praieiro, eis o ódio visceral, hereditário, da plebe recifense aos portugueses, como por trás de Teófilo Otôni nas eleições de 1860 está "o furacão político" que o transporta, "a maré democrática" que volta a subir, especialmente na cidade do Rio de Janeiro, graças ao entusiasmo popular e estudantil e ao comércio, que financiara a campanha eleitoral. Por trás do "baque da monarquia", está o negocismo desenfreado, a advocacia administrativa a viver do orçamento e a lucrar através das subvenções, fornecimentos, emissões, empréstimos, garantias de juro, contratos de estradas de ferro, de engenhos centrais, de imigração estrangeira. Neste passo, Nabuco reporta-se à irrupção dessas novas forças que tendiam a subverter ou destruir a autonomia do jogo político. Narrando os últimos anos do Segundo Reinado, que viveu como deputado por Pernambuco, ele acentuou:

> A política propriamente dita perdia importância ao passo que deixava desenvolver-se, à sua custa, o gérmen invasor que a devia matar; subordinava-se à função de servir a uma plutocracia tão artificial quanto efêmera, afetando a essa sua criação de um dia tarifas de alfândega, impostos, papel-moeda, crédito público. Bem poucos estadistas sentiam quanto seu papel era secundário, ingênuo; que com seus discursos, suas frases, seus projetos, suas dissensões, eles não eram senão o instrumento de que se servia, quando eles menos o suspeitavam, a ambição de fortuna que estava por toda parte. Que era todo o trabalho que eles faziam nas Câmaras, na imprensa, no governo, senão o revolvimento surdo e interior do solo, necessário para a germinação da planta? Eles, políticos, eram os vermes do chão; a especulação, a planta vivaz e florescente que brotava dos seus trabalhos contínuos e aparentemente estéreis; eles desanimavam, ela enriquecia.

E concluindo a linha de um raciocínio que era o produto da sua experiência parlamentar:

> O próprio imperador, o que fazia senão trabalhar sem descanso e sem interrupção em proveito dela, que se confundia com o progresso ma-

terial, intelectual e moral do país? Só ela medrava, invadia e dominava em torno dele; reduzia a política, o Parlamento, o governo, a um simulacro, ignorante da sua verdadeira função: utilizava todo o aparelho político para fabricar a sua riqueza nômade e fortuita, que às vezes durava tanto quanto uma legislatura, e logo decaía senão do seu fausto, pelo menos do seu porte e altivez.

Se há elitismo em *Um estadista do Império*, isto não decorre de haver seu autor ignorado a presença das novas forças sociais nascidas à ilharga da sociedade escravocrata mas do fato de que ele temeu sua atuação em termos da estabilidade monárquica. Afinal de contas, a obra não pretendeu ser a história do Segundo Reinado, aspirando, no máximo, a ser sua história política vista através da carreira do senador Nabuco de Araújo. É certo que suas páginas estão repletas dos homens que compunham a elite do regime mas não se pode concluir daí que Nabuco acreditasse que a história se resumia a eles. O sistema político é que de fato vivia deles e sobretudo da vontade do imperador. Não havia, por conseguinte, como conferir dimensão permanente à participação de grupos sociais que não fossem os próprios grupos dirigentes. Se quisermos saber como Nabuco encarava as inter-relações entre o sistema político e o sócio-econômico que o abrangia, cumpre continuar a leitura de *Um estadista do Império* pela de *O abolicionismo*. Há que ler a biografia do pai contra o pano de fundo da crítica do filho à ordem escravocrata.

Nabuco foi o primeiro a articular numa visão da sociedade brasileira a intuição de que o regime servil é a variável sociológica que a explica da maneira mais abrangente. Ela não constitui um fenômeno a mais, importante sim mas a ser levado em conta em igualdade de condições com vários outros, mas aquele que ilumina mais poderosamente o nosso passado. Com referência à escravidão, definiu-se entre nós a economia, a organização social e a posição das classes, a estrutura do Estado e do poder político, o próprio sistema de ideias. É assim que Nabuco contrasta a escravidão norte-americana com a brasileira para concluir que, ao contrário dos Estados Unidos, onde "a escravidão não afetara a constituição social toda", no Brasil "a circulação geral, desde as grandes artérias até os vasos capilares, serve de canal às mesmas impurezas". Com referência à escravidão, definiram-se inclusive os grupos e as classes que viviam à sua margem, como a população livre mas pobre dos "lavradores que não são proprietários", dos meeiros, dos "moradores do campo ou do sertão", e de atividades que não lhe estavam diretamente ligadas ou ocupavam diferente espaço físico, como a criação de gado no interior do Nordeste ou na campanha gaúcha, mas que tinham seu principal mercado nas aglomerações de mão de obra escrava das cidades, fazendas de café e engenhos de açúcar. A presença asfixiante do trabalho escravo retardara o desenvolvimento das "classes operárias e industriais". Ela é que impedia "o comércio a retalho de ser em grande parte brasileiro". Quanto ao grande comércio, tornara-se "um prolongamento" seu, "o mecanismo pelo qual a carne humana é convertida em ouro e circula, dentro e fora do país, sob a forma de letras de câmbio". Através da usura, a escravidão reduzira o fazendeiro de café e o senhor de engenho a um "empregado agrícola que o comissário ou o acionista de banco tem no interior para fazer o seu dinheiro render acima de 12%". Dos proventos da escravidão, viviam as profissões liberais.

O próprio Estado não poderia ser compreendido sem referência à função de absorver pelo emprego público os representantes da ordem escravocrata que não encontravam meio de vida no comércio ou em outras ocupações. Mediatizada pelo empreguismo, a escravidão moldara o sistema político. O funcionalismo público era com efeito "o viveiro político", "o asilo dos descendentes das antigas famílias" arruinadas por ela, como, por exemplo, que Nabuco não dá, a grande diáspora dos bacharéis nortistas que ao longo do Segundo Reinado espalharam-se pelas províncias do sul em busca dos cargos da magistratura. "Faça-se uma lista dos nossos estadistas pobres, de primeira e segunda ordem, que resolveram o seu problema individual pelo casamento rico, isto é, na maior parte dos casos, tornando-se humildes clientes da escravidão; e outra dos que o resolveram pela acumulação de cargos públicos, e ter-se-ão, nessas duas listas, os nomes de quase todos eles." A relação funcional entre a escravidão e o Estado, Nabuco a sintetizou numa conferência pronunciada no Recife ao tempo da campanha abolicionista, uma das páginas mais esclarecedoras que já se escreveram sobre o Segundo Reinado:

> A lavoura, porém, não sustenta somente os que lhe emprestam dinheiro a altos juros, sustenta diretamente a sua clientela, que a serve nas capitais. Isso não é tudo e é normal. Mas o Estado tem um aparelho es-

pecial chamado apólice, do qual os bancos são as ventosas, para sugar o que reste à lavoura de lucro líquido. Essas sobras, ele as distribui pelo seu exército de funcionários, os quais por sua vez sustentam uma numerosa dependência de todas as classes. Temos assim que a lavoura, pelo pagamento de juros, pelo pagamento de serviços e pelos empréstimos incessantes que faz ao Estado, sustenta todo esse número imenso de famílias que absorvem a nossa importação e pagam os impostos indiretos.

De modo que

se o Estado amanhã fizesse ponto, ver-se-ia que ele tem estado a tomar os lucros da escravidão aos que produzem para distribuí-los entre os que ela impede de produzir.

Ao destruir o desenvolvimento de classes e grupos atuantes, isto é, ao aniquilar a possibilidade de uma estrutura social pluralista, a escravidão dotou o sistema político do Segundo Reinado do grau de autonomia que o tornou insensível às reivindicações da sociedade.

Sendo o emprego público a única saída para os rebentos da grande família rural, a vida política converteu-se na "triste e degradante luta por ordenados". Tornara-se possível assim o chamado "poder pessoal" de D. Pedro II. O presidente do Conselho vivia da boa vontade da Coroa, os ministros, da do presidente do Conselho, e assim por diante. Nabuco enxergava "ministros sem apoio na opinião que ao serem despedidos caem no vácuo; presidentes do Conselho que vivem noite e dia a perscrutar o pensamento esotérico do Imperador". Os partidos eram "apenas sociedades cooperativas de colocação ou de seguro contra a miséria". O regime representativo fizera-se assim "um enxerto de formas parlamentares num governo patriarcal". A crítica ao "poder pessoal", que, com exceção de José Bonifácio, o Moço, limitara-se a argumentos de natureza político-constitucional, adquiriu com Nabuco nova dimensão explicativa. Contudo, ao criar as condições para o esplêndido isolamento do Estado imperial, a escravidão suicidava-se como forma de organização econômica pois será precisamente neste desequilíbrio entre o Estado e a sociedade que se originará a capacidade da Coroa de desferir os golpes que jogarão por terra o regime servil.

Escrito dez anos antes, *O abolicionismo* pode ser lido como uma introdução sociológica a *Um estadista do Império*. Desde então, a escravidão tornou-se a instituição referencial por excelência do passado brasileiro, largamente utilizada por historiadores, sociólogos e antropólogos. Em 1883, quando Nabuco antecipou essa concepção num simples livro de propaganda, sem o desenvolvimento que comportava, ela passou despercebida, por isso mesmo, a quem na República Velha estava, como Euclides da Cunha ou Manuel Bonfim, mais bem informado do que nosso autor acerca das últimas novidades sociológicas da Europa. Novidades que impediram que se atinasse com o valor seminal de um modelo que explicava o Brasil não a partir do meio físico ou da raça mas de uma forma de organização econômica e de uma instituição social. Só nos anos trinta, a entrevisão de Nabuco será retomada em *Casa-grande & senzala*, que a infletiu, contudo, no rumo de uma interpretação familista. Atualmente, quando as macroexplicações da nossa história perderam o fôlego, como, aliás, ocorre com qualquer gênero, inclusive os sociológicos, cumpre reler a primeira delas, *O abolicionismo*.

Sob outro aspecto, *O abolicionismo* e *Um estadista do Império* também se completam. O primeiro, obra de propaganda escrita no exílio londrino que o autor se impusera após a derrota eleitoral de 1881, é um livro de combate. A biografia do pai já foi redigida a distância, quando Nabuco vivia na sua casa de Botafogo o ostracismo político a que o votara a proclamação da República. O tom participante de *O abolicionismo* destoa do acento reflexivo, de balanço histórico, do outro livro. Esta procura do equilíbrio na forma e no conteúdo é, pois, um traço marcante de *Um estadista do Império* e o que faz dele uma obra-prima. É certo que isso lhe dá por vezes uma feição olímpica capaz de irritar o leitor de nossos dias, sempre propenso a considerar gosto pela história o que não passa frequentemente de gosto pelo que Oakeshott chamou de "política retrospectiva", isto é, a tendência a ler o passado mediante as lentes não de um discurso histórico mas prático. Aliás, boa parte do interesse demonstrado pela história é inegavelmente "política retrospectiva". A tendência é compreensível e inerente ao esforço historiográfico. No caso de *Um estadista do Império* o corte era tanto mais difícil de realizar quanto o tema era recentíssimo. É esta, aliás, uma das suas proezas.

25.

Reler *O abolicionismo* (3)

O abolicionismo, de Joaquim Nabuco, foi a primeira obra a articular uma visão totalizadora da nossa formação histórica, fazendo-o a partir do regime servil. Nessa perspectiva, a escravidão não constituiu um fenômeno a mais, inegavelmente relevante mas devendo ser levado em conta em igualdade de condições com outros, como a monocultura ou a grande propriedade territorial. Segundo Nabuco, foi a escravidão que formou o Brasil como nação, ela é a instituição que ilumina nosso passado mais poderosamente que qualquer outra. A partir dela, é que se definiram entre nós a economia, a organização social e a estrutura de classes, o Estado e o poder político, a própria cultura. *O abolicionismo* fez assim da escravidão o protagonista por excelência da história brasileira, intuição que tem sido largamente explorada por historiadores, sociólogos e antropólogos, embora raramente reconheçam esta dívida intelectual.

Cumpre, porém, fazer uma qualificação importante. *O abolicionismo* não tem a ambição teórica inerente a um livro de sociologia. Ele quis ser apenas uma obra de propaganda, redigida em Londres em 1883, quando o autor purgava o ostracismo parlamentar das primeiras eleições diretas da nossa história. Isto significa, por um lado, que a sua visão da sociedade brasileira teve de ser vazada numa prosa de feitio literário ou jornalístico, sem pretensões científicas e sem preocupações terminológicas; por outro, que ele não chegou a aprofundar o sistema de mediações entre o regime servil e os demais fenômenos da nossa formação, não escapando, portanto, a certo reducionismo inevitável. Nabuco nunca cogitou de dar-lhe o desenvolvimento que o livro comportava, capaz de conferir-lhe idoneidade científica aos olhos do *establishment* sociológico. Daí que *Os sertões* continuem a gozar de um *statu* privilegiado na sociologia brasileira, embora se possa dizer do livro de Euclides que o seu escopo está limitado à formação das populações do interior do Nordeste, processo que, ao contrário do escravismo, desempenhou papel ancilar na nossa história.

De *Os sertões* também se poderia dizer que sua concepção estava tão jungida às teorias sociológicas predominantes na Europa em finais do século XIX que envelheceu com elas. Pois as novidades, científicas, doutrinárias ou estéticas, costumam cobrar alto preço àquele que as adota por espírito de sistema. No caso de Euclides, como no de outros, igualmente bem equipados teoricamente, o *dernier cri* sociológico os desviou de tomar veredas mais prometedoras, como era a do modelo, implícito em *O abolicionismo*, baseado não no meio físico ou na raça mas na forma da organização econômica e social. É inegável que Nabuco estava relativamente desinformado das últimas tendências da sociologia europeia, ou do que se julgava no Brasil serem as últimas tendências da sociologia europeia, pois as que inspiraram a concepção de *Os sertões* tampouco eram novas quando ele foi redigido. Nos derradeiros anos de Oitocentos, Buckle ou Taine haviam ficado para trás; e Tönnies e Durkheim eram os gurus da nova sociologia que se elaborava na Alemanha e na França.

Graças a essa desinformação teórica, Nabuco escapou ao destino de escrever um livro destinado ao envelhecimento rápido, como aconteceu com tanta produção parassociológica do tempo da República Velha. Nas artes como nas ciências humanas, um certo grau, não diria de arcaísmo, mas de desatualização, pode ser saudável. Ninguém duvida de que a formação científica de Comte era imensamente superior à de Tocqueville mas tampouco ninguém põe em questão que a influência do autor da *Democracia na América* tornou-se, ao cabo dos anos, bem mais profunda que a do professor do *Curso de filosofia positiva*. Na medida em que a formação de Tocqueville era basicamente histórica, tratava-se de limitação evidente em época, como a sua, em que se ambicionava, como Comte, erguer o sistema das ciências que fosse desde a matemática e a física até a sociologia, segundo os mesmos parâmetros epistemológicos. Contudo, o que era passivo no século XIX transformar-se-ia em ativo no XX, do momento em que se passou a proclamar a irredutibilidade do objeto das ciências humanas aos métodos consagrados pelas ciências naturais. Foi assim que a desatualização oitocentista de Tocqueville se metamorfoseou num título de modernidade.

Devido à sua natureza de obra de propaganda, o livro de Nabuco tornou-se mais ou menos esquecido, tão logo realizado o objetivo para o qual fora escrito. *Grosso modo*, pode-se afirmar que, durante a República Velha, nossa produção sociológica esteve obsedada pela questão do Estado nacional e das instituições políticas, de um lado, e, de outro, pelo problema da raça. Só nos anos trinta, a escravidão regressou ao centro das preocupações, graças a *Casa-grande & senzala*, que infletiu, contudo, a concepção de Nabuco num sentido que o teria certamente surpreendido, vale dizer, no sentido de uma exaltação da mestiçagem, exaltação, aliás, tão gratuita quanto a condenação que se abatera anteriormente sobre ela. Nos dias atuais, quando as macroexplicações do passado brasileiro perderam o fôlego, como ocorre com qualquer gênero, inclusive os sociológicos, e em que os epígonos se afanam em glosar interminavelmente nossa identidade nacional, como se ela fosse uma entidade metafísica e não uma criação do século XX, cumpre reler *O abolicionismo* em conexão com *Um estadista do Império* e com os discursos da campanha eleitoral de 1884.

Nabuco utiliza as palavras "abolicionismo" e "escravidão" numa acepção lata. O conceito de escravidão não se referia apenas à relação entre senhor e escravo mas abrangia também as relações do escravismo com o meio físico, o sistema de propriedade da terra, o comércio, a indústria, a cultura, o regime político e o Estado. Em função deste caráter orgânico, hoje diríamos sistêmico, da escravidão é que, a seu ver, o abolicionismo constituía a reforma nacional por excelência. Para explicá-la, ele recorre à história comparada da instituição na Antiguidade clássica e no velho sul dos Estados Unidos. No Brasil, a escravidão adquirira um traço diferencial, o qual consistira em que, através da miscigenação, ela formara a nação. Daí que, do ponto de vista da engenharia política, o problema fosse duplamente complicado para nós, na medida em que a cidadania devia ser dada não apenas ao escravo mas ao próprio senhor. Esta a razão pela qual, na América portuguesa, a instituição servil agira de modo incomparavelmente mais perverso, tornando impossível identificar um setor da vida nacional que não tivesse sofrido suas repercussões ao longo de três séculos. A escravidão afetara o desenvolvimento de todas as classes, sem fazê-lo, contudo, numa única direção, pois ora atuou no sentido de impedir-lhes ou retardar-lhes o crescimento, ora no sentido de promovê-lo precoce e artificialmente, o que era ainda mais prejudicial.

Na sua análise do impacto global da instituição servil sobre a vida brasileira, Nabuco não hesita mesmo em aventurar-se ao exercício do que hoje chamaríamos história virtual ou contrafactual. Segundo ele, "ninguém pode ler a história do Brasil no século XVI, no século XVII e em parte no século XVIII [...], sem pensar que a todos os respeitos houvera sido melhor que o Brasil fosse descoberto três séculos mais tarde". Nabuco não explica por quê mas seu pressuposto parece ser o de que a colonização tardia da América portuguesa se teria processado numa conjuntura internacional bem diversa, em que os interesses e o poder da Inglaterra e os valores dominantes do Iluminismo e da Revolução Francesa teriam tornado inviável a implantação de mais um regime escravista na América portuguesa, ao menos na escala que adquirira no passado. É certo que o nosso desenvolvimento não teria sido tão acelerado como o das colônias de língua inglesa, de vez que Portugal não dispunha dos recursos materiais das grandes potências. É certo também que a população seria substancialmente menor, embora tivesse a vantagem de ser culturalmente homogênea, sem falar em que os efeitos colaterais da escravidão, como a grande propriedade e a depredação do meio ambiente, não teriam avançado a ponto de prejudicar a economia e esterilizar o trabalho. O que Nabuco tinha em vista era contestar o argumento de Oliveira Martins, que, em *O Brasil e as colônias portuguesas*, pretendera que o trabalho escravo fora o preço a pagar pelo povoamento, pois sem aquele este não teria sido possível. "Isso é exato", admite Nabuco, "mas esse preço quem o pagou e está pagando não foi Portugal, fomos nós; e esse preço a todos os respeitos é duro demais e caro demais para o desenvolvimento inorgânico, artificial e extenuante que tivemos."

E num julgamento tanto mais insuspeito quanto, ao contrário de muitos intelectuais brasileiros da época, ele nunca cedeu à tentação do antilusitanismo, Nabuco assinalava: "A africanização do Brasil pela escravidão [*pela escravidão*, note-se bem, não pelo africano], é uma nódoa que a mãe-pátria imprimiu na sua própria face, na sua língua e na única obra nacional verdadeiramente duradoura que conseguiu fundar". Poder-se-ia sustentar que, sem a escravidão e sem a economia açucareira de que ela fora a base, o Brasil teria sido perdido para sempre por Portugal, de vez que não lhe teria sido possível repelir a ocupação holandesa, mas é provável que ele estivesse "crescendo sadio, forte e viril como o Canadá e a Austrália". Ao contrário da grande maioria de brasileiros cultos da época, Nabuco não acreditava no argumento da inadaptação do europeu aos trópicos, tanto mais, lembrava, que as populações da Europa meridional haviam recebido ao longo da sua história dose considerável de sangue mouro e africano. E concluía: "ninguém pode dizer o que teria sido a história se acontecesse o contrário do que aconteceu", de vez que entre um Brasil holandês ou francês explorado por mão de obra escrava, e um Brasil português igualmente escravocrata, "ninguém sabe o que teria sido melhor". O que, contudo, não lhe parecia duvidoso é que, entre um Brasil lusitano e escravocrata e um Brasil lusitano sem instituição servil, "a colonização gradual do território por europeus, por mais lento que fosse o processo, seria infinitamente mais vantajosa para o destino dessa vasta região".

Nabuco examina outro par de alternativas que, à primeira vista, poderia parecer acadêmico, mas que ilustra uma vantagem a mais da sua desatualização relativamente às teorias sociológicas em voga: "entre o Brasil explorado por meio de africanos livres por Portugal, e o mesmo Brasil, explorado com escravos também por portugueses, o primeiro a esta hora seria uma nação muito mais robusta do que é o último". É sabido que a doutrina da desigualdade inata entre as raças exerceu duradoura influência sobre o pensamento brasileiro dos finais do Segundo Reinado e ao longo da República Velha. Ela forneceu as bases reputadas científicas para nossas atitudes modernizadoras predominantes até os anos trinta do século XX. Nabuco, porém, nunca embarcou nessa canoa, embora sua oposição ao plano de imigração chinesa do gabinete Sinimbu possa insinuar uma dúvida a respeito. Mas tanto em *O abolicionismo* quanto nos discursos do Recife, o essencial para ele não é a raça, mas a organização social. Já vimos que ao se referir à "africanização do Brasil", tivera o cuidado de acrescentar a qualificação "pela escravidão". É certo que, noutro trecho, ele assinala que "muitas das influências da escravidão podem ser atribuídas à raça". Mas quando examinamos os exemplos que dá, constata-se que a palavra "raça" é empregada sem rigor conceitual, desleixadamente, se é que ela possa ser jamais utilizada de maneira precisa. A prova é que Nabuco enumera sob essa etiqueta características que hoje seriam consideradas de natureza cultural, como a influência da religiosidade africana ou a corrupção da língua portuguesa através da escravidão doméstica.

A escravidão fizera do Brasil uma nação de proletários, "porque os descendentes dos senhores logo chegam a sê-lo". No setor agrícola, a população formalmente livre achava-se de fato submetida à grande propriedade, na sua condição de moradores, de meeiros, de condiceiros. Tais camadas, equivalentes a 10 ou 12 milhões de habitantes, tinham uma autoconsciência inferior à do próprio escravo. Mas o regime servil condicionara igualmente a sorte das populações que não lhe estavam diretamente vinculadas, que se dedicavam a atividades econômicas que não empregavam o trabalho escravo e até ocupavam diferente espaço físico. A atividade comercial era também entorpecida. É certo que anteriormente à abolição do tráfico, as relações entre ela e o trabalho escravo haviam sido da maior intimidade, pois o comércio abastecera a lavoura de mão de obra ao longo de três séculos, sendo o seu autêntico banqueiro. Com o fim do tráfico, tais relações se haviam tornado menos estreitas, mas a dependência continuava inalterável, pois os principais clientes do comércio eram os donos de escravos, de modo que ele seguia sendo um prolongamento do escravismo, "o mecanismo pelo qual a carne humana é convertida em ouro e circula, dentro e fora do país, sob a forma de letras de câmbio". Através do crédito, a escravidão reduzira o fazendeiro de café e o senhor de engenho a um "empregado agrícola que o comissário ou o acionista de banco tem no interior para fazer o seu dinheiro render acima de 12%", afirmação que dá a pista para rever uma das falsas ideias mais persistentes da historiografia brasileira, a da dominação irrestrita da grande lavoura sobre o processo de decisões do Segundo Reinado.

Nabuco encarou com ceticismo a eficácia das reformas políticas do Segundo Reinado, pensando que, devido à escravidão e às instituições ancilares, todas essas reformas produziriam efeitos perversos. Da Lei Saraiva, que criara o voto direto, para dar representatividade ao sistema político, resultara apenas o crescimento da participação escravocrata no Parlamento, convertido "num verdadeiro Congresso Agrícola". A revisão do sistema de recrutamento, que visara podar a influência dos grandes proprietários sobre as camadas livres da população, dera apenas lugar ao "serviço obrigatório da enxada". Após haver criado o mercado de escravos, o regime servil inventara "o mercado de eleitores".

26.

O ovo de Colombo gilbertiano (1)

Antônio Houaiss costumava caracterizar a Academia Brasileira de Letras como uma instituição "efemerística e congratulatória". Na realidade, é toda a cultura brasileira que é uma e outra coisa, e isto desde o período colonial, quando os nossos letrados organizavam saraus palacianos com prosa e verso em que entoavam as loas dos governadores e dos bispos, via de regra com alguma segunda intenção de arrancar-lhes favores e prebendas. No ano da graça de 2000, que além de ter sido o dos 500 anos do descobrimento, foi também o do centenário de Gilberto Freyre, o Brasil entrou no terceiro milênio com uma demonstração estridente de arcaísmo comemorativo e de zelo celebratório. O dever dos vivos para com a memória dos grandes autores mortos é bem outro. Sem chegar ao extremo do Marco Antônio, de Shakespeare, que não pretendia louvar César mas enterrá-lo, cumpre-nos a tarefa de procurar compreendê-los, o que equivale a dizer, exorcizá-los. Só assim eles descansarão em paz. Um livro incompreendido é uma espécie de alma penada, com a diferença de que, em lugar de missa, pede crítica.

A riqueza e a variedade da obra de Gilberto Freyre ainda exigirão o empenho não de uns poucos especialistas mas o trabalho aturado de muitos. Seu núcleo é evidentemente a "Introdução à história da sociedade patriarcal no Brasil" formada por *Casa-grande & senzala*, *Sobrados e mucambos* e *Ordem e progresso*, aos quais devia ter vindo juntar-se *Jazigos e covas rasas*, que ficou por escrever e que seria um estudo pioneiro do culto dos mortos. Em torno da "Introdução", giram, à maneira de satélites, outros livros quase tão importantes, dentre os quais cumpriria mencionar *Nordeste*, *Um engenheiro francês no Brasil* e *Ingleses no Brasil*, estes dois últimos podendo ser lidos como desenvolvimento de temas tratados de maneira sucinta num dos capítulos de *Sobrados e mucambos*. Em que consiste sua originalidade e importância? Quando em 1933 Gilberto publicou *Casa-grande & senzala*, a reflexão em torno da formação brasileira nacional estava absorvida por dois grandes temas. O primeiro dizia respeito à adequação de nossas instituições políticas à realidade brasileira; o segundo, aos pretendidos efeitos negativos que a mestiçagem teria trazido para o futuro nacional. O ovo de Colombo gilbertiano consistiu, como todo ovo de Colombo, numa operação simples, a de transtrocar os dados de um problema: no tocante ao primeiro, deslocando a análise sociológica do público para o privado, e quanto ao segundo, transformando a miscigenação de prejuízo em lucro.

Nos anos vinte, estudante de ciências sociais nos Estados Unidos, Gilberto concebeu o projeto, que comunicou em carta a seu amigo Oliveira Lima, de escrever uma "história social da família brasileira" no século XIX, a qual deveria intitular-se "O Brasil dos nossos avós". Tratar-se-ia evidentemente do desdobramento da sua tese de mestrado sobre a "Vida social no Brasil em meados do século XIX". A cultura anglo-norte-americana havia sido sempre mais sensível do que a francesa ao interesse da história social em ambas as vertentes, a da história econômica e social e a da história da vida privada. No Brasil, culturalmente enfeudado à *rive gauche*, dominava a tradição da historiografia política, jurídica e institucional. Daí que escrever uma história da família constituísse uma ousadia inegável não só em termos do Brasil dos anos trinta como da França de entre as duas guerras. Basta dizer que ali a primeira geração dos *Annales*, isto é, Lucien Febvre e Marc Bloch, ainda procurava impor a história econômica e social a uma recalcitrante universidade, triunfo que, a bem dizer, só foi verdadeiramente alcançado, na geração seguinte, por Fernand Braudel. Destarte a história da vida privada só será descoberta pelos "analistas" da terceira geração, nos anos setenta e oitenta. No Brasil, ela se reduzia ao livrinho precursor de Alcântara Machado, olhado apenas como curiosidade, tanto mais que o autor vinha do direito, não tendo formação propriamente historiográfica.

Na formação gilbertiana, a antropologia, mais do que a sociologia, pelo menos como esta era convencionalmente entendida entre nós, veio somar-se às sugestões da história social. A antropologia clássica, como também a sua contemporânea, a sociologia oitocentista, tivera por objetivo a explicação dos

O OVO DE COLOMBO GILBERTIANO (I)

grandes esquemas evolutivos. Tais ambições começaram a se esvaziar a partir dos finais do século XIX e dos começos do XX, quando a antropologia trocou as macroexplicações de gabinete pelo trabalho de campo entre as sociedades primitivas. Destarte, ela tornou-se eminentemente descritiva, o que a habilitou a reconstruir as estruturas (no sentido de imbricação dos vários níveis sociais) dessas sociedades, com um êxito de dar água na boca às demais ciências sociais, cujos métodos haviam sido até então os métodos diacrônicos convencionalmente encarados como próprios às sociedades históricas. A originalidade de Gilberto residiu em aplicar ao estudo de uma sociedade histórica, a brasileira, a perspectiva sincrônica da nova antropologia. Daí, entre outras características, o seu gosto pelas totalidades em detrimento das sequências e da descrição em prejuízo da narração; o seu proclamado desprezo pela cronologia, reduzida na sua obra à tripartição Colônia, Império e República Velha; sua recusa da história política, que ele se gabava de haver posto fora de circulação; o seu entusiasmo pela cooperação interdisciplinar e pelo pluralismo metodológico. Assim como Braudel descobrira a existência do tempo longo e até quase imóvel, como na história da geografia e do clima, mediante seus estudos de história econômica, Gilberto, graças à antropologia e à história social, mergulhou em busca da "infra-história", para usar a expressão de autor muito do seu agrado, Unamuno, que a utilizou, porém, com acepção perceptivelmente diversa.

Ocorre que, entre nós, a tradição da história política foi reforçada nos anos trinta, de um lado, pela assimilação da sociologia weberiana, como em *Raízes do Brasil* e, bem posteriormente, pelos *Donos do poder*; de outro, pelo marxismo, a partir sobretudo da *Evolução política do Brasil*, de Caio Prado Jr. Destarte, a trilogia gilbertiana ficou sendo encarada pela universidade brasileira, sobretudo em São Paulo, como uma sociologia impressionista, pitoresca, histórica e sentimental, que, por conseguinte, não deveria ser levada muito a sério. Quando do seu aparecimento, *Casa-grande & senzala* foi mesmo reputada obra pornográfica por distinto escritor mineiro, devido inclusive a uma referência aos costumes brasileiros de defecar; e o estudo etnográfico do bolo e do doce do Nordeste, que Gilberto fizera em *Açúcar* (1939), levado ao ridículo, por versar tema indigno de um verdadeiro intelectual. Por outro lado, o processo de industrialização no pós-guerra também tendeu a rejeitar a obra gilbertiana, que evidentemente não versava quaisquer das preocupações intelectuais dominantes, exceto a escravidão, matéria em que ela foi também repudiada. A partir do momento em que o regime militar polarizou a vida política do país, sectarizou os meios intelectuais e levou o próprio Gilberto a assumir posições ideológicas mal inspiradas, seus livros perderam a capacidade de penetração universitária. A respeitabilidade intelectual continuou a ser apenas reconhecida a quem versasse, mesmo com mediocridade clamorosa, a temática do momento, inclusive a metafísica althusseriana dos modos de produção. Para tanto, era indispensável escrever propositadamente mal, ou de maneira intencionalmente obscura, de modo a escamotear a vacuidade das teorias que se manipulavam.

Ironicamente, a obra gilbertiana vem sendo redescoberta entre nós por tabela, isto é, na esteira da moda europeia da história da vida privada e da história das mentalidades, o que equivale a dizer que o Brasil está redescobrindo Gilberto através da França, a qual, por sua vez, já o havia descoberto nos anos cinquenta graças a Febvre, a Braudel e a Barthes. Como no caso de Gilberto quarenta anos antes, aquela moda resultou de uma antropologização da história, bem visível nos últimos livros de Duby, em Le Goff e no *Montaillou*, de Le Roy Ladurie. E, contudo, todos três haviam começado como historiadores da vida econômica, à boa maneira de Braudel, que, como se sabe, encarou com as maiores reservas a virada antropologizadora dos *Annales* nos anos setenta. É chegado, aliás, o momento de indagar se a antropologização da história não está sendo levada demasiado longe e se ela não ameaça a historiografia com um desses curto-circuitos empobrecedores, como o causado pela moda antecedente da história econômica.

O próprio Duby, insuspeito na matéria, advertiu há muito acerca do caráter visceralmente diacrônico, vale dizer, sequencial, da historiografia. "O que faz a história [declarou certa vez] é uma referência, a mais precisa possível, a uma duração." Ora, atualmente, "seus progressos procedem essencialmente de observações no longo-prazo", portanto sobre "objetos frequentemente impalpáveis", "dificilmente datáveis", e que por isso mesmo exigem "ter presente os problemas metodológicos novos que essa investigação coloca no tocante à exigência de cronologia". Mas se me refiro à antropologia, é que ela representa apenas a forma mais recente da colonização da historiografia pelas outras ciências humanas. Não se trata de declarar-lhes uma guerra de independência, nem de abolir os avanços feitos pela história graças a elas, o que seria um despautério, mas de constatar que *grosso modo* a cooperação interdisciplinar tem suas limitações, não podendo ser realizada indiscriminadamente, nem levar o historiador a perder de vista o que constitui a originalidade do conhecimento histórico, ao menos até o dia, que ainda se afigura remoto, em que um gênio por nascer consiga realizar a síntese das ciências do homem.

Gilberto não se antecipou apenas a várias das preocupações fundamentais do seu tempo, mas também o fez no tocante a algumas das nossas. Caberia citar apenas dois exemplos. *Sobrados e mucambos*, por exemplo, possui um capítulo intitulado "O homem e a mulher", que contém um exame das relações entre os sexos no Brasil, de feminista nenhuma botar defeito. Em 1937, quando ninguém falava em ecologia no Brasil, pois se tratava de um conceito que apenas vinha sendo formulado pela escola sociológica de Chicago, e quando a depredação da natureza pela sociedade não se tornara ainda objeto de maior consideração científica nos países ocidentais, Gilberto publicava *Nordeste*, que é nem mais nem menos que um estudo do impacto da monocultura canavieira sobre a mata atlântica e a ecologia regional. Outra maneira de aferir a influência da obra gilbertiana é mediante sua contribuição para o estoque de ideias que hoje, acertadamente ou não, dominam a cultura nacional. Muitas vezes não se sabe sequer de quem elas procedem, da mesma maneira pela qual as pessoas discutem psicanálise sem nunca terem lido Freud, ou são marxistas tendo apenas ouvido o nome de Marx, ou falam de carisma sem se darem conta de que estão utilizando um conceito sociológico forjado por Max Weber, o que é prova exatamente da força dessas teorias, que impregnam o ar intelectual do tempo.

Neste particular, a rejeição do anátema a que a mestiçagem havia sido submetida no Brasil pré-1930 representa o grande aporte gilbertiano ao estoque brasileiro de ideias no século XX. Ninguém fez antes dele nem mais do que ele para transformar a miscigenação de passivo em ativo, de objeto de elucubrações pessimistas em motivo de otimismo nacional, esvaziando o debate herdado do fim do Império e da República Velha sobre as suas consequências inapelavelmente negativas para o futuro do país. Equivocar-se-á, contudo, quem julgar que a obra gilbertiana tenha logrado evacuar o problema da raça do horizonte intelectual e pseudo-intelectual no Brasil. Na realidade, ele renasce sob a forma oposta de um elogio da mestiçagem ("mestiço é que é bom") tão carente de base científica quanto a condenação que pesara sobre ela antes da publicação de *Casa-grande & senzala*. Os epígonos inconfessados de Gilberto levaram às últimas consequências as ideias do mestre de Apipucos.

27.

A história social da presença
britânica no Brasil (2)

Ingleses no Brasil, publicado em 1948, ilustra excelentemente a aplicação por Gilberto Freyre dos métodos descritivos da antropologia à história social do Brasil. O livro deveria constituir o primeiro volume de uma trilogia sobre a influência britânica na vida, na paisagem e na cultura brasileiras, assunto pelo qual o autor demonstrou interesse antigo e persistente, devido a seus contatos com a cultura de língua inglesa desde sua meninice de aluno do Colégio Americano Batista, do Recife, contatos aprofundados pelos anos de estudo nos Estados Unidos e nos meses de Inglaterra quando do regresso a Pernambuco em 1923. Em 1942, Gilberto havia reunido, sob o título de *Ingleses*, seus artigos de jornal relativos a estes temas. O leitor que desejar informar-se a respeito das influências britânicas em Gilberto já dispõe de trabalho de Maria Lúcia Pallares-Burke, que chama especialmente a atenção para um velho ensaio de Walter Pater que teria exercido papel decisivo na atração gilbertiana pelas relações entre a casa e a infância. E, com efeito, quem consulta a correspondência de Gilberto encontra que, antes de atirar-se à redação de *Casa-grande & senzala*, ele havia cogitado de um livro sobre os brinquedos do menino brasileiro.

Tanto *Ingleses no Brasil* como *Um engenheiro francês no Brasil* já estão prefigurados no capítulo "O brasileiro e o europeu", de *Sobrados e mucambos*, que se ocupa do processo de reeuropeização da cultura brasileira ao longo da primeira metade de Oitocentos, depois dos séculos de segregação colonial. Tal reeuropeização representou a face cultural da derrocada do monopólio comercial português. Devido também à sua posição marginal no desenvolvimento capitalista no Ocidente e às suas relações privilegiadas com o Oriente, Portugal não se achava em condições de tomar a dianteira na abertura do

Brasil à Europa burguesa. À Inglaterra e à França é que caberia fazer o papel de pontas de lança deste processo, cada uma à sua maneira, ou antes, de acordo com as suas vantagens culturais comparativas, o que significa que ambas atuaram entre nós sob a forma de um condomínio não apenas econômico, mediante o qual ao passo que os franceses se especializaram no comércio de luxo e de moda, os ingleses concentraram-se nos produtos de massa da sua Revolução Industrial.

Condomínio que Gilberto foi inclusive surpreender na sua expressão espacial no centro do Rio de Janeiro, segundo a localização das casas de comércio, situadas as francesas em ruas como a do Ouvidor, e as inglesas, como a da Alfândega, de fisionomia outrora tão diversa. Noutra urbe do Brasil do século XVIII, o Recife, essa diferença se extremaria em bairros; o chamado bairro do Recife, com seu famoso Schipchandler, representando, por excelência, o domínio do negócio britânico, e Santo Antônio, o do francês. Numa sociedade misógina como a brasileira de então, semelhante característica teria também de assumir aspecto de especialização sexual, de vez que o acesso à rua por parte da mulher de condição social estava necessariamente adscrito às artérias em que se adensavam as lojas de modas. Daí poderem tais ruas ser descritas como femininas, como ainda era o caso no Rio, quando o próprio Gilberto escrevia *Ingleses no Brasil*, da rua do Ouvidor e da Gonçalves Dias, em comparação com a da Alfândega ou com a Buenos Aires, eminentemente masculinas.

Em consequência do predomínio político e comercial da Grã-Bretanha, que Portugal nos transmitiu e reforçou na esteira da transmigração da família real para o Rio de Janeiro, era natural que o ressentimento anti-inglês se tornasse vivo na historiografia de língua portuguesa. Portugal tinha uma irresolvida história de queixumes contra seu velho aliado, que vinha desde o tratado de 1661 até a crise deflagrada pelo Ultimato britânico nos anos noventa do século XIX, passando pelos célebres tratados de Methuen, em começos do XVIII. Quanto a nós, as reclamações haviam girado em torno dos termos leoninos do tratado de comércio de 1812, renovado em 1825 como preço da Independência, e da oposição do governo de Londres ao tráfico de escravos. Daí que tradicionalmente o tema da presença britânica, em Portugal como no Brasil, estivesse limitado à história política, diplomática e econômica, mesmo quando versados por historiadores anglo-saxões, como

Alan K. Manchester e, mais recentemente, por Leslie Bethell ou Richard Graham. A originalidade de *Ingleses no Brasil* consiste em que Gilberto, sempre desdenhoso de um tipo de análise que lhe parecia e que efetivamente era, quando ele começou a escrever, imperdoavelmente superficial, optou pela história social da influência britânica entre nós, dando-nos uma obra que, no seu feitio desleixadamente ensaístico, bem distante da rigidez monográfica das teses universitárias, e por isto mesmo, é um livro de leitura extremamente agradável.

A obra compreende quatro capítulos, outros tantos ensaios que podem ser lidos separadamente. O primeiro, "Aventura, comércio e técnica", funciona como uma introdução geral ao tema, razão pela qual o autor teve, para usar a linguagem de *baseball*, de *touch all bases*, referindo os inúmeros aspectos em que a presença britânica fez-se sentir, para o que recorreu inclusive à técnica eminentemente literária, mas que nem por isso deve ser considerada historiograficamente inaceitável, da chamada enumeração caótica, como nas páginas em que relacionou os vestígios materiais e espirituais da influência inglesa, desde o *mister*, vale dizer, o inglês do anedotário nacional, até o gosto brasileiro pela sinuca (aliás, um dos incontáveis anglicismos que hoje fazem parte do português falado no Brasil, que, no tocante à adoção de palavras inglesas, sempre se mostrou bem mais transigente do que Portugal, onde o nosso trem e o nosso bonde ainda são castiça e patrioticamente designados por comboio e elétrico). O segundo e terceiro capítulos examinam a atividade britânica através dos anúncios de jornal, técnica que, como se sabe, Gilberto usou pioneiramente no Brasil e desconfio que também fora dele; e através da correspondência dos cônsules de Sua Majestade Britânica com as autoridades brasileiras.

Sob ambos aspectos, a preferência do autor pela história social, e mais especificamente pela história da vida privada, permitiu-lhe descobrir a importância e riqueza de fontes que haviam sido marginalizadas pela história política: o anúncio de jornal por oposição ao *suelto* e ao artigo de fundo, e a correspondência consular por oposição à correspondência estritamente diplomática, tão explorada por seu mestre Oliveira Lima. Mas se graças a Gilberto o anúncio de jornal passou a ser utilizado na historiografia brasileira, embora com muito menor frequência do que seria de desejar, o mesmo não aconteceu à correspondência consular, que continua inexplicavelmente desdenhada, talvez em consequência do fato assinalado pelo próprio Gilberto de que, enquanto "ofício" e "cônsul" têm conotações monotonamente burocráticas, "papéis diplomáticos" sugere o universo aparentemente glamouroso das intrigas internacionais. Quanto ao derradeiro capítulo de *Ingleses no Brasil*, trata-se de uma deliciosa glosa dos aspectos privados de um episódio pertencente por definição à história política, como seja a abdicação de D. Pedro I, escrita a partir do relato de oficial do navio de guerra inglês em que se asilou o imperador antes de viajar para Portugal.

Rebento tardio da análise gilbertiana do processo de reeuropeização do Brasil esboçada em *Sobrados e mucambos*, análise a que, aliás, não faltara o estudo do que podia ser considerado sua contrapartida, vale dizer, a resistência oposta pelas influências orientais com que Portugal impregnara desde cedo a América portuguesa, *Ingleses no Brasil* emprega os mesmos meios que o autor já usara no exame da formação da família patriarcal. Já tentei explicar em outro lugar o que parece representar, do ponto de vista historiográfico, a novidade da abordagem gilbertiana: a transposição a uma sociedade de tipo histórico como a brasileira, até então exclusivamente analisada a partir dos métodos diacrônicos da história, da visão sincrônica desenvolvida pela antropologia anglo-saxônica para a descrição das sociedades primitivas. Foi o que era então uma ousadia teórica que habilitou Gilberto a dar uma das contribuições mais originais à cultura ocidental do século XX. Não se trata de exagero. Não vou entrar aqui na questão do ostracismo intelectual a que ele foi relegado no Brasil precisamente durante as décadas de cinquenta e sessenta, em que a relevância da sua obra passou a ser reconhecida nos centros europeus e norte-americanos. Basta lembrar que àquela altura Roland Barthes assinalaria haver nosso autor realizado a proeza de apresentar "o homem histórico quase sem o desprender do seu corpo vivo, o que importa na quase realização da quadratura do círculo dos historiadores, o ponto último da investigação histórica".

Dito o quê, caberia apontar as limitações do ovo de Colombo gilbertiano, limitações que servem, aliás, de advertência contra a utilização acrítica da abordagem antropológica em história, fenômeno recente no Brasil e que não se deveu a Gilberto mas à leitura dos historiadores franceses que a partir de Ariès começaram a cultivar a história da vida privada. Como indica a própria obra gilbertiana, a utilidade heurística do tratamento sincrônico de um determinado período será tanto maior quanto for menor o marco cronológico adotado. Porque *Casa-grande & senzala* teve por quadro os três séculos de história colonial, sua descrição da sociedade brasileira parece ao historiador menos convincente e mais vulnerável do que a de *Sobrados e mucambos* ou de *Ingleses no Brasil*, limitada aos cinquenta ou sessenta primeiros anos do século XIX. O perigo que ronda o emprego dos métodos sincrônicos ao longo prazo não consiste apenas em tornar a investigação passível de anacronismos mas sobretudo em enxergar relações estruturais que não resistiriam ao rigor do exame diacrônico. Para fazer justiça aos antropólogos, cumpre, contudo, assinalar que o uso e o abuso do sincrônico em história vêm ocorrendo por iniciativa dos próprios historiadores, deslumbrados pelos êxitos alcançados pela antropologia na ambição, comum às ciências humanas, de descobrir a chave para a reconstrução de totalidades sociais.

A realidade é que já no século XIX a historiografia havia descoberto por si mesma a valia do sincrônico, graças à *Kulturgeschichte* germânica e particularmente ao suíço Burckhardt e, posteriormente, ao holandês Huizinga. Croce atribuirá à *forma mentis* de Burckhardt, por ele acusada de eminentemente anti-histórica, a substituição pura e simples da história factual pela história da cultura e da civilização, em lugar de procurar integrá-las, enriquecendo a primeira com a contribuição da segunda. Como não o fez, a obra de Burckhardt parecia-lhe uma "história da cultura inteiramente empírica e estática", que anulava o drama e a dialética da ação humana, esgotando-se na apresentação de "uma realidade fixa, solidificada, imobilizada". Os reparos de Croce ajudam a entender o fato insólito de *A civilização do Renascimento na Itália* continuar a ser um livro fascinante, malgrado a contestação a que foram submetidas pelos historiadores que se ocuparam do tema quase todas as suas análises pontuais. É evidente que o livro conheceu a mesma sorte a que se referiu Dumézil a respeito da sua própria obra, ao prever que, caso se viesse a concluir em contra do seu caráter científico, ainda assim não caberia jogá-la fora, apenas transferi-la da estante de ciências humanas para a de literatura. Quando a erudição de um grande livro de história envelhece, ou quando se transformou o clima intelectual em que foi escrito, ele sobrevive pela imaginação propriamente histórica, categoria distinta relativamente a outros tipos de imaginação, mas tão valiosa quanto eles. É o que está ocorrendo inclusive a *Casa-grande & senzala*.

A antropologia e a história são como são porque não podem ser de outra maneira, limitadas que se acham pela natureza da matéria-prima que processam. Se a antropologia segregou-se na sincronia foi porque o antropólogo não dispunha, no estudo das sociedades primitivas, da variedade e riqueza das fontes com que conta o historiador no estudo das sociedades históricas. Se, por sua vez, o historiador isolou-se na diacronia, foi porque não tinha o privilégio, ao contrário do antropólogo, de ser testemunha ocular da sociedade romana de finais da República ou do funcionamento do *manoir* medieval. Bem que o antropólogo gostaria que os pataxós possuíssem um arquivo, mas, como isto não é possível, só lhe resta munir-se do seu caderno de campo e observar atentamente o que se passa na existência cotidiana da tribo, embora se viesse a ocorrer um milagre dos deuses pelo qual as sociedades primitivas se encontrassem subitamente dotadas de acervos documentais, provavelmente boa parte do conhecimento antropológico teria o destino a que aludiu Dumézil.

É inegável, por outro lado, que o historiador adoraria regressar no tempo e assistir ao assassinato de César ou espiar a vida econômica na Florença dos Médici, mas como isto tampouco é possível, ele se vê na contingência de reconstruí-los laboriosamente mediante o conhecimento inferencial dos correspondentes vestígios. Cumpriria, porém, acrescentar que, devido às diferenças fundamentais entre sociedades históricas e sociedades primitivas, cabe duvidar de que o historiador seria capaz de tirar maior partido daquilo que veria com os próprios olhos do que faria se se pusesse a contemplar a própria sociedade em que vive. Provavelmente lhe ocorreria o que ocorreu a Fabricio del Dongo na batalha de Waterloo. Daí que, empregando a distinção feita por Montaigne, o historiador provavelmente optaria por conhecer Brutus através das páginas de Plutarco em vez de visitá-lo na sua casa. Afinal de contas, como lembrou Paul Veyne num livro fundamental de reflexão epistemológica,

> mesmo que eu fosse contemporâneo e testemunha de Waterloo, mesmo que fosse o principal ator e Napoleão em pessoa, teria somente uma perspectiva sobre o que os historiadores chamarão o acontecimento de Waterloo [...] Mesmo que eu fosse o Bismarck que toma a decisão de expedir o telegrama de Ems, a minha própria interpretação do aconteci-

A HISTÓRIA SOCIAL DA PRESENÇA BRITÂNICA NO BRASIL (2)

mento não seria talvez a mesma dos meus amigos, do meu confessor, do meu historiador oficial e do meu psicanalista, que poderão ter a sua própria versão da minha decisão e pretender saber melhor que eu o que eu queria.

O historiador necessita recorrer à dimensão sincrônica com espírito informadamente crítico, o que significa subordiná-la à diacronia, que é, por excelência, sua reserva de mercado. Se não o fizer, empobrecerá sua capacidade de explicação e de compreensão do passado. Tal empobrecimento já começa, aliás, a fazer-se sentir na produção historiográfica em geral, repetindo o mesmo reducionismo esterilizante de que a ameaçou a novidade economicista nos anos cinquenta ou a moda estruturalista dos sessenta. As tendências das grandes variáveis econômicas e até das não tão grandes assim foram o "abre-te Sésamo" dos estudiosos fatigados, com razão, da história factual e positivista. Mas ao cabo do notável enriquecimento trazido pela história econômica, constatou-se, como na França, que os alunos já não sabiam história política, não haviam ouvido falar da rivalidade entre Francisco I e Carlos V nem das guerras de religião, embora estivessem a par da expansão demográfica de Quinhentos e da estagnação secular de Seiscentos.

28.

O século mais agreste

Charles Ralph Boxer, falecido, quase centenário, em abril de 2000, realizou na segunda metade do século XX o grande projeto concebido, nos começos do XIX, por seu compatriota Robert Southey, o primeiro brasilianista. Como se não lhe bastasse o triunfo obtido como poeta, Southey, de visita a Lisboa a um tio capelão da feitoria inglesa, planejou escrever a história de Portugal e do seu império ultramarino. Propósito que só realizou pela metade, com os três alentados tomos da *História do Brasil*, embora recolhesse boa quantidade do material indispensável à redação da história de Portugal na Europa e na Ásia, como indica o inventário da sua biblioteca. A Boxer, caberia realizar o ambicioso plano, não em consequência de uma decisão de princípio, como no caso de seu antecessor, mas como resultado final de um longo périplo historiográfico que lhe permitiu abranger imparcialmente, da epopeia à picaresca, a presença lusitana no mundo. Seu conhecimento das fontes éditas e manuscritas representa algo de literalmente assombroso, façanha que não poderia ser repetida não fossem os recursos que a informática veio colocar à disposição do historiador mas de que Boxer não chegou a se beneficiar. A esta capacidade de trabalho, contudo, estavam longe de corresponder os sinais exteriores do rato de arquivo; e se prova melhor não houvesse desta asserção, bastaria citar a aventurosa existência que levou na mocidade. Não há dúvida de que Boxer conseguiu fazer do tempo uma mercadoria de oferta infinitamente elástica.

Na sua obra caberia mencionar de início os livros que dedicou a grandes temas como a história de Macau (sua primeira paixão historiográfica), a presença lusitana no Japão, as relações comerciais luso-nipônicas, a emergência do Atlântico sul lusitano, a ocupação batava do Nordeste e a América portuguesa da primeira metade de Setecentos. Numa segunda categoria, vêm as

O SÉCULO MAIS AGRESTE

duas notáveis sínteses que publicou nos anos 1960 sobre os impérios coloniais de Portugal e dos Países Baixos, ainda hoje o que há de melhor no gênero. Em terceiro lugar, enfileiram-se os ensaios de história comparada da expansão portuguesa centrados em temas concretos como a instituição municipal, a atuação da Igreja, a posição da mulher ou as relações raciais no ultramar. Por fim, uma multidão de artigos em revistas históricas e científicas, que começam a ser recolhidos pela Fundação Oriente, de Lisboa, nos quais aprofundou numerosos temas de que havia se ocupado apenas de passagem nas obras principais. Que a um historiador inglês devam Portugal e o Brasil a primeira obra de conjunto acerca da expansão colonial do velho Reino constitui algo merecedor de alguma surpresa e sobretudo de reflexão. Passada a primeira, a segunda nos persuadirá de que o fato não é tão estranho assim, tendo em vista que historiadores portugueses e brasileiros, salvo um Oliveira Lima ou um João Lúcio de Azevedo, os quais versaram temas de ambos os lados do Atlântico, confinaram-se nas suas respectivas histórias nacionais com um ardor muito mais digno da causa oposta.

A abordagem supranacional da história luso-brasileira foi assim deixada a estrangeiros; e dadas as estreitas relações anglo-lusitanas desde o século XVII, um súdito de Sua Majestade Britânica era o historiador fadado a realizar a tarefa desdenhada pelos nativos. Qual a razão dessa negligência? Trata-se, a meu ver, de um sistema de divisão do trabalho historiográfico ao longo das linhas de um nacionalismo estreito, que afetou até mesmo a historiografia de uma instituição eminentemente multinacional, como a Companhia de Jesus. Daí que a outro brasilianista ilustre, Dauril Alden, já sejamos devedores da nova história dos jesuítas portugueses. E, contudo, os inacianos não careceram de historiadores eruditos, como indicam os sete volumes da *História da Companhia de Jesus na assistência de Portugal*, do padre Francisco Rodrigues, e os dez tomos da *História da Companhia de Jesus no Brasil*, do padre Serafim Leite, ambos portugueses.

Tais obras foram concebidas e realizadas durante o longo consulado salazarista em que a louvação do passado imperial tornara-se artigo obrigatório nas prateleiras ideológicas do regime. É verdade que se poderia alegar que tal limitação não era exclusivamente lusitana, de vez que a Boxer deve-se também a única obra satisfatória de síntese da expansão colonial dos Países Baixos; e, contudo, tampouco a Holanda carece de historiadores competen-

219

tes. Ocorreu que os historiadores batavos e portugueses reagiram diversamente, no contexto dos seus diferentes regimes políticos, ao trauma nacional da perda dos respectivos impérios coloniais. Ao passo que os primeiros tenderam a se alhear da sorte das antigas possessões, a ponto de o neerlandês médio continuar solenemente ignorando, por exemplo, a experiência de quarto de século dos seus avoengos no Nordeste, os lusitanos agarraram-se com tenacidade nostálgica aos restos do Império, cuja grandeza, na verdade, não havia sido tanta quanto eles gostam de fazer crer, como há muito observou Gilberto Freyre. Em páginas bem menos lusófilas do que escreverá posteriormente, ele observou sarcasticamente que "longe de conformar-se com uma viuvez honesta, de nação decaída — como mais tarde a Holanda, que depois de senhora de vasto império entregou-se ao fabrico do queijo e da manteiga — continuou Portugal [...] a supor-se o Portugal opulento de D. Sebastião vivo. A alimentar-se da fama adquirida nas conquistas de ultramar. A iludir-se de uma mística imperialista já sem base. A envenenar-se da mania de grandeza".

Que os historiadores portugueses se tivessem desinteressado da história brasileira pós-Independência seria compreensível, como também é compreensível o desinteresse, para não falar em ignorância, do historiador brasileiro pela história portuguesa do século XIX. Seu alheamento no tocante à nossa história colonial é que parece injustificável. Foi assim que na sua obra monumental sobre a economia dos descobrimentos portugueses, Vitorino Magalhães Godinho absteve-se de tratar de história brasileira, com o argumento de que a história econômica do Brasil já fora devidamente explorada pela historiografia nacional, quando, na realidade, sua macrovisão do Império lusitano, de que careciam nossos historiadores econômicos, lhe teria permitido integrar o que se passava entre nós ao que se passava no resto do ultramar. A Boxer cabe boa parte do crédito pelo reconhecimento de que as histórias portuguesa e brasileira são separadamente ininteligíveis, e pela tendência, que já se detecta na historiografia mais recente, de saltar este fosso, como acaba de fazer Luiz Felipe de Alencastro em *O trato dos viventes*, que nos brindou com uma série de perspectivas novas não apenas sobre a história do tráfico negreiro mas também sobre o papel, mais central do que se supunha, do comércio de africanos em Portugal e no Brasil. Outras deficiências necessitam ser preenchidas, a começar pelo estudo, cuja inexistência é clamo-

O SÉCULO MAIS AGRESTE

rosa, das teias clientelísticas tecidas por indivíduos e grupos entre a metrópole e a colônia.

A idade de ouro do Brasil, a terceira grande obra dedicada por Boxer à história brasileira, pode ser considerada a continuação do *Salvador de Sá e a luta pelo Brasil e Angola*. A morte de Salvador em 1686 coincide *grosso modo* com a crise final daquele Brasil talássico que se viera gestando desde os anos setenta de Quinhentos em torno dos principais núcleos açucareiros da colônia. Foi então que os preços do açúcar conheceram os níveis mais baixos de toda nossa história, obrigando Portugal, confrontado pelos problemas consequentes de balança de pagamentos no seu comércio com a Europa, a fazer apelo, pela primeira vez, a uma política de fomento manufatureiro, que teria, aliás, fôlego curto. Mais alguns anos, e a descoberta das minas abrirá perspectivas novas ao Reino e à América portuguesa, permitindo a colonização em base permanente de uma imensa área que até então fora apenas atravessada pelas bandeiras e entradas de São Paulo. Uma rápida olhada ao índice de *A idade de ouro do Brasil* já permite ao leitor dar-se conta do que há de velho e de novo no período de que a obra se ocupa. Na coluna das continuidades, a América portuguesa é ainda um império do Atlântico sul, sobretudo no momento em que a presença lusitana no Oriente foi reduzida pela concorrência naval e comercial da Holanda e da Grã-Bretanha. À maneira do século XVII, ela continua, neste começo da centúria seguinte, a ser objeto da cobiça internacional, como indica o episódio da ocupação francesa do Rio de Janeiro.

Mas na coluna das rupturas, os antigos núcleos hegemônicos, a Bahia e Pernambuco, já não ocupam sozinhos o primeiro plano, embora Salvador permaneça fiel à sua vocação cenográfica e barroca de capital da América portuguesa; e entre Olinda e o Recife se aprofundem as rivalidades da nobreza da terra com os reinóis comerciantes que culminarão na guerra civil de 1710-1711. Em especial, a colonização de Minas cria um novo polo de existência colonial nas brenhas a oeste das serranias costeiras do litoral do Rio e de São Paulo, atraindo os contingentes demográficos mais diversos, os paulistas que haviam descoberto as jazidas mas também os sertanejos do São Francisco e uma densa corrente imigratória do Reino. A originalidade da ocupação de Minas em termos brasileiros reside em que se realizou sob a forma de uma constelação de vilas, em lugar da tendência à concentração em uma única urbe que fora de regra nas demais capitanias. Daí a vida citadina ter sido ali bem mais intensa do que no restante do Brasil. Mas se a colônia cresce no rumo do Planalto Central, ela o faz também, de maneira mais decisiva do que ocorrera antes, na direção dos sertões do Nordeste, subindo o vale do Amazonas e levando a presença portuguesa até a margem esquerda do Rio da Prata. O livro de Boxer expõe como se gestou a nova configuração territorial que internacionalmente será consagrada pelo tratado de Madri.

A idade de ouro do Brasil pode ser, portanto, um título desorientador. É claro que Boxer jogou com o duplo sentido de "idade do ouro" e de "idade dourada", conceito normalmente associado às fases de amadurecimento, não à de crescimento de uma sociedade, como definida no subtítulo: *dores de crescimento de uma sociedade colonial.* A leitura da obra faz-nos antes lembrar a asseveração de Gilberto Freyre segundo a qual o século XVIII foi o século mais agreste, isto é, o mais sertanejo, da história brasileira. Nele realiza-se plenamente a tendência, herdada da centúria anterior, que podemos denominar de ensimesmamento da América portuguesa. É óbvio que a própria existência do monopólio colonial estimulava a segregação. Anteriormente, porém, ele não fora suficiente para comprometer nossa fachada reinol da segunda metade de Quinhentos e da primeira de Seiscentos. Somente a ruptura, em favor da segunda tendência, da dicotomia entre a economia de plantação e a expansão continental (e isto não apenas em termos do conjunto da colônia mas igualmente em termos regionais) poderia produzir o fenômeno da interiorização que caracterizará a economia, a sociedade e a cultura brasileiras até o limiar do século XIX, quando se imporá a tendência reequilibradora à reeuropeização. Com efeito, a expansão territorial de Setecentos apenas remotamente pode ser considerada impulso civilizador no sentido convencionalmente europeu, como fora ou buscara ser a colonização do primeiro século. A despeito da presença portuguesa, o nosso já era então um esforço de autocolonização, em que predominavam os naturais da terra, tivessem sangue híbrido ou não.

Em vez de constituir a explosão de vitalidade coletiva resultante da mestiçagem, a expansão territorial foi a proeza tristonha de indivíduos marginalizados, geográfica e socialmente, por não haverem podido encontrar seu lugar ao sol da ordem escravocrata. Seu produto final foi o caipira. Nossa "marcha para o oeste", seja ela na Amazônia, no Nordeste ou no Sudeste, onde ela também foi uma marcha para o sul, foi sobretudo a fuga às dificuldades da economia escravista do litoral, funcionando como a válvula de escape que permitiu a consolidação do escravismo, assim como o êxodo rural permitiria, feita a Abolição, a sobrevida da grande propriedade. A despeito de todo o triunfalismo com que tem sido invariavelmente saudada pela historiografia oficial, a expansão foi a linha de menor resistência da nossa história, e, portanto, do menor esforço, inaugurando a propensão nacional a sacrificar a solução dos problemas do dia mediante uma solução imediatista. Esta será posteriormente racionalizada pelo ideal da construção de um "grande Império", aspiração que ironicamente não constituiu reivindicação colonial, mas um plano da Coroa no propósito, que não carecia de certo sebastianismo, de restaurar a posição de Portugal na Europa, embora, de Alexandre de Gusmão a José Bonifácio, ele tivesse contado com a assessoria da *intelligentsia* brasileira no Reino.

29.

Collingwood e o ofício do historiador

Há alguns anos, o suplemento literário do *Times*, de Londres, incluiu *A ideia da história*, de R. G. Collingwood, numa lista dos cem livros mais influentes publicados desde o fim da Segunda Guerra Mundial. A escolha não deixa de conter sua ironia. Collingwood, que falecera prematuramente em 1943, não tivera a oportunidade de expor em livro o que pensava a respeito do ofício de historiador, que praticara paralelamente às suas tarefas de professor de filosofia, no tocante à história da Inglaterra romana, e o que o levara inclusive a enfronhar-se na arqueologia do período. *A ideia da história* foi publicado em 1946 com base nas suas aulas, conferências e trabalhos divulgados em revistas científicas e em manuscritos legados à Universidade de Oxford. Da edição da obra, encarregou-se um antigo discípulo, T. M. Knox. Sob o aspecto do caráter incompleto e fragmentário, de *work in progress*, o pensamento de Collingwood lembra o de Dilthey ou o de Ortega, o que não é certamente uma coincidência, dado que o conhecimento histórico, malgrado o progresso mais que centenário da filosofia crítica da história, ainda aguarda o seu Kant.

Como sabe o leitor de *A ideia da história*, que conta com tradução brasileira, ele se compõe de uma história da historiografia e da filosofia da história, a que foram acrescentados sete capítulos versando questões teóricas, inclusive os temas da imaginação histórica e o da história como a reconstituição (*re-enactment*) pelo historiador da experiência do passado. Esses textos haviam sido preparados em função do projeto de Collingwood de escrever, por um lado, uma história da historiografia (que seria *A ideia da história* propriamente dita) e, por outro, uma exposição crítica que se intitularia *Os princípios da história*. Se o primeiro desses livros estava praticamente concluído ao romper a Segunda Guerra Mundial, o segundo nunca chegou a sê-lo. Em começos de 1939, num derradeiro e heroico esforço em face da deterioração do seu estado de saúde, Collingwood enfurnou-se num camarote de navio numa viagem de ida e volta às Índias Orientais neerlandesas, de modo a redigir não só *Os princípios da história* como *Um ensaio sobre metafísica*. Este foi concluído mas *Os princípios da história* não passaram dos quatro capítulos, que, encontrados nos arquivos da editora da Universidade de Oxford, foram publicados por dois dos melhores conhecedores da sua obra, William H. Dray e W. J. van der Dussen.[1] Anteriormente, van der Dussen já havia topado com outros textos inéditos, que Knox se recusara a incorporar à sua edição de *A ideia da história* com o argumento de que, ao dissolverem a metafísica na história, eles não corresponderiam ao pensamento autêntico de Collingwood, ou antes, ao que Knox considerava que devia ser o pensamento de Collingwood.

Foi assim que a década de 1990 assistiu a uma redescoberta de Collingwood, do que dá igualmente testemunho o aparecimento de uma considerável bibliografia a seu respeito em língua inglesa, em especial o livro de William H. Dray, *História como reconstituição* (1995). Dray pretendeu não apenas expor-lhe o pensamento mas também detectar os pontos críticos, para procurar resolvê-los sem prejuízo do essencial da doutrina collingwoodiana. O interesse de Dray por Collingwood era, aliás, natural. Professor de filosofia em Ottawa, Dray publicara *Leis e explicação em história* (1957), que o fizera uma espécie de "enfant terrible" da filosofia da história dominante nos países anglo-saxões, a qual se autodesignara filosofia da história analítica, de modo a evitar qualquer confusão indesejável com a filosofia da história especulativa, vale dizer, com a procura de padrões ou sentido da evolução histórica que pudessem ser empregados na previsão.

A filosofia da história analítica partira de um artigo de Carl G. Hempel, intitulado "A função das leis gerais em história" (1942), no qual ele estendia ao conhecimento histórico sua filosofia do conhecimento nas ciências naturais. Neste artigo, que ficou célebre no mundo de língua inglesa, pretendia-se, na tradição do empirismo anglo-saxão, inexistirem diferenças de monta entre a explicação científica e a histórica. Embora discípulos seus, como Patrick Gardiner, conscientes das dificuldades da proposição, se entregassem a alguns

---

[1] R. G. Collingwood, *The principles of history and other writings in philosophy of history* (introdução de W. H. Dray e W. J. van der Dussen), Oxford University Press, 1999.

contorcionismos lógicos para salvar a doutrina de Hempel, Dray foi o primeiro entre os filósofos analíticos a romper com a pobreza da doutrina e a assinalar que a explicação em história era algo de ao menos parcialmente diferente do tipo de explicação vigente nas ciências naturais. Ora, Collingwood era o único filósofo anglo-saxão que lhe podia servir de aliado nesta batalha.

O que espanta na querela a que o artigo de Hempel deu lugar não é somente o fato de seus partidários, procedentes todos da filosofia científica, se arrogarem a tratar de uma atividade, como o conhecimento histórico, a respeito da qual faziam uma ideia eminentemente falsa e até ingênua. A controvérsia surpreende sobretudo pelo seu provincianismo anglo-saxão, de vez que os cultores da filosofia analítica da história, ignorando ou afetando ignorar a tradição historista alemã, recolocavam questões a que desde os fins do século XIX Dilthey, Windelband, Rickert, Simmel e também Max Weber haviam dado respostas bem mais satisfatórias. Benedetto Croce na Itália repensara os mesmos problemas desde 1893 (reflexão que exercerá influência decisiva sobre Collingwood), como o farão Ortega y Gasset na Espanha, e depois Aron na França, ambos sob o estímulo do historismo alemão. Salvo Collingwood e Oakeshott, a Inglaterra e os Estados Unidos haviam ficado à margem desse processo. Redescobrir Collingwood equivalia assim a integrar a filosofia de língua inglesa na corrente historista.

Outro aspecto curioso da teoria de Hempel e seus seguidores consistiu em ignorar a própria tradição da historiografia dos países anglo-saxões, a qual se caracterizou por uma altíssima qualidade intelectual (embora não necessariamente pelo pioneirismo), o que não poderia ter sido evidentemente alcançado se os historiadores da Inglaterra e dos Estados Unidos tivessem praticado os métodos hempelianos da explicação mediante leis e se tivessem deixado impregnar do ranço empirista que, em geral, marcava a filosofia nestes países. Os maliciosos e os céticos verão uma justificativa a mais para a aversão crônica dos historiadores às questões epistemológicas; e para sustentarem que é possível escrever história de bom quilate sem se tornar versado nas controvérsias sobre as condições do conhecimento histórico. Não é, com efeito, possível redigir-se um receituário para historiadores; e quem, em busca dele, houver, por exemplo, adquirido o livro de Paul Veyne, *Como se escreve a história*, se terá rapidamente desapontado. O que ali se expõe com verve e irreverência não é um conjunto de princípios normativos, mas tão somente a prática cotidiana, quase se poderia dizer os macetes, dos historiadores, embora a formação filosófica de Veyne lhe tenha dado a desenvoltura teórica de que necessariamente carece a esmagadora maioria dos seus pares.

Caberia aduzir que as melhores obras sobre prática historiográfica são via de regra, desde a síntese de Droysen (1858), o produto de quem logrou combinar intimamente a atividade de historiador e a de filósofo, como foi o caso não só de Collingwood como de Dilthey, de Croce, do mesmo Veyne e ainda de Marrou. Daí parecer preferível ao aprendiz de historiador evitar cuidadosamente este tipo de literatura, pelo menos até que a experiência concreta permita-lhe adentrar-se em tais elucubrações e criar gosto por elas. Só então a reflexão epistemológica tornar-se-á realmente útil; antes disto, será francamente inibidora ou estimulará o pedantismo. O aprendizado da história faz-se do modo bem simples e além do mais agradável que consiste, de um lado, na leitura dos grandes historiadores, ou, para ser sincero, na vontade de emulá-los, como, aliás, acontece no tocante a qualquer atividade intelectual; e, de outro, em desenvolver o que já se denominou "o gosto pelo arquivo". O apetite pelo documento é verdadeiramente um estranho vício. Um grande hispanista, John H. Elliott, tendo decidido fazer sua tese sobre a Espanha do reinado de Felipe IV, achou-se um dia em Madri num dilema cruel, digno do asno de Buridan: investigar a revolução portuguesa ou a revolução catalã, que haviam estourado em 1640 contra Castela? Elliott optou pela última e tomou o trem para Barcelona, em cujos arquivos ingressou sem saber catalão nem estar familiarizado com paleografia. É tal a fascinação que os papéis velhos exercem que há quem se atire a eles sem a preparação básica de que se teriam previamente munido indivíduos menos sensíveis ao canto de sereia dos acervos.

Regressando de uma digressão que nos apartou de Collingwood, a importância que ora se lhe confere é ainda uma derradeira manifestação do provincianismo anglo-saxão a que me referi. Em termos dos países de língua inglesa, mas só destes, suas ideias sobre o conhecimento histórico podem parecer uma refrescante novidade. Mas quando as percorremos contra o pano de fundo da tradição historista no continente, elas não parecem tão novas assim. O essencial do historismo foi a afirmação da história como total (em Dilthey) ou parcialmente (em Weber) irredutível aos modelos de explicação das ciências naturais. Sustentar semelhante ideia na Inglaterra dos anos trinta representava algo de realmente ousado; hoje está longe de ser. Igualmente atrevido era reduzir a filosofia à história da filosofia, mas isto também estava sendo feito naquela mesma altura por outros europeus. O que não nos deve, contudo, fazer ignorar que, embora nadando numa corrente em que bracejavam mestres mais eminentes, o autor de *A ideia da história* ofereceu contribuições brilhantes. É certo que, em última análise, a "reconstituição" collingwoodiana é o *verstehen* germânico reformulado por alguém que tinha o dom de pensar com clareza o que os grandes alemães só conseguem pensar nebulosamente. E, com efeito, não há maior prazer intelectual do que conviver com as ideias de Dilthey, Rickert ou Simmel não nos seus textos, mas depois que elas foram suficientemente destrinçadas pela capacidade didática de um Aron ou de um Ortega.

Segundo a ideia da "reconstituição", quando o historiador se ocupa com a travessia do Rubicão por Júlio César, ele não se limita a descrever os aspectos externos do acontecimento, o meio de transporte de que se utilizou ou onde o rio deu vau. Elementos tais ainda não fazem parte da história propriamente dita; eles são antes a matéria-prima da história antes de devidamente processada. O historiador só começa verdadeiramente a sê-lo a partir do momento em que procura colocar-se na situação concreta vivida por César naquele instante, ou dito de outra maneira, em que procura reconstituir os motivos pelos quais ele se atreveu a cruzar o Rubicão, violando a legalidade republicana. Este esforço é de natureza inescapavelmente mental. É óbvio que quando César decidiu cruzar o rio, certas circunstâncias somavam-se à avaliação dos prós e contras no seu cérebro. Se cavalgava há muito tempo e sendo homem de idade avançada para a época, é plausível que se ressentisse dos sinais precursores de uma crise de hemorroidas, tão inoportuna quanto o desarranjo intestinal que teria alegadamente acometido D. Pedro I antes de cruzar seu próprio Rubicão, isto é, antes de dar o grito do Ipiranga. Para o historiador, porém, trata-se de sensações, impressões, percepções, que ou lhe escaparão inteiramente ou serão destituídas de interesse, de modo que ele não poderá jamais, ao contrário do raciocínio que fazia César, reconstituí-los. Daí que para Collingwood a história não seja revivescência ou ressurreição do passado, como pretendera Michelet, mas reconstrução rigorosa da motivação dos atores históricos. Daí também que a história segundo ele seja em última análise história do pensamento.

Ao apresentar a historiografia em termos exclusivos da *res gestae*, isto é, como o estudo das ações praticadas no passado, Collingwood abriu o flanco à crítica de racionalismo e de intelectualismo. Afinal de contas, onde ficavam o irracional e o emocional em tudo isto? A publicação dos inéditos permite esclarecer sua posição. Ele assinala, por exemplo, que os atos irracionais também podem ser explicados racionalmente e que, portanto, também pertencem ao território do historiador. Nada impede que este reconstitua uma ação decorrente de uma avaliação errada de uma determinada situação, embora, como assinala Dray, subsista a dificuldade de ações inexplicáveis mediante este critério, as quais tornam-se assim irredutíveis à reconstituição. Quanto ao papel da emoção, Collingwood formula nos *Princípios da história* a ideia de emoções "essenciais" ancilares da ação individual e que, por conseguinte, cairiam também sob a competência do historiador. Dray, aliás, considera insuficiente a concessão, lembrando o fenômeno coletivo do "grande medo de 1789". A objeção de Dray está ligada na verdade ao que constitui a dificuldade maior levantada pela ideia de reconstituição.

A reconstituição exibe as marcas de um conceito derivado da primazia da história política e militar na velha historiografia factual, o qual, portanto, se teria tornado insuficiente na esteira da expansão do campo historiográfico a partir do período entre as duas guerras. O próprio Collingwood, que no seu *A Grã-Bretanha romana e os estabelecimentos ingleses* (1936) excursionara pela história social e econômica, como que antecipara a objeção, ao lembrar que o esquema da reconstituição era passível de aplicação a outras atividades práticas, de feitio econômico ou de natureza moral, religiosa ou artística, atividades muitas vezes caracterizadas pelo seu caráter anônimo. A verdadeira dificuldade levantada pelo conceito de reconstituição coloca-se assim ao nível da ação coletiva. E neste particular Collingwood, como indicou Dray, não chegou a definir-se, tateando no rumo de uma solução conciliatória entre as duas alternativas já existentes, a de uma *corporate mind* sociológica que transcenderia os indivíduos, e a do individualismo metodológico, segundo a qual em última análise a ação coletiva é redutível às ações individuais, das quais seria assim uma espécie de somatório. Neste particular, Collingwood, como tantos outros, acabou tropeçando num problema ainda hoje irresolvido. O fosso entre a história que se pratica e a história que se teoriza permanece mais largo do que nunca.

30.

O preconceito sociológico em história

No seu livro de recordações, Tocqueville assinalou a diferença de perspectiva entre o intelectual e o político. Ao passo que o primeiro escrevia a história pairando sobre os acontecimentos e em termos de grandes forças impessoais, o segundo tendia a vê-la episodicamente. Ambos, segundo Tocqueville, se equivocavam. Sua própria reflexão levava-o a detestar "esses sistemas absolutos que fazem depender todos os sucessos da história, de grandes causas primeiras ligando-se umas às outras por um encadeamento fatal e que suprimem, por assim dizer, os homens da história do gênero humano", tendência que julgava estreita, "na sua pretensa grandeza [...] sob seu ar de verdade matemática". Parecia-lhe que "o acaso ou antes a trama de causas segundas, que chamamos assim por não saber destrinçá-la, entra consideravelmente em tudo o que vemos no teatro do mundo". Por outro lado, ele não podia abster-se de pensar que "o acaso só produz o que estava preparado anteriormente", pois "os fatos precedentes, a natureza das instituições, o feitio dos espíritos, o estado dos costumes, são os materiais com os quais ele produz essas viradas que nos surpreendem e atemorizam". Restava, portanto, fazer a grande síntese.

Já num passo de *A democracia na América*, ele esboçara a sociologia da sociologia, ao explicar a preferência pelas macroexplicações históricas, inerente a essa disciplina eminentemente oitocentista na sua origem, pelo feitio democrático dos tempos. Como o século XIX estava dominado pela paixão da igualdade, não se lograva discernir a marca de vontades individuais que se imprimissem duradouramente sobre os eventos. Daí que se tendesse a pensar a história como um sistema de causas gerais. Nesta perspectiva, as *Recordações* poderiam ser lidas a contrapelo tanto de *A democracia na América* como da obra que tinha em preparo ao falecer, *O Antigo Regime e a Revolução*. O que ele pôs de relevo nesses livros são as grandes linhas de força, enquanto que a tônica das *Recordações* é inescapavelmente a do político, como era então o autor, deputado à Assembleia Nacional pelo seu distrito normando. Como a perspectiva do homem de ação privilegia a trama, a atuação individual ocupa o primeiro plano da cena nas memórias, donde inclusive o recurso ao retrato histórico, no admirável perfil que traçou de Louis Napoleão, técnica cultivada pela historiografia oitocentista mas abandonada no século XX, na sua empolgação pela história econômica e social. Escusado assinalar que na dicotomia tocqueviliana já se encontram em botão as duas grandes perspectivas que ainda presidem à sociologia atual, o "totalismo", para evitar o anglicismo "holismo", e o individualismo metodológico.

Antítese que está na raiz de uma outra, entre causalidade sociológica e causalidade histórica, proposta por uma das obras mais importantes de filosofia crítica da história que o século XX produziu, a *Introdução à filosofia da história*, de Raymond Aron, grande intérprete de Tocqueville. Tese sustentada na Sorbonne em 1938, trata-se de livro de leitura penosa até mesmo para os versados na matéria, como H.-I. Marrou, que em *Do conhecimento histórico* (1954) vulgarizaria (no bom sentido) várias das teorias aronianas. Marrou confessava haver dedicado à leitura e à releitura da *Introdução* nada menos de três meses de verão, vale dizer, de um período livre dos afazeres cotidianos de professor universitário. Mas a dificuldade da *Introdução* nada tem a ver com a obscuridade, rebuscada ou não, que afasta os amadores e impressiona os incautos. A despeito da sua formação germânica, Aron foi um mestre da expressão didática; e boa parte da sua atividade intelectual foi consumida, desde seus primeiros livros, *A sociologia alemã contemporânea* (1935) e *A filosofia crítica da história* (1938), no esforço verdadeiramente caridoso de debulhar para os leigos o que pensaram os grandes alemães, de Dilthey a Max Weber. A dificuldade da obra de Aron vem da necessidade imposta ao leitor de trafegar incessantemente entre os argumentos parciais e o argumento central.

A *Introdução* foi pensada contra duas tendências opostas. A primeira, o "positivismo histórico", que ainda dominava na França dos anos trinta, malgrado os pais fundadores dos *Annales* já haverem encetado seu combate contra a história factual. A segunda foi o "sociologismo", àquela altura um perigo antes potencial do que real, ao menos na historiografia francesa. Aron pensou assim não só contra o passado mas também contra o futuro, vale dizer, contra o que constitui hoje a atmosfera dominante na historiografia, pois sociologismo pode servir para designar não só a inclinação sociologizante, estrito senso, aplicada à história, mas também o que, a partir dos anos cinquenta, virá a ser o impacto das ciências humanas em geral sobre o conhecimento histórico. O ponto de partida de Aron foi o debate alemão de finais do século XIX e começos do XX em torno das relações entre a história e as ciências naturais; e, em especial, a tese de Weber segundo a qual ela seria uma reflexão bifronte, que recorria, de um lado, à compreensão da conduta dos agentes históricos (a que Aron dedica a segunda parte da *Introdução*), e de outro, à causalidade (de que se ocupa na terceira).

Salvo Rickert, estes precursores, absorvidos na missão de provar a irredutibilidade da história frente à natureza, não se tinham preocupado com as diferenças entre a história e as outras ciências humanas, embora na época a sociologia já constituísse disciplina de tendências visivelmente imperiais. De acordo com Windelband, Rickert distinguiu entre o objetivo generalizador das ciências naturais e o objetivo individualizante das ciências humanas, mas, indo além do seu mestre, sobrepôs a esta uma segunda distinção, baseada na referência aos valores. Enquanto as ciências naturais desconheceriam a referência aos valores mas conheceriam a diferença entre generalização (como na física) e individualização (como na geologia), as ciências humanas seriam, por um lado, generalizantes e valorativas (como a sociologia e a economia), e, por outro (o caso da historiografia), individualizantes e valorativas. Já Ranke, que não tinha ambições teóricas, atinara, aliás, com a distinção quando escrevera que "há realmente apenas duas maneiras de adquirir conhecimento sobre assuntos humanos, através da percepção do particular ou através da abstração". Mas enquanto Windelband, Rickert ou Dilthey estarão basicamente interessados em fundar a autonomia das ciências humanas frente às ciências naturais, Ranke utilizara o argumento no propósito de preservar a história das pretensões excessivas do hegelianismo. Tamanho atrevimento lhe custaria da parte de Hegel o comentário depreciativo de que ele era apenas "um historiador comum".

Como o positivismo histórico morreu, o interesse da *Introdução à filosofia da história* consiste hoje na segunda vertente, a crítica ao que Aron chamou "preconceito sociológico". Neste particular, a obra contém por antecipação a crítica da história estruturalista atualmente praticada, que tende a negligenciar a causalidade histórica em favor da causalidade sociológica. Em dois dos cursos que professou no Collège de France nos anos setenta, postumamente editados sob o título de *Lições sobre a história*, Aron destinou uma que outra farpa ao estruturalismo braudeliano, inclusive aos historiadores que "pensam tornar-se doutos quando fazem abstração dos detalhes dos acontecimentos e que creem que a história da série dos preços do bife a partir de 1950 é singularmente mais interessante que a narrativa das revoluções". Não havia por que considerar um tipo de história mais científico do que o outro, tudo não passando de "mera questão de gosto".

Qual a diferença entre causalidade sociológica e causalidade histórica? Simplificando, poder-se-ia dizer que a causalidade sociológica assemelha-se à perspectiva do intelectual segundo Tocqueville, a histórica, à perspectiva do homem de ação. A sociologia pressupõe a explicação que transcende o curso dos acontecimentos para buscar as regularidades macroscópicas, trazendo embutida uma opção teórica que se manifesta através da eficácia, real ou pretendida, de certos "fatores", que as escolas sociológicas de Oitocentos e começos de Novecentos procuraram erigir em chaves de suas macroexplicações: o "fator" geográfico, o racial, o demográfico, o econômico etc. Por sua vez, a causalidade histórica seria uma explicação imanente ao curso dos acontecimentos, devendo levar em conta a sucessão cronológica. Aron, contudo, frisa o fato de que ambas as causalidades não são excludentes mas complementares. O homem de ação opera entre regularidades mas também entre acasos, entendendo-se acaso à maneira do velho Cournot, sem qualquer laivo metafísico ou providencialista, como a interferência imprevista de uma sequência ou série histórica em outra sequência ou série histórica, por exemplo, a interferência inesperada da guerra anglo-holandesa de 1654 no conflito militar entre Portugal e os Países Baixos em torno do Nordeste. Sem regularidades, o agente estaria sem rumo, perdido numa totalidade ininteligível; e sem o acaso, reduzido à condição de mero executor do Destino. O que explicaria a necessidade para o homem de ação, embora não o faça necessariamente, de integrar as duas categorias, calculando as consequências da decisão a tomar numa situação que é essencialmente ambígua, pois ao mesmo tempo que contém elementos imprevisíveis, comporta também elementos passíveis de repetição.

Aron pretendia demonstrar assim a legitimidade e indispensabilidade de ambos os tipos de explicação, pondo em causa "o preconceito sociológico" que privilegia um tipo de causalidade relativamente ao outro. A seu ver, não há contradição entre ambos os tipos ou só haveria se um deles fosse considerado como o único válido. Devido ao seu caráter macroscópico, a explicação sociológica já começa necessariamente a um nível mais elevado de generalização do que a explicação histórica. Como as formulações abstratas da sociologia não esgotam a concreção da experiência histórica, sempre subsistirá a margem de irredutibilidade, que não pertencendo ao ser mas ao conhecer, é detectável inclusive nas ciências naturais, embora na história possua significado próprio. Como a causalidade sociológica corresponde à história que os homens fazem sem saber que a estão fazendo, sempre haverá que recorrer à causalidade histórica, que é a causalidade da história vivida, da história que os homens pensam que estão fazendo. O que interessa à sociologia das guerras é muito diferente do que interessa ao historiador das origens da Primeira Guerra Mundial. Ele está empenhado em compreender não como a competição imperialista provocou o conflito mas em reconstruir a sequência fatual, a qual terá sido de começo descartada pelo sociólogo, vale dizer, o processo de decisão dos governos envolvidos e os esforços diplomáticos feitos entre o ultimato austríaco à Sérvia e as declarações de guerra das potências europeias. Reconstrução que não é menos rigorosa nem menos trabalhosa do que a das séries estatísticas a que recorrerá o sociólogo ou o economista ao abordarem a concorrência entre a Inglaterra e a Alemanha pelo controle dos mercados mundiais.

Aron não desce a exemplos, mas procuremos ilustrar a diferença, começando por um caso extremo de causalidade sociológica que já não é levada a sério, uma explicação macroscópica de natureza racial. Partindo das ideias de um jurista do tempo de Luís XIV, Boulainvilliers, Gobineau explicou a Revolução Francesa como a reação dos descendentes da população galo-romana contra o domínio a que a submetera a aristocracia germânica dos francos. O problema de semelhante teoria, como das explicações macroscópicas em geral, consiste em adequá-la à realidade vivida da Revolução Francesa. No outro extremo, o da explicação histórica, poder-se-ia citar a história da Guerra do Peloponeso, de Tucídides, em que o encadeamento fatual é apresentado em estado puro, mas como sua leitura pode ser indigesta, tome-se uma obra menos complexa e ambiciosa, *O telegrama Zimmermann*, em que Barbara Tuchman reconstrói a intriga (no sentido da palavra inglesa *plot*, portanto sem conotação pejorativa) que levou à entrada dos Estados Unidos na Primeira Guerra Mundial.

Como sua causalidade é a histórica, a autora não está interessada nas grandes forças que condicionaram a decisão do presidente Wilson, como o interesse econômico e geopolítico dos Estados Unidos em evitar que a aliança imperial da Alemanha do Kaiser e da Áustria dos Habsburgos dominasse a Europa liberal da Grã-Bretanha e da França. Ela preferiu narrar a sequência de eventos desencadeada pela expedição do telegrama em que o ministro das Relações Exteriores do Reich instruía o representante no México a concluir um pacto com este país visando à invasão e à conquista do Texas. Mas a teoria de Gobineau ou o livro de Tuchman são, como disse, exemplos extremos, quase tipos-ideais de explicação, de vez que na prática o historiador move-se ao longo de um eixo que vai da causalidade sociológica à causalidade histórica, determinando sua posição de maneira a alcançar o ponto de equilíbrio que lhe pareça mais adequado à inteligibilidade do tema. Ele pode procurar integrar ambas as perspectivas, ou mediante a soma de uma parte narrativa e de outra interpretativa, como no *Carnaval de Romans*, de Le Roy Ladurie; ou simplesmente, algo bem mais difícil, tecendo narrativa e interpretação no mesmo discurso, vale dizer, recorrendo à grande arte dos historiadores do século XIX, abandonada pelos seus sucessores do XX.

A história comparada também ajuda a entender a diferença entre o ofício do historiador e o do sociólogo. A história comparada encontra-se, com efeito, na fronteira entre história e sociologia, a ponto de certas obras deixarem o leitor na incerteza. *As origens sociais da ditadura e da democracia*, de Barrington Moore, é um estudo de sociologia ou de história comparada? Ele é certamente as duas coisas, embora não seja seguramente um livro de história. Dos *Reis taumaturgos*, de Marc Bloch, dir-se-ia que é uma obra de historiador dotado de uma perspectiva de história comparada. Nada mais útil para o historiador do que iluminar seu tema através de outros exemplos do gênero, como para o historiador de uma sedição colonial no Brasil, o conhecimento, mesmo superficial, de outros movimentos da mesma natureza na América espanhola, o qual lhe sugerirá hipóteses a explorar ou a evitar, questões a levantar ou a descartar e lhe permitirá corrigir o vezo narcisístico dos estudiosos que tendem a acreditar na enorme originalidade dos seus temas. Mas se o historiador do nativismo pode aprender enormemente com a história dos movimentos de independência no México ou no Peru, ele não deve sucumbir à tentação generalizante da sociologia, a menos que queira jogar a história para o alto. Para o historiador, a história comparada é a antessala da sociologia, assim como para o sociólogo ela é a da história. Já se pretendeu que Weber foi mais um grande comparatista do que um sociólogo. E, com efeito, seu esboço de sociologia sistemática não chega a dez por cento do que escreveu, os noventa restantes sendo história comparada dos sistemas de dominação política, do fenômeno urbano ou de história das religiões. Há, aliás, quem ainda vá mais longe, e pondo em dúvida a ambição da sociologia de tornar-se uma ciência nomológica, afirme que, de fato, ela nunca passará de um comparativismo pretensioso.

Na *Introdução*, Aron não se ocupou da questão conexa à causalidade histórica mas que só recentemente veio a merecer a atenção da filosofia crítica da história, a questão da narratividade, de que apenas tratou de raspão nos cursos do Collège de France. Quem diz causalidade histórica diz narratividade, que é o discurso adequado à sua captação. Este é o motivo pelo qual o preconceito sociológico levou ao abandono da técnica narrativa. Malgrado os melhores esforços, gênero nenhum de história, inclusive o estruturalista, conseguiu abolir o passado como sequência de acontecimentos. Paul Ricoeur observou que sequer a obra mais conhecida de Braudel conseguiu realizar a proeza, pois ela também contém sua intriga ou enredo, que é a mutação do Mediterrâneo de palco principal em palco secundário nas relações econômicas e de poder na Europa renascentista, intriga ou enredo que subjaz às análises setoriais do tempo longo e da conjuntura. Mesmo o que se designará de "história imóvel" pressupõe a sequência, vale dizer, a narratividade. Os camponeses do Languedoc entre a Baixa Idade Média e o século XVIII viveram ao longo de um ciclo agrário de ritmo extremamente lento mas nem por isso isento de começo, meio e fim. A história do clima requer escalas cronológicas ainda mais anchas mas já foi narrada.

Se a escola dos *Annales* liquidou com a história fatual dos historiadores positivistas, ela não poderia fazer o mesmo com o *a priori* que é a dimensão narrativa da história. Pelo contrário, o que do ponto de vista dos seus fundadores constituiria decerto um efeito perverso, cabe sustentar que, graças aos

Annales, a história narrativa ganhou novos contornos e saiu revitalizada do teste. Hoje, a história política, mesmo em suas vertentes mais convencionalmente fatuais, como a história diplomática, pode ser feita a partir de alicerces muito mais sólidos. Caberia, aliás, sustentar que, dada a tendência das escolas a também produzirem seus aiatolás, muitos braudelianos foram mais braudelianos do que Braudel. Afinal de contas, no prefácio à segunda edição do *Mediterrâneo*, ele aludiu às razões por que resolveu concluir a obra com uma parte de história fatual. Por que o fez? Porque "uma história global não pode reduzir-se ao único estudo das estruturas estáveis ou das evoluções lentas", mesmo se estas representam, a seu ver, "o essencial do passado dos homens, ao menos do que nos agrada, hoje em 1966, considerar como o essencial".

31.

Historiadores no confessionário

As muitas faces da história (2000) é um livro de entrevistas inteligentemente conduzidas por Maria Lúcia Pallares-Burke com nove eminentes historiadores europeus e norte-americanos. O objetivo da autora foi o de levar seus interlocutores a explicitar posições e pressupostos que, subjazendo à elaboração das suas obras, nem sempre são perceptíveis ou transparentes. Daí que Maria Lúcia tenha encaminhado as conversas não só para temas concretos ligados ao trabalho de cada um deles como também para questões gerais, a respeito das quais o historiador não tem muitas vezes ocasião de se manifestar e, se dermos crédito à malícia dos epistemologistas, nem sequer o gosto de refletir. Considerando a entrevista "uma espécie de gênero intermediário entre o pensamento e a escrita elaborada", e, por conseguinte, mais bem capacitado do que esta para surpreender "a ideia em movimento", Maria Lúcia esforçou-se por preservar a natureza descontraída da conversação. Os critérios de seleção dos entrevistados tiveram a ver com a autoridade acadêmica que lhes é reconhecida e com o seu papel de ponta na chamada "Nova História". Por isso mesmo, não estou inteiramente convencido da propriedade do título da obra. A "Nova História", que constituiu a "nova fronteira" historiográfica dos últimos trinta ou vinte anos, é sobretudo a interface da história e da antropologia, eliminando, por conseguinte, quem não participe desta tendência triunfante.

Salvo Jack Goody e Asa Briggs, a lista dos entrevistados contém historiadores pertencentes à mesma geração de sessentões que trocaram o porão pelo sótão, para utilizar a imagem de Le Roy Ladurie, vale dizer, que preteriram a infraestrutura, herdada do marxismo e da história econômica quantitativa, em favor da superestrutura, isto é, da história das mentalidades, da história cultural ou que outra designação se dê. Ortega costumava dizer que uma geração se compõe de quinze anos de gestação e de quinze de gestão, esta última correspondente ao domínio das ideias e formulações geradas no período anterior. Este é eminentemente o caso dos historiadores em tela, que se encontram no fastígio da influência intelectual. Malgrado o quê, detecta-se nas confissões feitas a Maria Lúcia certo desencanto mal disfarçado, certo ar *blasé* e talvez até o vago arrependimento por um parricídio cometido em Geoffrey Elton. Como os políticos que experimentam a melancolia do poder, nossos entrevistados dão, por vez, a impressão da melancolia do conhecimento. Este é o aspecto mais estimulante do livro.

Tal desencanto é o resultado, a meu ver, da cooperação demasiado estreita entre a história e as ciências sociais, e, no caso da "história nova", com a antropologia, da qual se esperou mundos e fundos. Apresentando Keith Thomas, por exemplo, Maria Lúcia faz uma observação que poderia ser aplicada aos demais, a de que ele está atualmente "bem mais moderado e apreciador da tradição", ademais de "cauteloso e cético quanto às possibilidades de grandes mudanças no método histórico". O mesmo Keith Thomas alerta contra a inclinação a procurar na antropologia ou na história econométrica a chave para abrir as portas do passado. Por sua vez, Peter Burke, a despeito de definir-se como historiador da cultura, não considera indispensável a leitura da antropologia pelo historiador, tudo dependendo do gênero de história que pratique. O desapontamento pode chegar mesmo a uma reivindicação da história política, até mesmo em sua forma mais superficial, a diplomática, como em Asa Briggs. Daniel Roche não só se gaba de haver orientado teses de história política mas afirma que a sobrevivência da disciplina na França representou uma necessidade intelectual, embora a estreiteza dos antigos critérios do gênero não tenha permitido o aparecimento de grandes livros, que prevê para breve. Por último, Carlo Ginzburg é bem taxativo acerca de que a história política oferece "a área mais promissora da história", desde que escrita "de um novo modo".

Não surpreende, por conseguinte, que alguns dos entrevistados namorem abertamente com o acontecimento, a contingência e o que Robert Darnton chama "a capacidade humana para a má gerência". Ele admite, aliás, dedicar atualmente, nas suas aulas sobre a Revolução Francesa, "mais tempo a mostrar como os eventos se ligavam em padrões imprevisíveis e como as pessoas no poder precipitaram suas próprias ruínas por erros crassos". A Carlo Ginzburg impressiona "como as decisões cruciais de uma vida são tomadas às cegas [...] Pensamos que escolhemos isso ou aquilo mas retrospectivamente descobrimos que, de um lado, as informações eram insuficientes e, de outro, havia um grande impulso que não se relacionava a um real conhecimento das opções". E, noutro trecho da entrevista, o mesmo Ginzburg aduz: "Isso é algo que me fascina: entender como um simples evento pode mudar a sociedade". Não estamos longe, portanto, da teoria da ação que, bem ou mal, consciente ou inconscientemente, foi sempre empregada pela história narrativa. Torna-se natural assim que se coloque a questão das relações entre a história e a antropologia e que se tome consciência dos limites desta para a compreensão do passado. Jack Goody chama a atenção para o fato de que, devido à falta de registros históricos, o antropólogo tende a cair no equívoco de desistorizar as culturas primitivas, atribuindo-lhes uma imobilidade excessiva, vale dizer, contemplando-as sob uma perspectiva puramente sincrônica, vezo que contaminou o trabalho dos historiadores que recorrem maciçamente à antropologia. Embora persuadido da necessidade do relacionamento entre história e antropologia, Daniel Roche não vê, contudo, "muito bem como colocá-lo em prática como historiador". E Peter Burke manifesta sua preocupação com que seus alunos, de tanto ler os antropólogos, não percam "o estilo", ou antes, o discurso da história.

Burke também dá-se conta do fenômeno que se poderia chamar de balcanização da história, o qual consiste no aparecimento de tendências que praticamente perderam suas ligações com a própria historiografia para cultivar apenas as ligações com outras disciplinas como a filosofia, com os historiadores das ideias; a sociologia, com os historiadores sociais; e a antropologia, com os historiadores da cultura. Destarte, "cada grupo fala mais e mais com pessoas da outra disciplina, mas fala cada vez menos com outros tipos de historiadores". Caberia aduzir que essa balcanização da atividade histórica abre o caminho à sua colonização, que consiste em transformar o passado em simples armazém onde se selecionar os artigos que mais convenham à demonstração desta ou daquela tese, importada de alguma das ciências humanas. Caberia relembrar aqui a afirmação de Natalie Zemon Davies segundo a qual nunca se interessou em "desenvolver o meu trabalho histórico para confirmar uma teoria psicológica ou psicanalítica, que é o que muita história psicológica vem fazendo". "Meu freudianismo vai só até o ponto de utilizar um tipo de *insight* que faz parte de nossa cultura geral. Não me interesso em ir mais adiante, pois essa não é minha tarefa como historiadora."

Ainda no tocante à colonização da história, não foram menores outrora os danos decorrentes da importação maciça de conceitos marxistas do que vêm sendo atualmente os causados pela aplicação acrítica da antropologia à explicação do passado. E nisto se inscreveu precisamente o grande motivo da atração de Fernand Braudel sobre a geração de historiadores que vaga, na passagem do século XX para o XXI, entre os sessenta e os setenta anos. O jovem leitor de hoje, que dispõe de uma escolha muito mais variada e rica de livros de história, inclusive no Brasil, mal pode avaliar o impacto sentido por quem, há quarenta anos, leu o livro de Braudel sobre o Mediterrâneo no tempo de Felipe II. Para quem via-se acuado entre a historiografia convencional, a vulgata marxista e o sociologismo, a leitura de Braudel foi uma autêntica libertação. Ali estava finalmente um historiador que nem tinha o ranço de uma, nem o reducionismo da outra, nem o doutrinarismo da terceira; e que, munido dos instrumentos da erudição mais recente, era capaz, como os grandes historiadores do século XIX, de dar corpo, alma e vida a largas fatias do passado. Ainda saudoso da minha primeira leitura do *Mediterrâneo*, tenho uma profunda inveja de quem ainda não o leu, sem me lembrar, porém, que, após decênios de historiografia dos *Annales*, quem for fazê-lo agora não perceberá tanta novidade assim nem terá a mesma experiência inesquecível.

Nossos entrevistados tendem, aliás, a coincidir num saudável consenso acerca do significado da herança de Marx para os historiadores, consenso que poderia ser sintetizado na fórmula, um tanto crua, de Jack Goody, segundo a qual, "apesar de poder ser vista hoje como [uma teoria] grosseira e inadequada", o marxismo "teve e tem o seu valor". A Keith Thomas, coube colocar o problema de maneira mais feliz ao acentuar que não se pode rejeitar o marxismo "em bloco", de vez que há interesses de classe em conflito e que eles manifestam-se na atividade política, na religião, na arte, nas ideias, embora por outro lado não se possa aceitar as pretensões do marxismo à previsão do curso futuro da história e muito menos a concepção das relações de classe como determinante da esfera cultural, a qual, por si só, "tem o poder de afetar o modo como as relações de classe são concebidas". Quentin Skinner não só não rejeita "o marxismo em bloco" mas lamenta que "a teoria social contemporânea tenha desacreditado o marxismo tão integralmente". Como diz

Burke, "as pessoas agora estão exagerando na outra direção". O essencial, a seu ver, é discriminar cuidadosamente entre as posições "relativamente fidedignas" do marxismo "e as relativamente inconfiáveis". De acordo com a reabilitação da história política a que me referi acima, Darnton assevera mesmo que a parte mais interessante da obra de Marx são hoje suas análises políticas das lutas de classes na França oitocentista, um julgamento que era também o de um dos grandes críticos do marxismo, Raymond Aron. Caberia aduzir que uma das feições esterilizantes que assumiu esse repúdio do marxismo entre os historiadores residiu, devido a uma leitura equivocada de Weber, na tentativa de substituir inteiramente, no estudo das sociedades do Antigo Regime, os conceitos de classe pelo de ordens, ou de braços (como se dizia em Portugal) ou ainda de estamentos, para utilizar a palavra, à qual era averso com razão Sérgio Buarque de Holanda, dos tradutores mexicanos do sociólogo alemão.

Como sugerem os escritos de Marx sobre as lutas de classe na França, seu marxismo dificilmente se teria reconhecido na moda da história dos marginais, cuja inspiração responde por vezes àqueles estímulos mencionados por Natalie Zemon Davies, que confessa haver encarado inicialmente sua tarefa historiográfica como "alguma missão de salvamento", como uma relação "maternal", para descobrir, ao fim e ao cabo, que os marginais são tão cúmplices quanto vítimas. A advertência de Keith Thomas de que não se deve romantizar a cultura popular (advertência que vem a calhar no Brasil) poderia ser generalizada no sentido de que não se deve idealizar os excluídos, os quais, no final das contas, são parceiros, involuntários ou não, dos privilegiados e dos semiprivilegiados. Neste sentido, pode-se aproveitar a recomendação de Jack Goody ao pesar as vantagens e os ônus da alfabetização: é preciso "não ter medo de parecer reacionário". A história engajada resulta precisamente da ânsia do historiador de responder às perguntas do seu próprio tempo, como se não houvesse outras do ponto de vista do conhecimento histórico. Particularmente importante afigura-se a distinção de Carlo Ginzburg entre os temas cuja relevância é dada aprioristicamente (o caso da Revolução Francesa) e os assuntos cuja relevância dá-se *a posteriori*, não sendo uns melhores do que os outros e ficando tudo na dependência da qualidade do produto historiográfico final. "Escolher tópicos só porque são os de 'nossa época' [...] significa ter uma visão míope e provinciana da história, mesmo porque o que parece totalmente distante da atualidade pode-se tornar repentinamente o seu foco."

Problema que nos leva diretamente ao que representa um dos grandes dilemas do historiador, o que se refere à perspectiva que deve privilegiar, se a ótica da explicação interna ou empática, se a ótica do distanciamento. Ambas têm vantagens e riscos. Toda a dificuldade consiste em responder à indagação feita por Keith Thomas: "as pessoas do passado são totalmente diferentes de nós ou são muito semelhantes?". É óbvio que são uma e outra coisa e que, por conseguinte, a resposta não é fácil, pois dependerá em máxima parte da capacidade de dosar que possua o historiador em função do período e da cultura que escolheu tratar, capacidade que é o somatório de um dom, como a graça na teologia de Santo Agostinho, e do trabalho aturado, como as obras na teologia pelagianista. No fundo, trata-se da mesma questão com que se defronta o antropologista frente às sociedades primitivas atuais, se é que elas ainda existem, com a diferença que ocorre desta vez na dimensão espacial, não na temporal: os ianomâmis são totalmente diferentes de nós ou são semelhantes? Como se vê, está-se perante o debate, que vem da Antiguidade clássica, sobre a função da história. Peter Burke a descreve corretamente como um esforço de "tradução", que, como toda tradução, tem, por um lado, de se manter fiel ao texto, e, por outro, de torná-lo inteligível ao leitor. Destarte, o historiador tem de ver a experiência do passado com os olhos dos que nela participaram e, ao mesmo tempo, descrevê-la de maneira que seja compreensível para seu contemporâneo, sob pena de não ser lido.

Embora eu possa compreender a alergia de Ginzburg a "ter um público composto de jovens estudantes de esquerda, apaixonados pela história vista de baixo e aguardando de mim uma mensagem nessa direção", não partilharia, entretanto, sua afirmação de que, a historiografia dos marginais já havendo ganho a parada, cumpriria abandoná-la, evitando os clichês. Semelhante gênero de raciocínio pode ser válido para o historiador que estiver exclusivamente interessado em fazer historiografia de ponta, ou para um romancista, empenhado em renovar a técnica de ficção, ambições legítimas. Mas o avanço do conhecimento histórico não é apenas o resultado do vanguardismo de uns poucos, como é o avanço das artes, pois em grande parte ele é realizado pelos que, seguindo veredas já abertas, não temem clichês, desde que permitam compreender melhor o que aconteceu no rincão do passado pelo qual modestamente se interessam. O mesmo pressuposto equivocado subjaz no conselho dado por Ernest Labrousse, para quem "a era das monografias terminou e... sobretudo não estude o campo!". Tal argumento, que pode ser útil para um historiador francês, seria prejudicial ao historiador brasileiro, muito embora no tocante a um setor específico da historiografia dos marginais, os escravos, estejamos chegando talvez ao ponto de saturação. Entre nós, será necessário prosseguir no cultivo da monografia e no estudo do campo por muito tempo ainda. Minha sugestão seria, por conseguinte, que o estudo dos marginais e da micro-história não arrefecesse por enquanto, desde que duas condições fossem levadas em consideração. A primeira diz respeito exatamente ao imperativo de evitar a romantização, sucumbindo à tentação que, no outro extremo da escala social, é a dos genealogistas e a dos velhos historiadores, consistente em idealizar as classes dominantes. A segunda condição é reconhecer humildemente que história dos marginais e micro-história são apenas dois dos inúmeros quartos nesta Casa-Grande sem senzala do Senhor que é a historiografia.

Outro ponto que me parece aflorar consensualmente da leitura das entrevistas refere-se às relações entre história e ficção. De um lado, reconhece-se que "as formas literárias afetam o nosso modo de escrever história", que "a pesquisa histórica envolve algum trabalho da imaginação e [que] a escrita da história exige uma habilidade que é, em parte, imaginativa" (Natalie Zemon Davies), mas, por outro lado, que nem por esses motivos as fronteiras entre história e ficção são menos nítidas, de vez que o historiador tem de obedecer em última análise ao critério da veracidade, estando assim sujeito a um tipo de aferição externa ao seu trabalho. Nesse particular, o repúdio às teorias de Hayden White é unânime, as quais, concentrando-se na historiografia oitocentista, é frequentemente irrelevante para a historiografia atual, que possui estratégias discursivas bastante diferentes da de Michelet ou de Ranke. As teorias de Hayden White, por mais relevantes que sejam para os autores do século XIX, são, na realidade, a nova expressão da velha tradição pirronista do pensamento ocidental, segundo a qual não é possível realmente conhecer o passado. Carlo Ginzburg coloca o problema de maneira pertinente, quando assinala que a relação entre a fonte histórica e a realidade pretérita nem consiste, como pensavam os historiadores positivistas, na reprodução desta por aquela nem, como julgam os pós-modernistas, numa parede que bloqueia a visão do passado que o texto nos oferece. O tipo de evidências a que recorre a historiografia seria descrito mais apropriadamente como "um espelho distorcido", mas que é "o único meio que temos de ter acesso à realidade", cabendo, portanto, ao historiador "descobrir para que lado ele está distorcendo". E é precisamente aqui que se verifica a grande contribuição da teoria da ideologia à renovação dos métodos da crítica histórica clássica, de Mabillon e companhia.

Outro ponto que me interessou enormemente nas entrevistas realizadas por Maria Lúcia é a célebre questão da pergunta. Explico-me: convencionalmente, pretende-se que o historiador já aborda suas fontes com uma pergunta a tiracolo, à maneira do cineasta do Cinema Novo que empunhava sua câmara e saía por aí; e se não o fizer, ficará perambulando interminavelmente, como diz Peter Burke, pelos "cem quilômetros de documentos no Archivio di Stato em Veneza". Não acredito que seja assim. Há realmente historiadores que só vão aos acervos com uma indagação bem precisa, mas há outros que se dirigem para ali atuados por algo mais vago e impreciso, que poderia ser descrito como um mero interesse por um período ou por um acontecimento, embora deva pagar um alto preço em tempo e em equívocos por essa espécie de boêmia intelectual; e outros ainda que, como Robert Darnton, simplesmente se deparam com um acervo completamente inexplorado e que tem o efeito de ativar sua salivação, no caso o de uma tipografia suíça do século XIX. Alguém pode dedicar-se a ler as fontes éditas e manuscritas relativas ao domínio holandês no Brasil sem estar armado de qualquer pergunta precisa e orientado tão somente por uma curiosidade sentimental e regionalista. Ao longo de um mergulho arquivístico acerca de cuja utilidade muitas vezes ele se pergunta "o que é que eu estou fazendo aqui?", e na dependência mais completa do material que está percorrendo, tal historiador pode, pouco a pouco, cernir certos tópicos de investigação, cuja tônica só posteriormente virá a definir-se, sob a forma, em última análise, de uma pergunta. Tópicos que podem ocorrer inclusivamente em função do tratamento lacunar ou insuficiente que lhes havia dispensado a historiografia precedente.

O conhecimento histórico deve ser, com efeito, um constante vaivém entre os documentos e o quadro teórico da pesquisa, não um *diktat* da teoria ou do conceito aos documentos, como ocorre frequentemente com dano da qualidade do produto final. Por isso, posso avaliar toda a utilidade da exigência feita a seus alunos por Asa Briggs, quando rejeita qualquer "plano do que ele pretende fazer antes que ele se 'enterre' numa parte considerável do material da época em que pretende trabalhar". É para este elemento alheatório inerente a boa parte da pesquisa histórica que Carlo Ginzburg chama oportunamente a atenção. "Usualmente [explica] meus trabalhos começam com uma espécie de 'flash', com uma reação tipo *Hah! Hah!*, como se de repente descobrisse uma resposta para a qual devo então reconstruir a pergunta." Igualmente oportuno é o elogio por Ginzburg do que Marc Bloch chamava "leitura tortuosa", que consiste em catar elementos de natureza completamente diversa num texto que se ocupa de algo bem diferente, como buscar em hagiografias informações sobre agricultura medieval. Fica-se tentado, aliás, a associar à prática universitária a obsessão da pergunta, que pode ser contraproducente sobretudo para quem se inicia no ofício. As exigências de apresentação de trabalhos e de teses com prazo-limite podem muitas vezes tolher uma curiosidade autêntica de historiador, limitando-o aos temas do gosto do professor e à orientação que lhe foi previamente incutida.

Num artigo que já vai longo, gostaria de mencionar uma derradeira questão entre as muitas que me prenderam a atenção neste livro utilíssimo, em especial para estudiosos brasileiros: a questão do comparatismo. A experiência de Jack Goody em matéria da singularidade do Ocidente veio confirmar minhas desconfianças com relação a singularidades em escala nacional, sejam elas as atribuídas à história brasileira ou à história portuguesa e ibérica, que me interessam diretamente. Sua crítica a Marx e a Weber, que não possuo competência para julgar, parece conter um dos pontos mais provocantes destas entrevistas. Marx e Weber, segundo Goody, teriam exagerado as diferenças estruturais entre Oriente e Ocidente em decorrência de uma visão etnocêntrica que já não se sustentaria, embora Goody não escape tampouco à tendência oposta quando proclama que a Revolução Industrial só fez "copiar, numa produção em grande escala, a pioneira indústria asiática" do algodão, na Índia, ou da seda, na China. Ora, Marx ou Weber poderiam retrucar-lhe que toda a questão reside precisamente nisto: por que no Ocidente e não no Oriente a produção industrial adotou a escala (fáustica, diria Spengler, autor que já era) que faltou conspicuamente na Ásia, sobredeterminando, por conseguinte, o conjunto da existência social?

Mas como aquele político que, indagado acerca da relação entre subdesenvolvimento e violência urbana, declarava que "sociologia tem hora" e propunha meios drásticos de resolver o assunto, sugerirei que comparativismo também tem hora, ao menos do ponto de vista do historiador. A crítica que Goody faz a Keith Thomas, segundo a qual este havia ingenuamente atribuído aos ingleses a originalidade da preocupação com o mundo natural, embora procedente, contém seu elemento de injustiça. O historiador encontra-se, pela natureza do seu trabalho, enquadrado em esquemas relativamente rígidos de interesse e de informação. Ademais, não há dúvida de que, em termos da Europa, os ingleses foram verdadeiramente os precursores da ecologia. Se se exige profundidade de análise ao historiador, não se lhe pode pedir também cultura universalmente enciclopédica. O comparativismo em escala modesta (digamos, passar uma vista de olhos sobre o processo de emancipação política da América ou mesmo de todo o mundo colonial, para melhor compreender a Independência brasileira) parece-me indispensável para iluminar e orientar os caminhos da pesquisa historiográfica, mas isto não significa que o historiador deva ele mesmo praticar o comparativismo, que, no seu caso, tem uma utilidade exclusivamente heurística.

Se, como diz Jack Goody, a comparação em ciências humanas faz o papel do experimento nas ciências naturais, ao historiador não incumbe utilizá-la à maneira do sociólogo e do antropólogo. Como recorda Natalie Zemon Davies, há tipos totalmente distintos de comparativismo, os quais, gostaria de aduzir, são de relevância relativa e bastante diversa para o historiador, a menos que este, para mostrar erudição, prefira cair num comparativismo artificial, como o que denuncia Daniel Roche, a quem, com razão, o método assusta, pois não "podemos comparar tudo com tudo". Aqui, como em tantos outros assuntos, é indispensável navegar entre dois escolhos: o do mito das singularidades ou das originalidades do que estudamos, como no caso das pretensas identidades nacionais, e a irrelevância de um relativismo cultural *à outrance*, para quem, no final de contas, é tudo o mesmo. O mesmo Goody alerta para o imperativo de "reconhecer, ao lado das semelhanças, as inegáveis diferenças", e, repudiando toda convicção de superioridade cultural entre os povos, confessa que suas "realizações são muito diferentes", tanto assim que "não realizaram as mesmas coisas". Ou, formulando diferentemente, às culturas também se aplicaria a velha teoria econômica das vantagens comparativas: umas fazem certas coisas melhor do que outras.

Mas se os historiadores da "Nova História" dão mostras inconfundíveis, como neste livro de Maria Lúcia, de uma consciência aguda das limitações dos seus métodos, que perspectiva se abre para a historiografia, agora que a análise das infraestruturas já se encontra também desdenhada ou marginalizada? Talvez tenha verdadeiramente chegado a hora da síntese a que aspiraram, sem êxito, tantos historiadores no passado. Não vou arriscar-me a previsões num texto que já se estendeu demasiado. Limitar-me-ei a apontar o percurso de um dos grandes historiadores do século XX, o medievalista Georges Duby. Ao longo de sua obra, preferencialmente centrada na França do norte do Loire, a "Francie" da Alta Idade Média, Duby realizou ambiciosamente o périplo do porão ao sótão, sem se contentar em permanecer embaixo nem se satisfazer da visão da altura. A seus primeiros trabalhos sobre o Mâconnais e sobre a economia agrária medieval, sucederam-se suas análises de história da arte, do imaginário social, da família da alta nobreza e das mulheres medievais, que incorporaram a abordagem criteriosamente antropológica ao estudo do período. Por fim, num dos seus últimos livros, *Le Moyen Âge* (1987), ele carreou toda a sofisticação de suas análises anteriores para o conhecimento da história política da França medieval. Um exemplo de *boucle* exemplarmente *bouclée*. Repare-se, contudo, que o legado de Duby não é a síntese à velha moda, mas o resultado das obras de uma vida inteira.

32.

Entre a história da civilização e a filosofia da história

Em vista das dimensões do livro de Hélio Jaguaribe e da variedade dos temas abordados, esta recensão limitar-se-á ao atacado, vale dizer, à concepção geral da obra. *Um estudo crítico da história* (2001) propõe-se a ser uma sociologia da história das civilizações. O vocábulo história, sabemos todos, não é unívoco, de vez que designa, por um lado, o passado, e, de outro, sua escrita, isto é, o gênero historiográfico. Devido a esta duplicidade de acepções, a expressão "filosofia da história" pode denotar seja a formulação das regularidades da história ou a procura de um sentido último, transcendente ou imanente, para a experiência coletiva do homem, como em Vico, Hegel e companhia, seja a reflexão epistemológica sobre as condições do conhecimento histórico, vale dizer, a filosofia crítica da história, como em Dilthey ou Rickert. O projeto de Hélio Jaguaribe tem a ver exclusivamente com os dois primeiros significados de ambos os pares de conceitos, ou seja, com o processo real do que efetivamente se passou, e, subsidiariamente, com a filosofia da história que já foi chamada de especulativa, maneira de distingui-la da filosofia da história crítica. Ao longo desta recensão, filosofia da história será empregada exclusivamente na primeira acepção.

Disse "subsidiariamente" de vez que, partindo da filosofia da história, o autor procura criar seu espaço próprio, alargando a trilha aberta por Alfred Weber na sua *História da cultura como sociologia da cultura*, obra hoje esquecida a ponto de livro recente de Gordon Graham, *The shape of the past. A philosophical approach to history* (Oxford, 1997) repetir, sem saber que o fazia, pois não o cita, algumas das ideias do irmão mais moço do grande Max, como, por exemplo, a distinção relativa ao caráter cumulativo e progressivo do desenvolvimento tecnológico e à natureza cíclica do desenvolvimento cultu-

Um imenso Portugal

ral, fórmula hábil que permitiu a Alfred Weber superar, nos anos trinta, a dicotomia entre a filosofia da história linear, que vinha do século XIX e da fé europeia no progresso, e a filosofia da história cíclica, que reemergiu com a publicação do livro de Spengler, escrito sob o impacto do pessimismo gerado pela Primeira Guerra Mundial, destilado por Valéry numa frase de efeito: "Nós, civilizações, sabemos agora que somos mortais".

Do mesmo modo pelo qual *Um estudo crítico da história* não pretende ser filosofia da história especulativa, ele tampouco se reputa história da civilização de estilo convencional. O problema que se coloca é o de saber se ele logrou realizar tal propósito e mesmo se semelhante objetivo é factível. É indispensável não esquecer que inexiste abordagem objetiva do passado que não passe pelo intermediário do discurso histórico e que, pelo menos até os nossos dias, o gênero historiográfico possui apenas três opções para quem tenciona versar a totalidade do passado: a filosofia da história especulativa, a escolha da história da civilização (alternativas descartadas pelo autor) e a abordagem comparativa do tipo iniciado por Max Weber, que Jaguaribe não levou em consideração. Malgrado sua imensa variedade, todos os demais tipos de discurso historiográfico são cronologicamente parciais, isto é, cortam no passado fatias bem mais modestas, que podem ir desde a história de uma civilização específica (a civilização grega, por exemplo) ou de um período específico da história de uma civilização (o Renascimento), até as biografias e as micro-histórias postas em moda recentemente pela história das mentalidades. O que não exclui as penetrações, os pontos de contato, as áreas comuns entre a história geral da civilização e a filosofia da história, pois nada impede que o autor daquela confira um sentido qualquer à narrativa que escreve nem que o autor desta incursione por áreas concretas no objetivo de estear sua visão global.

Um estudo crítico da história nem quer ser uma convencional história da civilização nem uma filosofia da história que busque compreender o passado segundo critérios apriorísticos, que podem ir desde a Providência Divina até a luta de classes, embora o autor reconheça sua dívida para com a obra de Toynbee. O livro de Jaguaribe pretende-se alternativa empírica à filosofia da história. Neste propósito, o que ele faz é expurgá-la daquelas feições que comprometeram sua utilidade explicativa e que a tornaram no século XX o alvo de críticas que proclamaram sua morte ou tiveram o efeito cumulativo

250

ENTRE A HISTÓRIA DA CIVILIZAÇÃO E A FILOSOFIA DA HISTÓRIA

de marginalizá-la nos quadros do conhecimento histórico. Tal esforço de depuração, que, diga-se de passagem, só se tornou possível mercê da vitória do ceticismo pedestre dos historiadores sobre a megalomania intelectual dos filósofos da história, começa pela recusa do transcendentalismo (a história dos homens só depende deles mesmos e não de uma entidade que lhes é exterior) como também do totalismo que tende a vê-la como um processo predeterminado ou algo teleológico.

Caberia, aliás, indagar se vale a pena, como se faz sistematicamente hoje em dia, rejeitar a filosofia da história em nome do seu pecado original. A realidade é que, como a história geral da civilização, ela é um gênero historiográfico para o qual sempre haverá leitores, da mesma maneira que sempre os haverá para as seções de astrologia dos jornais, pois busca atender a um tipo de exigência mental que os outros gêneros não satisfazem, como indica o fato de que, malgrado a rejeição que sofreu na segunda metade do século XX, ela aflora, vez por outra, em ensaios como o que celebrou há alguns anos "o fim da história", com o sucesso de livraria que sabemos. O problema com a filosofia da história reside em que, ao invés do que ocorre com sua homônima, a filosofia crítica da história, pela qual nem mesmo os historiadores demonstram maior interesse, ela dispõe, devido inclusive à discriminação a que foi relegada pelo alto clero universitário, de um mercado potencial que pode eventualmente transformar-se em reserva do baixo clero historiográfico, com todos os riscos consequentes.

Voltando desta digressão que não tem a ver com o livro de Jaguaribe, segundo ele "o processo histórico é a sequência, no tempo e no espaço, das ações humanas que afetam as condições que influenciam de qualquer forma outras ações humanas"; "é o resultado, ao longo do tempo, das interrelações de uma infinidade de ações humanas, cada uma com seu objetivo próprio", de modo que "o processo como um todo não tem um propósito definido, mas é consequencial". Outro aspecto do modernizante expurgo metodológico a que Jaguaribe submete a filosofia da história é o do "regime de causalidade", que ele pretende ser "quádruplo" ("fatores reais, ideais, o acaso e a liberdade humana", combinados em diferentes dosagens consoante o espaço e o tempo), embora Dilthey já se tivesse contentado com o esquema tríplice de "acaso, destino e caráter", ou, dito de outra maneira, de indeterminação, de necessidade e de intenção. Por fim, terceiro aspecto, a ideia linear de civilização, da Mesopotâmia ao século XX, é substituída pela concepção pluralista de civilizações, internacionalismo obriga, se bem que, como veremos, forjem-se novos conceitos que permitam retomar, no final das contas e como por um passe de mágica, o princípio unitário da experiência histórica que o pluralismo das civilizações pusera, por um momento, de lado.

Uma vez descartadas essas e outras características idealistas e apriorísticas da filosofia da história, Jaguaribe propõe uma abordagem estritamente empírica que isole, no passado de cada uma das dezesseis civilizações que examina, os elementos decisivos, isto é, "críticos", que atuaram sobre seu desenvolvimento. Com este propósito, ele aborda cada uma destas civilizações sob seis critérios distintos: 1) "sua localização no espaço e no tempo"; 2) seus "principais eventos sociopolíticos"; 3) suas tranformações institucionais e culturais; bem como 4) as circunstâncias do seu aparecimento; 5) do seu desenvolvimento; e 6) do seu declínio, quando for o caso. Ora, em se tratando de sequências necessariamente datáveis, o que o autor define como elemento ou fator decisivo pode ser também descrito pelo historiador convencional desta ou daquela civilização como momento decisivo, mediante inclusive o recurso à periodização. Isto significa que os critérios decisivos sobre os quais Jaguaribe assenta sua análise não passam, na realidade, dos temas de que trataria qualquer história geral da civilização em tela, cujo tratamento vai depender tão somente do conhecimento e da competência de quem os aborda. Eles não constituem, portanto, critérios de explicação causal ou de interpretação compreensiva, tão somente os tópicos consagrados do discurso deste gênero de historiografia, os quais, como tal, podem ou não desaguar numa teoria, de vez que, em história, e não nos iludamos acerca da sua capacidade de teorização, ilusão atualmente comum, "uma teoria é apenas o resumo de uma intriga" (Paul Veyne), ou, para dizer ao modo brasileiro, uma estória. *Um estudo crítico da história* resulta, por conseguinte, num livro que, ao realizar o propósito de não ser nem história da civilização nem filosofia da história, torna-se apenas o somatório, a justaposição da história de dezesseis civilizações contadas separadamente, cuja experiência é sintetizada no fim sob a forma de conclusões.

O autor não escapou assim aos dilemas que acreditou divisar na abordagem da história universal (história da civilização ou filosofia da história), somente procurou contorná-los. Existe, contudo, uma terceira via para aceder à história universal, a qual tem resultado ser mais produtiva do que as opções que Jaguaribe procurou ultrapassar. Refiro-me às análises de história comparada encetadas por Max Weber com seus trabalhos, aliás inconclusos, sobre as formas de dominação política e as religiões universais. Embora pressupondo o conhecimento exaustivo da história universal, ela abandona a aspiração da filosofia da história em favor de uma abordagem que, se é menos ambiciosa, tem-se mostrado bem mais fecunda, como indicam o livro de Wittfogel sobre o despotismo oriental e o de Eisenstadt sobre o sistema político dos impérios. Em lugar de narrar o passado do homem ou de descobrir-lhes leis ou sentido, o comparatista prefere isolar a variável que lhe parece *a priori* mais promissora, no intento de explicar e de compreender (em Max Weber, trata-se de duas *démarches* distintas que se rechecam mutuamente) seu funcionamento no âmbito de cada civilização concreta e, posteriormente, em termos globais, mediante a comparação de pares, como na análise weberiana do confucionismo e do puritanismo.

Como *Um estudo crítico da história* colocou-se no corredor que separa a história da civilização e a filosofia da história, sua abordagem não diferiria de uma narrativa historiográfica convencional se não se houvesse, segundo o ar do tempo, beneficiado do notável desenvolvimento da história econômica e social no decurso dos últimos oitenta anos, o que permitiu ao autor inserir no discurso narrativo e factual esboços de descrição estrutural baseados na pesquisa de ponta relativa a determinados períodos. Graças exclusivamente ao quê, o livro pôde incorporar uma massa de conhecimentos bem mais atuais do que o faria uma epítome da história universal que tivesse sido escrita nos meados do século XX e que se veria constrangida a um relato fatual, carente de perspectiva sociológica e econômica.

Portanto, Jaguaribe não realizou algo de qualitativamente diferente do que faria, por exemplo, um especialista da história do feudalismo que fosse encarregado pela Cambridge University Press de redigir o capítulo relativo à Idade Média de uma história da civilização europeia. Ao redigir a síntese da história de dezesseis diferentes civilizações, sua proeza é apenas quantitativa e enciclopedística. Indício da impossibilidade de se desprender do discurso de síntese historiográfica é o recurso, inescapável neste gênero de trabalho, aos lugares-comuns, para só citar dois, do tipo "a longa ocupação muçulmana deixou uma marca profunda na emergente cultura ibérica"; e "a Reforma foi a revolução mais ampla e mais profunda já ocorrida na história do Cristianismo". É certo que alguém que cultivasse inclinações literárias estaria mais bem preparado para evitar ou atenuar tais escolhos, reformulando-os de maneira imaginativa, mas o autor é visivelmente dos que não se dispõem a concessões ao que consideram veleidades estilísticas, preferindo vazar seu texto num estilo pragmático de relatório das Nações Unidas.

Devido à opção metodológica de Jaguaribe e às proporções que, em decorrência, tomou sua obra, o leitor ficou impedido de acompanhar a linha mestra de um argumento que travejasse o conjunto, para além das conclusões de generalidade, por vezes anódina, reunidas no capítulo 19. Os historiadores acadêmicos não levam a sério *Um estudo da história*, de Toynbee, ou *A decadência do Ocidente*, de Spengler, no que cometem uma injustiça, pois ambos são o produto de uma visão que pode ser falsa mas a que não falta garra. Ademais, ambos contêm análises pontuais, de aspectos específicos de uma civilização, que constituem textos antológicos, capazes de fazer inveja a qualquer livro especializado do mais alto quilate. Mesmo se o leitor de Toynbee é cético quanto à teoria segundo a qual o esquema de "retirada e retorno" permite aos indivíduos e aos grupos sociais contribuírem criadoramente para o crescimento das civilizações, ele encontra motivos legítimos de admirar o resumo da biografia de Maquiavel que se esconde sob tal fórmula.

Coerente com seu empirismo, *Um estudo crítico da história* desprende a história da civilização de um princípio, transcendente ou imanente, que o norteie, mesmo falsamente. Mas ao fazê-lo só oferece, ao leitor comum, um somatório destituído da maneabilidade de uma história da civilização; e, ao leitor versado em alguma parte deste latifúndio, afirmações que pelo grau de generalidade a que se veem acuadas roçam pela banalidade e pela obviedade. Alguns exemplos de sentenças sublinhadas pelo autor: "As mudanças sociais ocorrem mediante eventos que produzem uma alteração importante e duradoura em um dos sub-sistemas da sociedade"; "a religião tem sido um dos fatores mais importantes da história"; "a alternância da fragmentação e da centralização política é um fenômeno histórico recorrente, desde a civilização mesopotâmica até os nossos dias". Outras destas afirmações são contestáveis. A despeito do seu *coup de chapeau* à "Nouvelle Histoire", o autor assevera, o que lhe teria arrancado aplausos da velha historiografia factual, que "o poder, particularmente sob a forma de poder militar, emerge dessa análise como o principal acontecimento e a causa mais importante de eventos na história". Anteriormente, ele afirmara que "os atos biológicos do homem adquirem significado histórico quando se relacionam de forma significativa com agentes históricos: o nascimento ou a morte dos governantes ou de grandes personalidades". E as grandes flutuações demográficas não constituem também resultados de atos biológicos do homem que se revestem de significado histórico?

O livro não foge tampouco ao destino das teorias cíclicas da história, destino que consiste, no final das contas, em retomar certa linearidade sob a forma da "espiralidade" a que alude o autor, de vez que somente Spengler teve o atrevimento intelectual de manter-se fiel à pureza da concepção cíclica do eterno retorno nietzschiano, sustentando que as civilizações são um universo desesperante de repetições sem sentido e que cada uma delas legitima-se por si mesma, sem necessidade de inserção numa sequência que a justifique, ideia formulada por Herder relativamente às nações. O Toynbee da última fase reviu o postulado dos primeiros volumes de *Um estudo da história* para adotar a hipótese de um processo linear que abrangeria a experiência civilizacional sob a forma de uma "aproximação a Deus". Alfred Weber fez apelo ao "processo civilizatório". O fio de Ariadne de Jaguaribe é o conceito de "civilização planetária", a ser "provavelmente a última criada pela humanidade", a qual, na sua atual fase "tardia", ocidentaliza implacavelmente as civilizações não-ocidentais ao mesmo tempo em que assimila valores importados destas civilizações. Como ocorre na filosofia da história, também no *Estudo crítico da história* o linear, expulso pela porta, dá sempre um jeito de regressar pela janela.

33.

A polêmica do Novo Mundo

O livro de história das ideias *O Novo Mundo* (1996), de Antonello Gerbi, reconstitui uma velha polêmica, há muito esquecida. No século XVIII, Buffon afirmou a inferioridade das espécies naturais da América continente quando comparadas às do Velho Mundo, procurando explicá-la cientificamente. Por sua vez, o abade Raynal e o prussiano De Pauw sustentavam a inferioridade do próprio homem americano. Dela, ninguém escapava: nem os índios nem os europeus nascidos na América, nem as várias castas de mestiços produzidas pela colonização. Naturalmente, como veremos, semelhantes teorias teriam um forte impacto nas então colônias europeias às vésperas de se tornarem nações independentes. Aí, desde o século XVII, o inca Garcilaso, Antonio León Pinelo e outros vinham louvando as qualidades de toda ordem que caracterizavam o Novo Mundo e até localizando nele o paraíso terreal, o que dera margem em Seiscentos e Setecentos a outro acendrado debate intelectual.

No começo do século XVIII, antes, portanto, de Buffon e de De Pauw, o célebre beneditino Feijóo saía, na Espanha, em defesa dos *criollos*, gabando a "excelência dos engenhos americanos" e ousando sustentar que o filho de espanhol nascido na América gozaria de "mais vivacidade ou agilidade intelectual" do que o *gachupin*, termo depreciativo com que eram designados os naturais da metrópole.

Os jesuítas expulsos pela Coroa espanhola, uma vez na Europa, serão os primeiros a contestar as teorias de Buffon e De Pauw, em especial, o padre Francisco Javier Clavigero, que em 1780 publicou sua *História Antiga do México*. Frente a De Pauw, Clavigero advogou sobretudo a causa do índio mexicano. Outro jesuíta, Juan Ignacio Molina, dedicou-se à refutação das teorias de Buffon. O que para o naturalista francês fora a prova da inferioridade, para Molina era apenas o sinal de uma diferença. Que a reação tenha começado pelos jesuítas tinha, aliás, sua razão de ser.

Desde o século XVI, eles haviam sido, frente a outras ordens religiosas também dedicadas à evangelização, os grandes defensores da capacidade inata do indígena americano não só para converter-se à verdade do cristianismo como também para praticar as artes e ofícios próprios da civilização. Na América hispânica, a reação às "calúnias" de Buffon ou de De Pauw surgiu compreensivelmente na Cidade do México e em Lima. Sendo os principais centros políticos e intelectuais da colônia, dispunham de um meio universitário ativo, em que a rivalidade entre *criollos* e *gachupines* alcançava grande intensidade.

O livro de Antonello Gerbi tem também o mérito de narrar a dimensão britânica da polêmica do Novo Mundo, que se iniciou com a publicação pelo escocês William Robertson da sua história da América, a qual conheceu de imediato enorme sucesso entre o público culto da Europa. Robertson adotou as teorias de Buffon e de De Pauw, dando-lhes um cunho mais literário e acessível. Ele mostrou-se também mais discriminador do que De Pauw no tocante à sustentada inferioridade do homem americano, fazendo questão de distinguir entre os nativos das áreas tropicais e os das áreas temperadas, por um lado; e, por outro, entre os habitantes das sociedades primitivas e os das civilizações andinas e mexicanas. Mas, enquanto no mundo hispânico a querela tendeu a concentrar-se em torno do homem, alcançando assim uma conotação política mais contundente, entre os anglo-saxões ela disse respeito sobretudo ao meio físico.

Revolucionários como Franklin, Jefferson, especialmente nas suas *Notas sobre a Virgínia*, e Thomas Paine, empenharam-se em contradizer essas teorias que soavam igualmente ofensivas aos ouvidos dos colonos que haviam fundado o primeiro governo livre do continente. Jefferson alegava com razão que De Pauw fora apenas um compilador do trabalho dos outros e que Robertson não passava de um tradutor de Buffon. Abigail Adams, a mulher de John Adams, embaixador em Londres da recém-fundada república, ia mesmo ao extremo oposto de sustentar que, na Europa, os pássaros não tinham o canto tão melódico, nem as frutas eram tão doces, nem as flores tão cheirosas, nem a gente tão virtuosa quanto nos Estados Unidos. Ao longo do século XIX, a querela entre britânicos e norte-americanos manifestar-se-á sobretudo na literatura e dela participarão alguns grandes nomes como Trollope, Dickens, Melville, Thoreau, Whitman e Henry James.

Como indica Gerbi, os dramáticos acontecimentos políticos de fins do século XVIII e começos do XIX, inclusive o movimento de independência das colônias ibéricas, e, por outro lado, o próprio desenvolvimento das ciências históricas, teriam o efeito de infletir o rumo da polêmica. O Romantismo, sobretudo com Chateaubriand, tirou partido do exotismo do Novo Continente, embora o autor de *Atala*, no tocante à sociedade dos Estados Unidos, país que aliás conheceu superficialmente, tenha ficado com uma impressão negativa, que, no final da sua vida, seria reforçada pela leitura da obra de Tocqueville. Para ele, como para tantos outros, as Américas ofereciam um contraste entre a exuberância da sua natureza e a degradação dos seus habitantes, contraste que ainda ressoará entre nós, 100 anos depois, no pórtico do livro de Paulo Prado: "Numa terra radiosa vive um povo triste".

O entusiasmo de Humboldt também se dirigiu preferencialmente ao meio, a cujo respeito confessará: "O mundo tropical é meu elemento". E, de regresso à Alemanha, coerente com esta predileção, tratou de viver em aposentos com a temperatura mínima de 20 graus. Acerca do homem, Humboldt não compartilha os preconceitos do seu conterrâneo De Pauw, julgando que o índio foi vítima sobretudo de um brutal processo de regressão cultural.

A outro alemão caberá reelaborar e enriquecer a surrada temática de Buffon e de De Pauw. Tratou-se, nada mais nada menos, de Hegel, a cuja visão das Américas Gerbi dedicou excelentes páginas, como, aliás, já fizera Ortega y Gasset. O Novo Mundo apresentava a Hegel um problema intelectual curiosamente reminiscente do que haviam confrontado três séculos antes os missionários franciscanos do México: onde situar o Novo Mundo no plano da história universal? Os franciscanos, impregnados da escatologia de Joaquim de Fiore, não tiveram maior dificuldade em encaixá-lo, segundo a ordem providencialista, no futuro reinado do Espírito Santo, que devia suceder ao reinado do Pai e ao do Filho. Hegel, ao contrário, não encontrou lugar onde inseri-lo na sua concepção da história universal como atualização do Espírito com "E" maiúsculo. A América não tinha papel algum a desempenhar nesta trama, em consequência da sua imaturidade, tanto natural quanto social; afinal de contas, "nem todos os povos contam na história universal".

Portanto, ela pertenceria não à história, mas à natureza, que segundo ele não tinha história, que era visceralmente a anti-história. Daí que, ainda nas palavras do filósofo, "a América sempre se mostrou e continua se mostrando física e espiritualmente impotente". Destarte, como assinalou Gerbi, "Hegel vai assim, sem sequer dar-se conta, muito mais além do próprio De Pauw". A condenação hegeliana sofre apenas a matização decorrente de outra de suas antíteses, a que enxergava entre a América do Norte e a do Sul. Se a América viesse a ter história, esta só poderia vir da Europa, pois "o que na América acontece, vem da Europa". Portanto, ela só poderia ter lugar na parte setentrional do continente. Os Estados Unidos, é certo, ainda dispunham de demasiados vazios demográficos, e, por conseguinte, não tinham ainda existência autenticamente política e espiritual. Mas como eles haviam recolhido "a superabundância da Europa", reinavam ali os valores da ordem, da liberdade e do livre exame, a contrastarem, na parte hispânica, com a anarquia, o autoritarismo, o militarismo e o obscurantismo católico.

Destarte, o conflito entre os dois segmentos da América poderia vir a constituir "o centro de gravidade da história universal". Mas como tudo isto pertencia ao futuro, o filósofo se desinteressou do assunto, para grande frustração de Gerbi, tanto mais que, em princípio, a filosofia da história esteja naturalmente mais preocupada com o futuro do que com o passado. Porém, Hegel era dos que estavam convencidos de que raiara finalmente a aurora do "fim da história", graças à atualização de todas as possibilidades do Espírito. Escusado assinalar que a dicotomia hegeliana entre o norte e o sul da América também estava fadada a conhecer grande sucesso intelectual.

Esta recensão está longe de haver feito justiça à riqueza do livro de Gerbi. Ao percorrer suas páginas, algumas reflexões se oferecem espontaneamente. A primeira, a de que a obra não poderia escapar ao defeito constitutivo de toda história das ideias, a saber, a perspectiva meramente lógica e cronológica da sucessão das teorias que passa em revista, como se a sua produção consistisse apenas no processo pelo qual umas saem das outras, sem referência aos contextos histórico-sociais. Mas a culpa por esta limitação cabe antes ao gênero do que ao autor. De qualquer modo, a tarefa de reconstruir tais contextos no caso da polêmica do Novo Mundo seria especialmente árdua em consequência da variedade e complexidade dos mesmos, uma tarefa a exigir uma equipe e não um historiador isolado. Daí que Gerbi tenha tratado de

Um imenso Portugal

maneira necessariamente sumária as repercussões da disputa em termos das rivalidades há muito existentes na América entre *criollos* e *gachupines*, isto é, os filhos de espanhóis já nascidos na terra e os emigrantes metropolitanos acusados de monopolizarem as oportunidades de ascensão social nas Índias de Castela.

Constituindo em boa parte a reelaboração, sob a forma de uma pretendida reflexão científica, dos preconceitos veiculados pelo próprio colonizador, essas teorias vinham agora servir de instrumento ideológico nos conflitos sociais e políticos. Se física e mentalmente, em decorrência do clima ou em consequência da raça, o nativo das Américas era inferior ao reinol, de que títulos disporia para legitimar sua ambição de governar o Novo Mundo e de explorar-lhe as riquezas? Descendente de espanhol ou de índio, ele se veria relegado a uma posição de permanente subordinação — e isto no exato momento em que já via sua precária posição na sociedade colonial ameaçada pelo programa de reformas de Carlos III, que podava, ou era percebido como podando, várias das conquistas que o patriciado *criollo* havia realizado desde os primórdios da colonização. Não surpreende assim que as teorias desabonadoras do homem americano fossem objeto de controvérsia nas próprias Cortes de Cádiz (1811).

Uma restrição mais séria poderia ser feita à obra de Gerbi, na medida em que finca seu marco inicial nas ideias de Buffon e De Pauw, quando, na realidade, a polêmica de que ele se ocupa era a continuação de disputas intelectuais mais antigas, que datavam dos séculos XVI e XVII. Tanto assim que, posteriormente à redação do seu livro, Gerbi resolveu lançar um olhar sobre a pré-história da querela, do que resultou a conclusão de que a tese buffoniana era "menos original do que ele supunha", e de que, em todo caso, ela representava uma decantação de muito do que se escrevera nos dois séculos e meio anteriores. Daí que, ao falecer em 1976, o autor estivesse às voltas com a redação de outro livro, publicado postumamente sob o título de *A natureza das Novas Índias*, o qual devia constituir um díptico com *O Novo Mundo*. Nele, Gerbi só pôde analisar a concepção da natureza americana entre as cartas de Colombo e a *História Geral e Natural das Índias*, de Gonzalo Fernandez de Oviedo, cuja primeira parte foi publicada em 1535.

Gerbi trabalhou no interior de uma tradição intelectual, a da história das ideias, que vicejou com anterioridade ao que hoje se denomina história das mentalidades, cujo surto datou, como se sabe, dos anos 1960 e, sobretudo, dos setenta. Isto significa que, ao encetar suas investigações nos anos 1930, ele não se pôde beneficiar da contribuição que trará à prática historiográfica a aplicação da ideia, relativamente simples, da circularidade e do mútuo enriquecimento da cultura erudita e da cultura popular. Simultaneamente à sua formulação pelos antigos cronistas ibéricos, várias formas da noção da diferença americana relativamente à Europa circulavam amplamente como produto da experiência cotidiana dos colonizadores. Num e noutro plano, elas exerciam inclusive, embora não unicamente, um papel de caráter ideológico nas lutas entre reinóis e os descendentes de reinóis já nascidos na América.

Por fim, o leitor interessado na história da controvérsia do Novo Mundo não deixará de estranhar o papel praticamente inexistente do africano nessas discussões eruditas. Assim como o homem branco, ele foi também um desterrado nas Américas; e duplamente desterrado devido à perda da liberdade. Devido a um incrível daltonismo intelectual, os participantes da polêmica estavam preocupados com o índio e, em menor grau, com o *criollo*, não com o africano, e isto a despeito da sua maciça presença nas sociedades organizadas ao longo de um arco que ia do sul dos Estados Unidos ao Brasil, passando pelas ilhas do Caribe. Nesta disputa, a natureza teve sempre mais importância que o homem; o indígena mais do que o europeu, e o europeu mais do que o africano. Daí que ela hoje possa parecer irrelevante para nossas preocupações nacionais, marcadas desde o século XIX pelo problema do escravo e pelo problema da escravidão.

34.

A interiorização da metrópole

Intencionalmente escrita no propósito de desmentir os velhos chavões relativos a D. João VI, a obra de Oliveira Lima *D. João VI no Brasil* reaparece nas livrarias no momento oportuno em que a cinematografia brasileira procura recuperar, com ar de quem descobriu a pólvora, os clichês outrora vigentes na historiografia do período joanino. É certo que os reis e príncipes da dinastia dos Braganças não foram nunca personagens propriamente carismáticos. A mediocridade, a carolice, a doença, a boçalidade pura e simples, foram a sua marca registrada. (E até mesmo a crueldade: o infante D. Francisco, irmão de D. João V, divertia-se nas janelas do paço fazendo pontaria nos marinheiros que tripulavam as naus fundeadas do Tejo.) Contudo, nesta galeria pouco entusiasmante, que dorme seu sono eterno no panteão de São Vicente de Fora, D. João VI e seu tataravô, D. João IV, o primeiro monarca da família, bem merecem a exceção de serem encarados, se não com admiração, ao menos com simpatia.

O reinado de ambos coincidiu com duas fases particularmente atormentadas da nossa história. (E digo propositadamente nossa história, porque os brasileiros têm o vezo de ignorar ou de esquecer que têm o mesmo direito que os portugueses a toda a história de Portugal até 1822; Fernão Lopes ou o mestre de Avis são tão nossos quanto deles.) Frente à guerra de independência contra a Espanha na Europa e contra a Holanda no Brasil e no Oriente, ou em meio ao redemoinho dos conflitos europeus de finais do século XVIII e começos do XIX, tanto D. João IV como D. João VI souberam instrumentalizar sua inata indecisão e cautela, transformando-as em métodos de ação política que, no final das contas, se revelaram os mais adequados à precariedade da conjuntura em que operavam.

Em Portugal, nem o reinado de um nem a regência do outro prestava-

-se evidentemente a espanholadas ou a grandes gestos heroicos. Os tempos requeriam antes a gestão sinuosa e sonsa dos negócios, o recurso permanente à astúcia e à dissimulação, elevadas, desde os séculos XVI e XVII na Europa da Contra-Reforma, à categoria de arte política alternativa ao maquiavelismo, de que, segundo os teólogos, o príncipe católico devia fugir como o diabo da cruz. Neste sentido, pode-se afirmar que, por uma feliz coincidência, ambos os monarcas foram personalidades bem adequadas às circunstâncias internacionais com que o país se defrontava.

D. João VI no Brasil constitui evidentemente a obra máxima de Oliveira Lima, aquela em que melhor se conciliaram, de um lado, seu gosto pela pesquisa histórica, despertado na sua infância recifense por um tio desembargador, que o presenteou com uma coleção da *Revista do Instituto Arqueológico Pernambucano*; e, de outro, a experiência adquirida na carreira de diplomata, para a qual seria nomeado, ainda muito jovem, graças à proteção de um conterrâneo, o barão de Lucena, então ministro do primeiro governo republicano. Não é sem certa surpresa que se constata que este livro foi escrito quando o autor ainda estava nos seus trinta e tantos anos. Via de regra, os grandes livros de história são frutos da maturidade, quando já se teve o tempo indispensável para aliar a investigação à capacidade de síntese, destacando-as em algo sólido. Ademais, no caso de um tema como o de Oliveira Lima, tornava-se necessária a frequentação de arquivos estrangeiros numa época em que não havia nem xerox nem microfilme e, às vezes, nem sequer uma classificação dos acervos.

Se sua condição de diplomata facilitou-lhe o acesso à documentação existente na França ou nos Estados Unidos, suas prolongadas ausências no exterior estorvaram inescapavelmente a consulta das fontes brasileiras, igualmente indispensáveis. Não fosse a perseguição que lhe moveu o barão do Rio Branco, todo-poderoso ministro das Relações Exteriores da época, relegando-o aos corredores da Secretaria de Estado, e Oliveira Lima não teria disposto dos vagares para trabalhar no Arquivo Nacional, na Biblioteca Nacional e no próprio arquivo do Itamaraty e da legação dos Estados Unidos no Rio. Sem saber, o barão prestava uma grande contribuição à historiografia brasileira. Caso tivesse previsto o efeito perverso da sua decisão administrativa, o provável é que tivesse revisto sua recusa em dar ao historiador o posto condigno a que tinha direito.

A presença na colônia, por mais de dez anos, de um monarca europeu, não isolado ou destronado, como Napoleão em Santa Helena, mas à frente do aparelho de Estado e cercado da sua corte, constitui um desses episódios que fazem do livro de história algo de infinitamente mais rico do que a obra de ficção. (Dificilmente um romancista hispano-americano teria conseguido imaginar situação mais improvável. O que não impede que a ficção incentive muita vocação historiográfica, como indica o exemplo ilustríssimo de Ranke, que descobriu a história através dos romances de Walter Scott.) A Oliveira Lima não escapou o que a convencionalmente chamada "transmigração da família real portuguesa" comportava de incongruente e até de meramente pitoresco na paisagem carioca de começos do século XIX. Diante dela, o historiador deve ter tido a mesma sensação de incompatibilidade que acode a um brasileiro de hoje que contemple certa fotografia da inauguração de Brasília, em que um grupo de diplomatas estrangeiros, vestido de fraque, atravessa a pé a desolação do cerrado a caminho de alguma solenidade.

Mas evidentemente o essencial do episódio não residiu nestes aspectos superficialmente cenográficos. Ele consistiu, primeiro, no fato de que, pela única vez na história do colonialismo europeu, o aparato estatal da monarquia transferia-se de armas e bagagens para a colônia e, ao fazê-lo, "interiorizava" a metrópole, para usar a fórmula que Maria Odila da Silva Dias utilizou há anos para caracterizar a situação verdadeiramente anômala dentro da qual se ia desencadear o movimento da Independência e da criação do Estado nacional no Brasil. Em segundo lugar, em que, uma vez instalados no Rio de Janeiro, D. João VI e seus ministros não se limitaram a inaugurar na nova terra aquelas instituições indispensáveis ao funcionamento do governo central, isto é, a parafernália de repartições públicas, imprensa régia, biblioteca, banco, para não falar nos gastos de ostentação, como jardim botânico ou missão francesa, de cujo simbolismo necessitam os Estados, não menos que os indivíduos.

Ao contrário, transformando hipotecas em ativos, eles souberam capitalizar a marginalização internacional a que Portugal ficara relegado, inicialmente pela ocupação francesa da metrópole, depois, uma vez expulso o exército napoleônico, pelo protetorado de fato que a Inglaterra exerceu em Lisboa. Destarte, D. João VI e sua equipe puderam tirar todo o partido possível da distância em que se encontravam dos centros europeus de poder, para seguir no Prata, na Guiana ou na questão do tráfico de escravos, a política que,

A INTERIORIZAÇÃO DA METRÓPOLE

a seu ver, mais convinha aos interesses portugueses globalmente compreendidos. Política que, caso tivessem permanecido na Europa, não teriam podido executar, seja porque a El Rei teria ocorrido, como a Carlos IV da Espanha, a detenção melancólica, embora decorosa, em algum castelo do Loire, seja porque, uma vez restituído ao trono, não disporia da necessária margem de manobra *vis-à-vis* da Inglaterra e da coalizão de potências que havia triunfado sobre Napoleão.

A verdade é que manobrar internacionalmente do Brasil era bem menos arriscado. Como na cadeira de balanço da definição de um político norte-americano, tem-se "uma sensação de movimento sem se correr perigo". É inegável que alguns dos ministros de D. João VI, como Linhares e depois Palmela, tiveram uma visão imperial (imperial, note-se bem, não imperialista, tanto mais que Portugal não se podia dar então ao luxo do imperialismo).

Sobreveio-lhe, porém, o destino que é muitas vezes o dessas visões imperiais, o de frustrar-se pela incompreensão dos particularismos, no caso, o do Portugal metropolitano, que, prejudicado pelo fim do monopólio comercial, passou a considerar-se vítima de uma inversão violenta dos papéis, que o reduzia ao papel de colônia brasileira. O que não quer dizer que a incompreensão tivesse partido apenas de Portugal. O Brasil não se teria mostrado mais flexível. A realidade era que o êxito de qualquer fórmula constitucional que mantivesse a união dos dois reinos dependia fundamentalmente da questão do comércio. A substituição do monopólio colonial por um sistema de preferências comerciais entre Portugal e o Brasil, substituição de que se cogitou na época, era insuficiente para a metrópole, inaceitável para nós e intolerável para a Inglaterra, que desejava aumentar e não reduzir os favores obtidos pelos tratados de 1810.

Seria ocioso e até impossível procurar contabilizar o que na diplomacia carioca de D. João VI se deveu a ele, de um lado, e do outro, aos seus ministros. Em resposta aos detratores do monarca, bastaria assinalar que ele soube reunir em torno de si, ao lado da inevitável mediocridade e acanhamento mental dos áulicos, fenômeno que é de todos os governos e de todos os regimes, um grupo em que estavam representados o impulso inovador de um Linhares, a experiência internacional de um conde da Barca ou de um Palmela e o espírito cauteloso e rotineiro de um velho burocrata do feitio de Tomás Antônio Vilanova Portugal.

El Rei não foi obviamente um formulador de políticas, contentando-se, e não era pouco, com o papel de *honest broker* das pressões contrárias que se exerciam sobre ele. Mas as iniciativas que tomou nos seus anos de Brasil, tanto no plano doméstico quanto no internacional, indicam que possuía o dom do homem de Estado que consiste em saber avaliar o merecimento das políticas que lhe propunham e, sobretudo, na capacidade de distinguir o que era factível do que não era, o que não significa necessariamente que todo o factível venha a concretizar-se, mas apenas que havia uma margem razoável de chance de que pudesse traduzir-se em realidade.

Pouco importa que o principal projeto internacional de D. João VI, a anexação da Cisplatina, tenha sido frustrado já no reinado de seu filho, o primeiro imperador. Nem todos os projetos do "rei velho", como depois ele será carinhosamente chamado entre nós, deram certo, mas não se lhes pode negar, e isto é o essencial, que tinham uma grande possibilidade de darem. E isto é o quanto basta ao animal verdadeiramente político. Afinal de contas, se a ação política se reduzisse a executar apenas aquilo que tem todas as possibilidades de dar certo, ela perderia toda dramaticidade e, portanto, todo interesse humano e histórico, passando a ser uma atividade robótica.

A capacidade de manobra não abandonou D. João VI sequer na tristonha fase final de sua existência, isto é, após o regresso a Lisboa, que sinceramente lamentou. Em meio às pressões de liberais e de absolutistas, tão sectários uns quanto os outros, inclusive as pressões da própria família, também politicamente dividida, seu papel foi fundamentalmente poupar o reino de experiências mais dolorosas do que as periódicas crises políticas que o golpearam naqueles anos. O leitor interessado na continuação da história, desde sua morte em 1826, sob suspeita de envenenamento, até a eclosão da guerra civil entre seus filhos, pode recorrer a dois outros livros de Oliveira Lima, intitulados *D. Pedro e D. Miguel: a querela da sucessão* e *D. Miguel no trono*.

Após o interregno absolutista do mano Miguel, D. Pedro, agora simples duque de Bragança, após haver abdicado sua coroa portuguesa e sua coroa de imperador do Brasil, implantou finalmente em Portugal, com a ajuda da França e da Inglaterra, a Carta, isto é, o regime constitucional, regime que, com vários atropelos, sobreviveria na sua filha e nos seus descendentes até o golpe republicano de 1910. O que não deixa de ser irônico é que, com seus modos estabanados de *playboy*, D. Pedro se tivesse tornado, de ambos os lados do Atlântico, o fundador de instituições liberais de governo, para o exercício cotidiano das quais seu pai estava muito mais temperamentalmente adaptado do que o filho autoritário.

Ao perpassar as páginas do livro de Oliveira Lima, caberia invocar o testemunho insuspeito de um inglês, William Beckford, então já consagrado autor do *Vathek* e herdeiro da principal fortuna açucareira da Jamaica. Beckford nada tinha de áulico; ao contrário, era indivíduo extremamente crítico e até desabusado. E, contudo, no mais delicioso livro que estrangeiro algum escreveu acerca de Portugal, as *Recordações de uma excursão aos mosteiros de Alcobaça e Batalha*, Beckford deixou o registro da impressão favorável que recebera do príncipe D. João, ao visitá-lo em Queluz, já na sua condição de regente *de facto*, a que ascendera recentemente devido à doença da mãe, D. Maria I.

Exceto no tocante à aparência física, as expressões do inglês são de louvor. O príncipe, acentuava, tinha uma expressão de sagacidade e de bondade e falava a língua portuguesa "com mais pureza e eloquência" do que qualquer português. Além de indivíduo articulado, o príncipe era dono também de grande senso de humor, embora Beckford qualifique este humor joanino assinalando seu caráter nacional, o que era uma maneira de dizer que, neste particular, D. João compartilhava com os súditos o gosto da chocarrice, que é forma portuguesa de humor. Como observou Oliveira Lima, "os estrangeiros sempre lhe fizeram justiça".

35.

O homem barroco português

Os livros se encantam ou porque nunca chegaram a ser escritos ou porque deixaram de ser publicados. Este último é o caso de *Portugal na época da Restauração*, desencantado por obra e graça de Fernando Novais. Apresentado como tese de cátedra à USP, em 1951, ocasião em que apenas se imprimiram os cem exemplares de praxe, ele permaneceu fora do alcance dos estudiosos durante mais de quarenta anos. Eu mesmo procurei-o em vão até em antiquários de Lisboa. Só agora, portanto, pude lê-lo.

Ora, ao contrário das grandes obras literárias, que nem envelhecem nem morrem, os bons livros de história envelhecem, mas não morrem. No quase século e meio transcorrido desde a publicação do ensaio de Burckhardt sobre *A civilização do Renascimento na Itália*, o conhecimento do tema aumentou em proporção geométrica, mas ele continua a ser editado em várias línguas e a ser lido com prazer e proveito. À proporção que o tempo passa, um estudo como o do historiador suíço aproxima-se da grandeza da obra literária. É o que imodestamente tinha em vista Dumézil ao afirmar que, se um dia os especialistas alcançassem a conclusão de que suas análises da cultura indo-europeia estavam equivocadas, seria apenas o caso de deslocar seus livros da estante de ciências humanas para a de literatura.

O que procuro dizer é que o longo prazo decorrido entre a redação da tese do professor Oliveira França e a sua publicação, embora tenha naturalmente afetado muitas de suas páginas, não comprometeu sua importância nem sua condição de obra a muitos títulos original e indispensável a quem quer que se aventure pela história luso-brasileira de Seiscentos. Ela comporta, aliás, pioneirismos inegáveis, sobretudo na tentativa de descrever o homem barroco português. Ao fazê-lo, Oliveira França transitava da história cultural para a história das mentalidades, transição que, na época, apenas se esboçava. A própria opção pelo tema da Restauração portuguesa revelava uma disposição singular em meio à historiografia brasileira da época, toda voltada para os temas considerados, desde Capistrano, canonicamente nacionais, como se o Brasil tivesse realmente começado em 1500.

Oliveira França tem também o mérito de haver escrito sua tese, quando, em Portugal, onde via de regra o tema só servia para as declamações patrioteiras de 1º de Dezembro, só se dispunha do esclarecedor, mas breve, ensaio de Jaime Cortesão. Desde então e malgrado o aparecimento de estudos valiosos, como *1580 e Restauração*, de Vitorino Magalhães Godinho, e como as investigações relativas à história das ideias políticas do período, ainda não se conta com um estudo de conjunto que seja a contraparte, a oeste, do livro magistral que nos anos sessenta J. H. Elliott dedicou à revolta dos catalães. É de esperar que Stuart B. Schwartz cumpra a promessa de escrevê-lo.

A organização de *Portugal na época da Restauração* é transparente: a uma análise introdutória da cultura do século XVII, seguem os estudos do que o autor designa por "o homem da Restauração" e das condições materiais e dos ideais políticos do movimento. Quem é este "homem da Restauração"? Ele é basicamente a versão lusitana do homem do barroco europeu e peninsular, donde a necessidade da parte introdutória que permitiu ao autor escapar à armadilha de categorias a-históricas, como a de caráter nacional ou de uma irredutível originalidade lusitana *vis-à-vis* da Espanha e da Europa. O português da Restauração que o livro nos descreve não é o português em geral, mas o fidalgo; e isto não por opção elitista do historiador, mas em consequência da coincidência historiográfica de que a classe, cuja mentalidade a literatura e a documentação da época dos Felipes permitem aprofundar com exclusão das demais, foi também a grande promotora do movimento autonomista.

Este fidalgo português de Seiscentos é, em primeiro lugar, um indivíduo que foi ruralizado à força pela perda da independência em 1580, que veio abolir o papel de Corte de Lisboa, transferido para Madri, reduzindo a velha cidade de Ulisses a mera praça comercial. Madri não atraía, contudo, os novos vassalos dos Habsburgo, embora um punhado de membros da alta aristocracia aí se fixassem, inclusive no desempenho de cargos públicos. Ora, sem falar que, na época, a Corte exercia o papel fundamental de domesticação da nobreza que constituiu até o século XVIII o *sine qua non* da construção de estados monárquicos europeus, a fidalguia lusitana tornara-se havia mais de século especialmente dependente dos favores régios sob a forma das oportunidades geradas pela expansão ultramarina.

É certo que havia as "cortes de aldeia", do título da obra coeva de Rodrigues Lobo, inclusive a própria corte do duque de Bragança em Vila Viçosa, a que o professor Oliveira França dedica todo um capítulo; e é certo também que houve as visitas reais de Felipe II e Felipe III (mas não de Felipe IV) aos seus domínios lusitanos. Nem umas nem outras eram capazes, contudo, de dissipar a frustração aristocrática. A existência sonolenta nas quintas havia muito pouco a oferecer: o exercício venatório, a música sacra, a leitura de obras religiosas, de história, cavalaria e de poesia, sobretudo épica. Ruralizado, provincianizado, o fidalgo português tornar-se-á um anacronismo ambulante nas ideias e nas modas; e quando, a partir da Restauração, afluir maciçamente a Lisboa à procura das benesses da nova dinastia, será o objeto preferencial do escárnio dos cosmopolitas como D. Francisco Manuel de Melo. (O tema do fidalgo ingênuo que sucumbe às tentações da Corte ainda servirá a Camilo Castello Branco para escrever *A queda de um anjo*.)

A inexistência de Corte significará a redução drástica das oportunidades materiais ao alcance da nobreza. Arrancar favores em Madri era socialmente penoso e financeiramente oneroso, em vista da grande competição entre os súditos do rei católico oriundos da Espanha e dos domínios da Itália e de Flandres. A carreira das armas fora a vocação histórica da nobreza e a hegemonia castelhana na Europa abria às ambições um largo campo. Mas só poucos nobres portugueses se aproveitaram, inclusive por falta de recursos suficientes com que aviar-se para uma profissão dispendiosa, mal paga e assim mesmo com atraso; o próprio D. Duarte, irmão do duque de Bragança e futuro D. João IV, desistiu do projeto de servir Felipe IV, preferindo alistar-se sob a bandeira do seu primo austríaco, o imperador.

Havia o ultramar, cuja administração permanecera portuguesa, oferecendo as oportunidades de lucro lícito e ilícito do comando militar. Mas "os fumos da Índia" dissipavam-se sob o impacto da expansão colonial dos Países Baixos e da Inglaterra e, para o Brasil, apesar da guerra holandesa, seguiam sobretudo homens de extração subalterna, dispostos às tarefas pouco nobres de debelar índios, administrar negros, arrotear sesmarias, fundar canaviais e erguer engenhos de açúcar. As oligarquias ultramarinas tinham origem bem diversa e a atmosfera colonial era, por conseguinte, hostil ao nobre, salvo quando vinha na condição passageira de governador. Com razão, adverte Oliveira França: "Inda não se insistiu o bastante sobre o absenteísmo da fidalguia na colonização".

Outro ponto importante por ele destacado e confirmado por estudos mais recentes é o da porosidade das fronteiras entre a fidalguia e o povo, o que permitia grau razoável de mobilidade social. Contra Oliveira Viana, o autor compreendeu que a ilusão da presença de numerosa fidalguia no Brasil resulta da identificação entre fidalgo e homem-bom e que a chamada "nobreza da terra" nada tinha a ver com a nobreza metropolitana, de espada ou toga. E, contudo, foi este nobre português, "herói frustrado", "artificial", "melancólico", que devolveu a seu país a independência alienada sessenta anos antes.

Desta empresa ocupa-se a terceira parte da obra, a qual se inicia pela análise da ideologia da Restauração, com a qual se confunde o profetismo, sobretudo na sua versão sebastianista e bandarrista, que a Casa de Bragança tratou de instrumentalizar em causa própria, mediante inclusive a retórica de Antônio Vieira. A aclamação de D. João IV propunha aos juristas do reino uma questão premente de legitimidade, que se resolveu mediante o recurso às concepções contratualistas da escolástica, que tiveram um renascimento vigoroso neste período. A partir deste ponto, o autor amplia o raio da análise para abarcar os movimentos populares que precederam a Restauração: as conspirações sebastianistas, os protestos nacionalistas, as revoltas fiscalistas como o motim das Maçarocas no Porto e sobretudo as célebres alterações de Évora (1637), que se frustraram devido à falta de apoio da nobreza, ainda indecisa sobre como reagir à política de liquidação dos particularismos peninsulares levada a cabo pelo valido de Felipe IV, o conde-duque de Olivares.

Daí que, a despeito do proselitismo dos jesuítas, as camadas subalternas tenham se mantido desconfiadamente à margem do 1º de Dezembro, golpe de Estado asséptico, sem participação popular, sequer a da grande burguesia de cristãos-novos, suspeita de inclinações castelhanas devido a seu interesse nos circuitos da prata espanhola, essencial ao comércio das especiarias. Beneficiada pela proteção dos reis castelhanos, ela viu inicialmente com reserva a nova dinastia; e a conspiração pró-espanhola de 1641 contou com a colaboração de alguns dos seus membros eminentes. Atitude, porém, que veio a se modificar rapidamente, na medida em que o novo regime logrou obter a simpatia de comunidades sefarditas no exterior e a cooperação da praça de Lisboa, que terá um papel financeiro vital não só no apresto da armada do conde de Vila Pouca de Aguiar, que levantou em 1647 o bloqueio holandês do Recôncavo, mas sobretudo dois anos depois na criação e funcionamento da Companhia Geral de Comércio do Brasil.

Que a publicação de *Portugal na época da Restauração* desperte o interesse da nova geração de historiadores que se prepara nas universidades para os temas da história portuguesa e hispânica. Tenho a impressão de que, neste particular, o Brasil sofre um déficit alarmante de conhecimento, com o resultado, entre outros, de o estudo da história europeia se reduzir a uma obrigação tristonhamente curricular, como se fosse tão estranha às nossas vicissitudes quanto a história da China. Para ficarmos no exemplo da Restauração portuguesa, ela foi um episódio tão importante para nós quanto para Portugal, entre outras razões, e escuso-me de puxar a brasa para a própria sardinha, pelo fato de ter permitido a insurreição pernambucana contra o domínio holandês em 1645. Sem a independência do reino cinco anos antes, ela não teria sido possível ou não disporia de condições internacionais para vingar. Isto porque, como em 1648 a Espanha ver-se-á obrigada pelo tratado de Münster a ceder o Nordeste do Brasil aos Países Baixos, a decorrente consolidação do Brasil holandês teria estilhaçado a América portuguesa, se para melhor ou para pior não vem agora ao caso. Por sua vez, a Restauração portuguesa não se teria podido consolidar, se é que teria sido deflagrada, sem as condicionantes internacionais do período, a Guerra dos Trinta Anos, a luta secular entre a Espanha e a França, o antagonismo entre os interesses britânicos e neerlandeses, para só mencionar as principais.

36.

À espera da redenção nacional

Num momento de mau humor com o país onde estava acreditado, coisa muito comum em diplomatas, Lord Tirawly, embaixador de Sua Majestade Britânica junto à Corte de D. João V, escreveu certa vez que os portugueses se dividiam entre os que esperavam a vinda do Messias e os que esperavam o retorno de D. Sebastião. Se o representante inglês não chegou a perceber a conexão histórica entre ambas as crenças, é certo que atinou com um aspecto fundamental da existência portuguesa durante o Antigo Regime: a espera de uma redenção nacional que viria não de um esforço coletivo, mas de uma dádiva sobrenatural, de um novo milagre de Ourique.

Pois, para além do debate ideológico que o sebastianismo provocou, de Oliveira Martins a Antônio Sérgio, seu interesse para um historiador do século XX reside principalmente no seu caráter de duradoura estrutura mental, para usar a terminologia corriqueira em vigor. O livro de Jacqueline Hermann *No reino do Desejado* (1998) propõe-se a reconstruir o nascimento dessa estrutura. Para tanto, ela trafega com versatilidade entre os quatro ou cinco blocos de história portuguesa sobre os quais ergueu seu estudo: o bandarrismo, a tragédia de Alcácer-Quibir, a sacralidade deficiente dos reis portugueses, o mito do Encoberto e a elaboração culta e popular da lenda. Daí que a autora ofereça ao leitor brasileiro uma introdução utilíssima ao assunto, a qual tem por outro lado o mérito de atrair a atenção do incauto para o núcleo original do sebastianismo, antes que ele se aventure a ver nos sebastianismos bastardos do Nordeste uma das tantas manifestações da identidade nacional que, a partir do Modernismo, vêm sendo forjadas entre nós, quem sabe como refúgio aos traumas da transformação do país em nação industrial.

O ponto forte da obra de Jacqueline Hermann consiste na sua constante preocupação em frisar a circularidade do sebastianismo culto e do sebastianismo popular, o que, como bem destaca, confere-lhes uma grande riqueza de expressão. Circularidade que havia escapado, até onde sei, aos estudiosos lusitanos do tema, em decorrência inclusive do fato de a crendice sebástica encontrar-se atualmente meio esquecida no Portugal modernoso da União Europeia. Que as trovas do pobre sapateiro de Trancoso tenham-se tornado o texto profético de D. João de Castro ou de Bocarro ainda pode parecer aceitável, mas que tenham servido para as elaborações de uma cabeça da qualidade da de Antônio Vieira, eis algo definitivamente pouco plausível, se não aberrante.

E, contudo, não há como negá-lo. O paradoxo inscreve-se no próprio "papel forte" que o jesuíta escreveu para D. João IV em 1648 em favor da entrega do Nordeste aos holandeses. Ao cabo de uma argumentação de cerrada travação lógica, em que defendeu a assinatura do tratado que Sousa Coutinho vinha de assinar com os Estados Gerais, Vieira rematou seu memorial frisando que, a longo prazo, o acordo não impediria a Coroa de reaver a região mediante outra guerra, aquela que, segundo o profetismo sebastianista, de que ele era então o mais eminente formulador, daria "o império do mundo" ao rei de Portugal. Destarte, o documento que ficará na história luso-brasileira como um dos mais altos exemplos de realismo político fechava-se numa — para nós inesperada — nota de desvairada feição messiânica. É certo que a afirmação tinha o objetivo de dourar a pílula para consumo do sentimento nacionalista do Reino, que se opunha ao negociado em Haia; ela tinha, por conseguinte, uma conotação de oportunidade política. Não obsta, contudo, que Vieira acreditasse piamente, como tantos outros portugueses do seu tempo (e a ponto de ir bater com os costados nos cárceres inquisitoriais) no papel excepcional que estaria reservado a seu país na história mundial.

Dois momentos me parecem especialmente felizes no livro de Jacqueline Hermann. O primeiro diz respeito ao bandarrismo como a resposta à expansão ultramarina de uma cultura popular eivada não só de messianismo judaico, mercê da intensa interação entre cristãos-velhos e novos, mas também de messianismos europeus: o celta, do ciclo arturiano, o do Rei Encoberto, de raízes difusas, e o joaquimista, que em Portugal seria reelaborado pelos franciscanos e desembocaria no culto do Imperador do Divino. (Uma tese cuja validade não se pode garantir pretenderia mesmo que a escolha por Pedro I do título de Imperador teria visado sobretudo a mobilizar em favor da nova monarquia americana o culto popular ao Imperador do Divino.)

O segundo momento é a revisão realizada pela autora na versão tradicional, avalizada pela historiografia liberal e oitocentista, de que D. Sebastião fora a vítima de uma educação beata, dos irmãos Câmara e dos jesuítas. Na realidade, como demonstra a autora, El Rei foi o prisioneiro voluntário de um mito e da política impingida por um grupo de nobres que visava a realizá-lo: a conquista do norte da África.

Menos convincente, embora digna de ser devidamente aprofundada, pareceu-me a tese da elaboração de uma sacralidade específica dos reis portugueses para compensá-los da carência da sacralidade pela unção dos Santos Óleos. Que houve essa sacralidade específica é evidente, mas que ela tenha sido geralmente percebida como a compensação de uma carência levanta problema, tanto assim que, havendo o regente D. Pedro obtido do Papa o direito à unção, ele não foi jamais exercido. A iniciativa de solicitá-la pode ter constituído (mas isto é uma mera hipótese que avanço) um dos cavalos de batalha da luta pelo poder que se travou, entre o falecimento de D. Duarte e a aclamação de D. Afonso V, entre facções da família real e da alta nobreza e que teve o desfecho trágico da batalha da Alfarrobeira. Por outro lado, não se pode descartar a tese de José Mattoso acerca da possibilidade de ter havido unção no tocante aos reis da primeira dinastia. Uma releitura da bula Sedes Apostolica talvez esclareça o problema. Se os monarcas borgonheses gozaram do privilégio, o provável é que a bula faça alusão ao fato, pois neste caso se trataria apenas para o Vaticano de confirmar um precedente e não de criar direito novo.

Dito o quê, permito-me entrar no menos importante, isto é, no varejo historiográfico. Se as trovas de Bandarra foram redigidas entre 1520 e 1530, o provável é que o D. João nelas profetizado tenha sido efetivamente D. João III e não seu filho homônimo, pai de D. Sebastião. D. João III foi aclamado em 1521, mas sua decisão de abandonar algumas praças marroquinas, signo do refluxo imperial, datou de mais de vinte anos depois. O cognome de "o Africano" não foi aplicado a D. João II, mas a D. Afonso V, seu pai, devido aos seus projetos bélicos no norte da África. Quanto ao infante D. Duarte, mencionado no processo de Maria de Macedo, não parece tratar-se do rei D. Duarte, mas do infante e irmão de D. João IV que, como o Infante Santo, terminou seus dias numa masmorra, no caso espanhola. O Antônio de Sousa de Macedo que aparece denunciando a citada Maria de Macedo não era apenas o familiar do Santo Ofício e membro do Conselho de Fazenda, mas um dos mais importantes homens de Estado da Restauração. Havendo sido representante de D. João IV em Londres e em Haia, ocupava, quando da denúncia, a Secretaria de Estado de D. Afonso VI. Como tantos portugueses ilustres do seu tempo, Sousa de Macedo era sebastianista. Por fim, o mosteiro de Yuste, aonde o imperador Carlos V retirou-se no fim da vida, não se localiza na Alemanha, mas na Extremadura espanhola, podendo ser visitado.

Índice onomástico

Abreu, Capistrano de, 269
Adams, Abigail, 257
Adams, John, 257
Afonso V, D., 275
Afonso VI, D., 53, 276
Aires de Casal, Manuel, 175
Alberoni, cardeal, 32, 35
Albuquerque, D. Brites de, 56
Albuquerque, D. Catarina de, 107
Albuquerque, Jerônimo Fragoso de, 59, 107
Albuquerque, Martim de, 22
Albuquerque, Matias de, 180
Alden, Dauril, 219
Alencar, padre José Martiniano de, 133
Alencastro, Luiz Felipe de, 220
Alighieri, Dante, 9
Alorna, marquês de, 40
Anchieta, José de, 69, 70, 75
Andrada e Silva, José Bonifácio (o Moço), 197
Andrade, Antônio Carlos Ribeiro de, 139
Andrade, Manuel de Carvalho Pais de, 131, 176
Andrade, Mário de, 188
Antonil, André João (João Antônio Andreoni), 66, 109
Antônio, D. (ver prior do Crato)
Arcos, 6º conde dos (Marcos José de Noronha e Brito), 156

Arcoverde (índia), Maria do Espírito Santo, 107
Ariès, Philippe, 214
Aristóteles, 126
Armitage, John, 14
Aron, Raymond, 226, 228, 231, 232, 233, 234, 236, 242
Asher, G. M., 87
Augusto, 125
Avis, mestre de (ver D. João I)
Azevedo, João Lúcio de, 84, 180, 219
Azevedo, Pedro de, 57
Azevedo, Thales de, 76
Bandarra, Gonçalo Eanes, 23, 275
Bandeira, Manuel, 43
Bandeira, Sá da, 153
Barca, conde da (Antônio de Araújo e Azevedo), 38, 265
Barléus, Gaspar, 98
Barreto, brigadeiro Domingos Alves Branco Muniz, 21
Barreto, Luís do Rego, 166, 176
Barros Barreto, Inácio, 167
Barthes, Roland, 208, 214
Beckford, William, 38, 267
Beresford, general William Carr, 43
Bethell, Leslie, 213
Bismarck, Otto von, 216
Bloch, Marc, 206, 235, 246

Bocarro, Antônio, 274

Boccalini, Trajano, 127

Boileau, Louis Auguste (cônsul no Recife), 152

Bonfim, Manuel, 198

Bonifácio, José, 14, 21, 223

Borgia, César, 10

Boulainvilliers, conde Henri de, 234

Boxer, Charles R., 86, 87, 122, 180, 218, 219, 220, 221, 222

Bragança, D. Bárbara de, 32

Bragança, D. Catarina de, 124

Brandônio (Ambrósio Fernandes Brandão), 25, 26, 61, 63, 69, 70, 77

Braudel, Fernand, 74, 86, 206, 207, 208, 236, 237, 241

Briggs, Asa, 238, 239, 246

Buckle, Henry T., 200

Buescu, Ana Isabel, 23

Buffon, conde de (Georges Louis Leclerc), 256, 257, 258, 260

Burckhardt, Jacques, 215, 268

Burke, Peter, 239, 240, 242, 243, 245

Byron, lord George G., 13

Cabral, Fernão, 103

Cabral, Pedro Álvares, 21, 24

Cabugá (Antônio Gonçalves da Cruz), 138, 142

Caldas, João Pereira, 139

Câmara, almirante Antônio Alves, 163, 164

Caminha, Pero Vaz de, 16

Campos, Martinho da Silva, 15

Caneca, frei Joaquim do Amor Divino, 38, 131, 135, 139

Canning, George, 31, 46

Cardim, padre Fernão, 61, 70, 80, 99

Cardozo, Joaquim, 164, 186

Carlos I, rei da Inglaterra, 137

Carlos III, rei da Espanha, 32, 260

Carlos IV, rei da Espanha, 265

Carlos V, imperador do Sacro Império Romano-Germânico, 30, 50, 119, 217, 276

Carlos VI, imperador do Sacro Império Romano-Germânico, 31

Carvalho, José Murilo de, 193

Castello Branco, Camilo, 270

Castlereagh, Robert S., 46

Castro, D. João de, 274

Cavalcanti, Felipe, 127

Cavalcanti, Giovanni, 128

Chateaubriand, François René, 258

Chouppes, marquês de, 52, 53

Clavigero, padre Francisco Javier, 256

Coelho, Duarte de Albuquerque, 163

Coelho, Duarte, 55, 57, 58, 59, 84, 91

Collingwood, R. G., 224, 225, 226, 227, 228, 229

Comte, Auguste, 200

Contarini, Luigi, 127

Correia, Vicente, 68

Cortesão, Jaime, 21, 54, 91, 269

Costa, Bento José da, 156

Costa, Francisco Pereira da, 162, 163, 164

Costa, Hipólito José da, 18, 38, 39, 40, 41

Costa, Jaime Lopes da (Jacob Tirado), 73, 85

Cournot, Antoine Augustin, 233

Coutinho, A. L. G. da Câmara, 170

Coutinho, D. Rodrigo de Sousa (conde de Linhares), 38, 39, 40, 41, 265

Coutinho, Francisco de Sousa, 180, 184, 274

Coutinho, Francisco Pereira, 57

Coutinho, Marco Antônio de Azevedo, 29

Couto, Domingos de Loreto, 100, 109

Crato, prior do (D. Antônio), 31, 51, 52

Croce, Benedetto, 215, 226, 227

Cromwell, Oliver, 125

Índice onomástico

Cunha, D. Luís da, 25, 29, 31, 32, 33, 34, 35, 38, 44, 129

Cunha, Diogo Soares da (ver Diogo Soares)

Cunha, Euclides da, 198

Cunha, Fernão Soares da (ver Fernão Soares)

Cunha, Pedro da, 31

Cunha, R. da, 169

Darnton, Robert, 239, 242, 245

Davies, Natalie Zemon, 240, 242, 244, 247

De la Court, Johan, 119

De la Court, Pieter, 119

De Pauw, Cornélio, 256, 257, 258, 259, 260

Debret, Jean Baptiste, 154

Deusdará, Dr. Simão Álvares de La Penha, 181, 183

Dias, Boaventura, 104

Dias, Cícero, 95

Dias, Diogo, 104

Dias, Gonçalo, 112

Dias, Maria Odila da Silva, 14, 193, 264

Dickens, Charles, 258

Dillen, J. G. van, 83, 87

Dilthey, Wilhelm, 224, 226, 227, 228, 231, 232, 249, 251

Dongo, Fabricio del, 216

Dray, William H., 225, 226, 229

Droysen, Johann Gustav, 227

Duarte de Bragança, infante D., 275, 276

Duarte, D., rei de Portugal, 170, 275, 276

Duby, Georges, 208, 248

Dumézil, Georges, 215, 216, 268

Durkheim, Émile, 200

Dussen, W. J. van der, 225

Ebrard, Dupré, 153

Eckhout, Albert, 179

Eisenberg, Peter L., 173

Eisenstadt, S. N., 253

Elliott, John H., 227, 269

Elton, Geoffrey, 239

Ericeira, 3º conde da, 11, 12, 52

Eugênio, príncipe de Saboia, 31

Falcão, Simão, 108

Faoro, Raymundo, 130, 193

Faria, Sheila Siqueira de Castro, 99

Febvre, Lucien, 206, 208

Feijóo, frei Bento Jerónymo, 256

Felipe II, rei da Espanha, 24, 31, 32, 51, 52, 118, 119, 241, 270

Felipe III, rei da Espanha, 270

Felipe IV, rei da Espanha, 10, 50, 53, 54, 178, 227, 270, 271

Felipe V, rei da Espanha, 31, 32

Fernandes, Álvaro, 103, 105

Fernandes, Domingas, 104, 106

Fernando II, o Católico, 10

Fernando VI, rei da Espanha, 32

Ferreira, Gaspar Dias, 25, 184

Ferreira, Gervásio Pires, 134, 135

Ferreira, José Mamede, 162, 165

Ferreira, Martim, 181, 183

Figueiroa, padre Gaspar Soares, 114

Fiore, Joaquim de, 258

Fonseca, A. J. V. Borges da, 107, 108

Fonseca, Antônio Borges da, 131

Fonseca, Pero Dias da, 68

Fournié, Victor, 164

França, Eduardo d'Oliveira, 72, 268, 269, 270, 271

Francisco I, rei da França, 217

Francisco, infante D., 262

Franco, Afonso Arinos de Melo, 192

Franco, general Francisco B., 190

Franklin, Benjamin, 139, 257

Freitas, frei Serafim de, 23

Freud, Sigmund, 209

Freyre, Francisco de Brito, 53, 56, 124, 151, 152

UM IMENSO PORTUGAL

Freyre, Gilberto, 61, 69, 76, 95, 97, 130, 134, 205, 211, 220, 222

Frutuoso, Gaspar, 97

Furtado, Celso, 64, 72, 82, 83, 85, 87

Galindo, Marcos, 101

Gama, Fernandes, 158, 163

Gândavo, Pero de Magalhães, 62, 76

Gardiner, Patrick, 225

Gardner, George, 163, 173, 174, 175

Geisel, Ernesto, 192

Genovese, Eugene D., 101

Gerbi, Antonello, 256, 257, 258, 259, 260

Giannotti, Donato, 127

Ginzburg, Carlo, 239, 240, 242, 243, 244, 246

Glória, D. Maria da, 47

Gobineau, Joseph Arthur, 234, 235

Gomes, André, 107

Gomes, Geraldo, 60, 97, 98, 99, 100

Goody, Jack, 238, 240, 241, 242, 246, 247

Graham, Gordon, 249

Graham, Maria, 118

Graham, Richard, 213

Grócio, Hugo, 23

Guerra, Ruy, 7

Guicciardini, Francesco, 10

Guilherme I, o Taciturno, 118

Gusmão, Alexandre de, 223

Handelmann, Heinrich, 118

Haro, D. Luís de, 53

Hauser, Henri, 30

Hegel, Georg Wilhelm Friedrich, 232, 249, 258, 259

Hempel, Carl G., 225, 226

Henequim, Pedro de Rates, 129

Henrique, cardeal-rei D., 52

Henriques, D. Afonso, 23

Herculano, Alexandre, 122

Herder, Johann Gottfried, 255

Hermann, Jacqueline, 273, 274

Hintze, Otto, 123

Hoboken, W. J. van, 88

Hobsbawm, Eric, 191

Holanda, Agostinho de, 69

Holanda, Chico Buarque de, 7

Holanda, Sérgio Buarque de, 41, 57, 127, 193, 242

Houaiss, Antônio, 205

Huizinga, Johan, 215

Humboldt, Alexander von, 258

Israel, Jonathan I., 86

Ivo, Pedro, 193

Jaguaribe, Hélio, 249, 250, 251, 252, 253, 254, 255

James, Henry, 188, 258

Jaques, Cristóvão, 56

Jefferson, Thomas, 257

Jesus, frei Estêvão de, 177, 182, 184

João I, D. (mestre de Avis), 262

João II, D., 275

João III, D., 24, 27, 50, 55, 275

João IV, D., 11, 23, 25, 45, 53, 177, 178, 179, 180, 182, 183, 184, 270, 271, 274, 276

João V, D., 31, 129, 262, 273

João VI, D., 13, 14, 20, 21, 37, 41, 42, 43, 44, 45, 46, 47, 48, 49, 52, 56, 262, 263, 264, 265, 266, 267

Joaquina, D. Carlota, 44

Jorge, Domingos Teotônio, 141

José I, rei de Portugal, D., 32, 35

Joseph, frei (François Le Clerc du Tremblay), 10

Kant, Immanuel, 224

Kidder, Daniel Parish, 173, 174, 175

Knox, T. M., 224, 225

Koster, Henry, 101, 153, 156, 174

La Penha, Simão Álvares de (ver Deusdará)

ÍNDICE ONOMÁSTICO

La Ravardière, senhor de (Daniel de La Touche), 61, 67

Labrousse, Ernest, 244

Ladurie, Le Roy, 208, 235, 238

Laet, Johannes de, 159, 163

Lafões, duque de, 40

Lago, Beatriz Corrêa do, 99

Lago, Pedro Corrêa do, 99, 128

Lancaster, James, 56, 112

Larbaud, Valéry, 188

Le Comte, Pieter, 154

Le Goff, Jacques, 208

Ledo, Gonçalves, 21

Leitão, Gil, 104

Leitão, Martim, 107

Leite, padre Serafim, 219

Lévi-Strauss, Claude, 185

Lima, Manuel de Oliveira, 37, 38, 40, 44, 55, 137, 139, 206, 213, 219, 262, 263, 264, 266, 267

Lima, Pedro de Araújo, 142

Linhares, conde de (ver D. Rodrigo de Sousa Coutinho)

Lins, Cristóvão, 102

Lípsio, Justo, 127

Lisboa, Alfredo, 148

Lívio, Tito, 9, 125

Lobo, Rodrigues, 270

Lopes, Fernão, 262

Lucena, barão de (Henrique Pereira de Lucena), 263

Luís XIV, 53, 54, 234

Luís XVI, 137

Luís XVIII, 44

Mabillon, Jean, 245

Macedo, Antônio de Sousa de, 276

Macedo, Maria de, 275, 276

Machado, Joaquim Nunes, 193

Machado, José de Alcântara, 206

Maciel, Gaspar, 114

Magalhães Godinho, Vitorino, 67, 220, 269

Magalhães, almirante Pedro Jaques de, 151, 184

Magalhães, Joaquim Romero de, 123

Manchester, Alan K., 213

Manuel I, o Venturoso, D., 22, 24

Manuel, infante D., 129

Maquiavel, Nicolau, 10, 11, 125, 127, 254

Maranhão, André de Albuquerque (morgado de Cunhaú), 134

Marcgraf, Georg, 62, 98, 100

Maria I, D., 267

Maria II, D., 47

Maria Teresa, imperatriz da Áustria, 31, 54

Mariano Carneiro da Cunha, José, 169

Marques, João Francisco, 23

Marrou, H.-I., 227, 231

Martins, Domingos José, 132, 133, 135, 136, 141

Martins, Joaquim Pedro de Oliveira, 202, 273

Martins, padre Dias, 142

Marx, Karl, 209, 241, 242, 246

Mattoso, José, 275

Maxwell, Kenneth, 32

Mazarino, cardeal Jules, 53

McGowan, Alan, 164

Médicis, Catarina de, 51, 52

Médicis, Cosmo de (o Velho), 128

Médicis, Lourenço de, 128

Medina Sidônia, duque de, 31

Mello, J. A. Gonsalves de, 72, 85, 177

Melo, D. Francisco Manuel de, 127

Melville, Herman, 258

Mendonça, Heitor Furtado de, 103, 108, 116

Menezes, D. Diogo de, 64

Menezes, Djacir, 101

Menezes, José Luiz Mota, 101

Michelet, Jules, 228, 244

Miguel Ângelo (Michelangelo Buonarroti), 186
Miguel, D., 43, 48, 266
Miguelinho, padre (Miguel Joaquim de Almeida Castro), 135
Milet, Henrique Augusto, 148, 162, 169
Miranda, Francisco de Sá de, 106
Molina, Juan Ignacio, 256, 257
Montaigne, Michel Eyquem de, 216
Montalvão, marquês de, 178, 179
Monteiro, Nuno Gonçalo, 123
Moore, Barrington, 235
Moreau, Pierre, 77
Moreno, Diogo de Campos, 75
Moura, Carlos Francisco, 150
Nabuco de Araújo, José Tomás, 195
Nabuco, Joaquim, 95, 185, 186, 187, 188, 189, 190, 192, 193, 194, 195, 196, 197, 198, 199, 200, 201, 202, 203, 204
Nabuco, Maurício, 192
Napoleão I, 44, 216, 264, 265
Napoleão, Louis, 231
Nassau, conde João Maurício de, 61, 62, 63, 87, 98, 119, 120, 124, 178, 179, 181, 182, 184
Negreiros, André Vidal de, 181, 183
Neme, Mário, 121, 122
Nietzsche, Friedrich, 191
Nieuhof, Johan, 77, 147
Novais, Fernando A., 268
Nunes, João, 67
Nunes, Manuel, 112
Oakeshott, Michael, 198, 226
Olegarinha Carneiro da Cunha, dona, 169
Olivares, conde-duque de (Gaspar de Guzmán), 31, 50, 271
Oliveira, Manuel Antônio Vital de, 158, 159, 165, 166, 167, 170, 174
Orléans, duque de, 53

Orta, Garcia da, 62
Ortega y Gasset, José, 224, 226, 228, 238
Otôni, Teófilo, 194
Ovídio, 9
Paganino, Sebastião, 160, 166
Pagden, Anthony, 22
Paine, Thomas, 257
Paiva, almirante Jerônimo Serrão de, 183, 184
Pallares-Burke, Maria Lúcia, 211, 238, 239, 245, 248
Palmela, 1º duque de (D. Pedro de Souza Holstein), 37, 44, 45, 46, 47, 48, 49, 265
Paruta, Paolo, 127
Pater, Walter, 211
Pedro I, D., 13, 14, 19, 20, 21, 41, 43, 45, 47, 48, 214, 228, 266, 275
Pedro II, D., 15, 16, 41, 197
Pedro, André, 108
Pedroso, Pedro da Silva, 141
Penaguião, conde de, 179, 180
Pereira, padre Rui, 75
Petrarca, Francesco, 9
Pimentel, Manuel, 158
Pinelo, Antonio León, 256
Pinto, Caetano, 138
Piquet, Cide, 7
Pocock, J. G. A., 125
Políbio, 9, 126
Pombal, marquês de (Sebastião José de Carvalho e Melo), 31, 32, 36
Ponte de Lima, marquês de, 39
Portugal, Bernardo Luís Ferreira, 135
Portugal, Tomás Antônio Vilanova, 265
Post, Frans, 68, 96, 98, 99, 100, 101
Prado Jr., Caio, 207
Prado, Eduardo, 74
Prado, Paulo, 258
Prego, João Velho, 114
Prevost, abade A. François, 103

ÍNDICE ONOMÁSTICO

Pucci, Pandolfo, 127
Pyrard, François, 74, 75, 81
Queirós, Eusébio de, 193
Quevedo, Vasco M. de, 127
Quirino, Tarcízio do Rego, 64
Rafael (Raffaello Sanzio), 186
Ranke, Leopold von, 232, 244, 264
Raynal, abade Guillaume, 256
Rembrandt van Rijn, 85
Ribeiro, Darcy, 186
Ribeiro, padre João, 17, 135, 137, 138, 141
Richelieu, cardeal de (A. J. Du Plessis), 10
Rickert, Heinrich, 226, 228, 232, 249
Ricoeur, Paul, 236
Rio Branco, barão do (J. M. da Silva Paranhos Jr.), 15, 20, 21, 263
Robertson, William, 257
Roche, Daniel, 239, 240, 247
Rodrigues, Lourenço, 112
Rodrigues, padre Francisco, 219
Roiz, Cosmo, 108
Roiz, Manuel, 104
Romeiro, Adriana, 129
Rosa, Guimarães, 186
Roussin, barão de, 152, 155, 158
Sá, Francisco de, 114
Sá, Mem de, 98, 99
Sá, Salvador Correia de, 180, 183, 184, 221
Salvador, frei Manuel Calado do, 98
Salvador, frei Vicente do, 16, 24, 26, 50, 56, 62, 63, 75, 76, 150
Sanson, Nicolau, 54
São Bento, frei Inácio de, 182, 183
Sarpi, Pietro (frei Paolo Sarpi), 127
Saunders, A. C. de C. M., 104, 105, 106
Savonarola, Girolamo, 9, 127
Schwartz, Stuart B., 98, 103, 105, 109, 116, 269
Scott, Walter, 264

Sebastião, D., 22, 220, 273, 275
Sérgio, Antônio, 273
Serrão, Joaquim Veríssimo, 51
Silva Tarouca, duque de (Manuel Teles da Silva), 25, 29, 31, 32, 33, 34, 35, 36, 41, 129
Silva, Antônio de Morais, 17, 139
Silva, Antônio Teles da, 179, 181, 183, 184
Silva, D. Henrique da (marquês de Gouveia), 179
Silva, Luís Diogo Lobo da, 152
Silva, Manuel Teles da (ver duque de Silva Tarouca)
Silva, Pedro Vieira da, 52, 53, 179
Simmel, Georg, 226, 228
Simper, Robert, 153
Sinimbu, J. L. Vieira Cansanção de, visconde de, 41, 203
Skinner, Quentin, 241
Sluiter, Engel, 85, 86
Smith, Robert C., 67
Soares, André, 107, 108
Soares, Diogo, 107, 108, 112, 114, 115
Soares, Fernão, 68, 103, 105, 107, 108, 109, 110, 111, 112, 114, 115, 116, 117
Soares, Manuel, 108
Sombart, Werner, 84
Sousa, Gabriel Soares de, 24, 25, 26, 27, 29, 62, 77, 78, 79, 149
Sousa, Paulino J. Soares de (visconde do Uruguai), 193
Sousa, Pero Lopes de, 62
Southey, Robert, 118, 125, 218
Souza, Clara de, 104
Souza, Francisca de, 104
Spengler, Oswald, 246, 250, 254, 255
Spinoza, Baruch, 119
Stols, Eddy, 83, 84, 87
Strozzi, Felipe, 51

Um imenso Portugal

Tácito, Públio Cornélio, 22, 190
Taine, Hippolyte, 200
Talleyrand, Charles-Maurice de, 37, 44
Tarde, Gabriel, 138
Tarouca, conde de, 31, 38
Tavares, monsenhor Francisco Muniz, 132, 138, 140, 142, 143
Távora, Franklin, 95
Teodósio, D., 53
Thomas, Keith, 239, 241, 242, 243, 247
Thoreau, Henry David, 258
Tirawly, lord, 273
Tocqueville, Alexis de, 200, 230, 231, 233, 258
Tollenare, L. F. de, 137, 138, 166
Tönnies, Ferdinand, 200
Torgal, Luís Reis, 23
Torres, Joaquim José Rodrigues, 193
Toynbee, Arnold, 250, 254, 255
Travassos, Simão, 107
Trollope, Anthony, 258
Tuchman, Barbara, 235
Tucídides, 234
Twain, Mark, 188
Usselincx, Willem, 87
Valéry, Paul, 191, 250
Vauthier, L.-L., 60, 97, 147, 173, 174
Vega, Garcilaso de la, 256
Veloso, J. M. de Queiroz, 52

Verdonck, Adriaan, 150
Vergerio, Pier Paolo, 126
Vettori, Francesco, 10
Veyne, Paul, 216, 226, 227, 252
Viana Filho, Luiz, 192
Viana, Francisco José de Oliveira, 271
Vico, Giambatista, 249
Vidigueira, conde da (marquês de Niza), 179
Viegas, Antônio Pais, 179
Vieira, Alberto, 97
Vieira, João Fernandes, 98, 120, 177, 178, 180, 182, 183
Vieira, padre Antônio, 11, 17, 34, 53, 179, 181, 271, 274
Vila Pouca de Aguiar, conde de (Antônio Teles de Menezes), 272
Vondel, Joost Van den, 119
Vries, Jan de, 87
Wagner, Zacarias, 98
Weber, Alfred, 249, 250, 255
Weber, Max, 209, 226, 227, 231, 232, 236, 242, 246, 250, 253
White, Hayden, 244
Whitman, Walt, 188, 258
Wilson, Woodrow, 235
Windelband, Wilhelm, 226, 232
Wittfogel, Karl August, 253
Woude, Ad van der, 87
Zimmermann, Arthur, 235

Referências dos artigos

1. "À maneira de prólogo ou elogio do ostracismo", caderno *Mais!*, *Folha de S. Paulo*, 28/2/1999.

2. "Fabricando a nação", caderno *Mais!*, *Folha de S. Paulo*, 17/9/2000.

3. "Um imenso Portugal", caderno *Mais!*, *Folha de S. Paulo*, 28/1/2001.

4. "Antevisões imperiais", caderno *Mais!*, *Folha de S. Paulo*, 11/3/2001.

5. "O Império frustrado", caderno *Mais!*, *Folha de S. Paulo*, 15/4/2001.

6. "A última encarnação do Reino Unido", caderno *Mais!*, *Folha de S. Paulo*, 17/2/2002.

7. "Entregando o Brasil", caderno *Mais!*, *Folha de S. Paulo*, 25/11/2001.

8. "Uma Nova Lusitânia", em Carlos Guilherme Mota (org.), *Viagem incompleta: a experiência brasileira*, São Paulo, Senac, 2000.

9. "Persistência dos modelos reinóis", em Carlos Guilherme Mota (org.), *Viagem incompleta: a experiência brasileira*, São Paulo, Senac, 2000.

10. "Nas fronteiras do paladar", caderno *Mais!*, *Folha de S. Paulo*, 28/5/2000.

11. "Questão de cronologia", *Folha de S. Paulo*, 23/1/2000.

12. "Um dos outros nomes do Brasil", em Vários autores, *A construção do Brasil, 1500-1825*, Lisboa, Comissão dos Descobrimentos Portugueses, 2000.

13. "Um enigma iconográfico", caderno *Mais!*, *Folha de S. Paulo*, 6/1/2002.

14. "Como manipular a Inquisição", *Novos Estudos Cebrap*, julho de 1992.

15. "Republicanismo no Brasil holandês", caderno *Mais!*, *Folha de S. Paulo*, 13/5/2001.

16. "O mito de Veneza no Brasil", caderno *Mais!*, *Folha de S. Paulo*, 1/7/2001.

17. "Revolução em família", caderno *Mais!*, *Folha de S. Paulo*, 13/8/2000.

18. "O mimetismo revolucionário", caderno *Mais!*, *Folha de S. Paulo*, 19/11/2000.

19. "A cabotagem no Nordeste oriental", revista *Continente Multicultural*, Recife, ano I, n° 5, maio de 2001.

20. "Aparição da sumaca", revista *Continente Multicultural*, Recife, ano I, n° 7, julho de 2001.

21. "A vitória da barcaça", revista *Continente Multicultural*, Recife, ano I, nº 10, outubro de 2001.

22. O sinal verde d'El Rei, revista *Continente Multicultural*, Recife, ano II, nº 16, abril de 2002.

23. "*Minha formação*", prefácio a Joaquim Nabuco, *Minha formação*, Rio de Janeiro, Topbooks, 1999.

24. "Um livro elitista?", prefácio a Joaquim Nabuco, *Um estadista do Império*, Rio de Janeiro, Topbooks, 1999.

25. "Reler *O abolicionismo*", caderno *Mais!*, *Folha de S. Paulo*, 12/12/1999 e 27/2/2000.

26. "O ovo de Colombo gilbertiano", caderno *Mais!*, *Folha de S. Paulo*, 12/3/2000.

27. "A história social da presença britânica no Brasil", prefácio a Gilberto Freyre, *Ingleses no Brasil*, Rio de Janeiro, Topbooks, 2000.

28. "O século mais agreste", *Jornal de Resenhas*, *Folha de S. Paulo*, 9/9/2000.

29. "Collingwood e o ofício do historiador", caderno *Mais!*, *Folha de S. Paulo*, 16/4/2000.

30. "O preconceito sociológico em história", caderno *Mais!*, *Folha de S. Paulo*, 02/7/2000.

31. "Historiadores no confessionário", caderno *Mais!*, *Folha de S. Paulo*, 24/12/2000.

32. "Entre a história da civilização e a filosofia da história", *Jornal de Resenhas*, *Folha de S. Paulo*, 14/7/2001.

33. "A polêmica do Novo Mundo", *Jornal de Resenhas*, *Folha de S. Paulo*, 9/8/1996.

34. "A interiorização da metrópole", *Jornal de Resenhas*, *Folha de S. Paulo*, 13/9/1996.

35. "O homem barroco português", *Jornal de Resenhas*, *Folha de S. Paulo*, 11/4/1998.

36. "À espera da redenção nacional", *Jornal de Resenhas*, *Folha de S. Paulo*, 10/10/1998.

Sobre o autor

Evaldo Cabral de Mello nasceu em 1936 no Recife, onde concluiu seus estudos preparatórios. Após estudos de filosofia da história em Madri e Londres, ingressou no Instituto Rio Branco, do Ministério das Relações Exteriores, em 1960, sendo nomeado para carreira diplomática em 1962, ao longo da qual serviu nas embaixadas do Brasil em Washington, Madri, Paris, Lima e Barbados, nas missões do Brasil em Nova York e Genebra e nos consulados gerais do Brasil em Lisboa e Marselha. Obteve o título de doutor em história por notório saber pela Universidade de São Paulo em 1992. Sua área predileta de estudo é a história do Nordeste açucareiro, a cujo respeito publicou as seguintes obras: *Olinda restaurada: guerra e açúcar no Nordeste, 1630-1654* (1975), *O Norte agrário e o Império, 1871-1889* (1984), *Rubro veio: o imaginário da restauração pernambucana* (1986), *O nome e o sangue: uma fraude genealógica no Pernambuco colonial* (1989), *A fronda dos mazombos: nobres contra mascates, Pernambuco, 1666-1715* (1995), *O negócio do Brasil: Portugal, os Países Baixos e o Nordeste, 1641-1669* (1998), *A ferida de Narciso: ensaio de história regional* (2001), *Um imenso Portugal: história e historiografia* (2002), *A outra Independência: o federalismo pernambucano de 1817 a 1824* (2004), *Nassau: governador do Brasil holandês* (2006), *O Brasil holandês, 1630-1654* (organização, 2010), *O bagaço da cana: os engenhos de açúcar do Brasil holandês* (2012) e *A educação pela guerra: leituras cruzadas de história colonial* (2014).

Este livro foi composto
em Adobe Garamond pela
Franciosi & Malta, com CTP e
impressão da Edições Loyola
em papel Pólen Natural 80 g/m^2
da Cia. Suzano de Papel
e Celulose para a Editora 34,
em julho de 2022.